SCHOTTLAND

W0172877

Inhalt

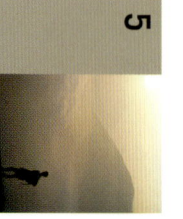

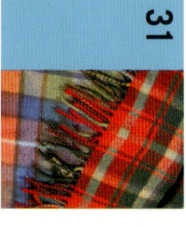

Autoren: Hugh Taylor und Moira McCrossan, Elizabeth Carter
Aktualisierung: Robin McKelvie and Jenny McKelvie
Design: Alison Fenton
Redaktion der Reihe: Karen Rigden
Design der Reihe: Catherine Murray

Übersetzung »Das Magazin«: Joachim Nagel und Dagmar Lutz

© MAIRDUMONT GmbH & Co. KG, Ostfildern, **5., aktualisierte Auflage 2012**

„National Geographic" ist eine eingetragene Marke der
National Geographic Society. Deutsche Ausgabe lizenziert durch
National Geographic Deutschland
(G+J/RBA GmbH & Co. KG), Hamburg 2008
www.nationalgeographic.de

Unsere Autoren haben nach bestem Wissen recherchiert. Trotzdem schleichen
sich manchmal Fehler ein, für die der Verlag keine Haftung übernehmen kann.
Hinweise, Verbesserungsvorschläge und Korrekturen sind jederzeit willkommen.
Einsendungen an: E-Mail: spirallo@nationalgeograph.c.de oder
National Geographic Spirallo-Reiseführer
MAIRDUMONT GmbH & Co. KG, Postfach 3151, D-73751 Ostfildern

Das Werk einschließlich aller seiner Teile ist urheberrechtlich geschützt.
Jede urheberrechtsrelevante Verwertung ist ohne Zustimmung des Verlages
unzulässig und strafbar. Dies gilt insbesondere für Vervielfältigungen,
Übersetzungen, Nachahmungen, Mikroverfilmungen und die Einspeicherung
und Verarbeitung in elektronischen Systemen.

Original 5th English Edition
© AA Media Limited
Kartografie © AA Media Limited 2011

This product includes mapping data licensed from Land &
Property Services® with the permission of the Controller of
Her Majesty's Stationery Office. © Crown copyright 2011.
All rights reserved. Licence number 10C021153.

Covergestaltung und Art der Bindung
mit freundlicher Genehmigung von AA Publishing

Herausgegeben von AA Publishing, einem Unternehmen der AA Media Limited,
Fanum House, Basing View, Basingstoke, Hampshire RG21 4EA, UK.
Handelsregister 06112600.

Farbauszug: AA Digital Department
Druck und Bindung: Leo Paper Products, China

A04789

Das Magazin

Zu einem tollen Urlaub gehört mehr als genüssliches Faulenzen oder Shoppen bis zum Umfallen – damit die Reise sich wirklich lohnt, muss man das Besondere seines Ziels kennen und schätzen. Das Magazin gibt einen unterhaltsamen Überblick über die gesellschaftlichen, kulturellen und geografischen Zusammenhänge, die dieser Region ihren besonderen Zauber verleihen.

WILD-Wechsel

Die atemberaubende Wildnis Schottlands – Berge, Moore, Seen und Inseln – teilen sich einheimische Zwei- und Vierbeiner während der Saison mit einer bunten Schar von Wanderern, Kletterern und Radfahrern.

Seit' an Seit'

Um einen Eindruck der einheimischen Fauna zu bekommen, muss man nun nicht mehr unbedingt einen abenteuerlichen Trip in die Highlands unternehmen. Seit 2004 haben Besucher des Glentress Forest und der Kailzie Gardens im Tweed Valley südlich von Edinburgh Gelegenheit, per Livevideo Fischadler in ihren Horsten zu beobachten. Hinter diesem Greifvogel verbirgt sich eine ökologische Erfolgsstory: Nachdem er vor 100 Jahren nahezu ausgerottet war, gelang es nun allmählich, wieder Brutpaare an Seen und Flüssen des Landes anzusiedeln. Im Tweed Valley scheinen sie dabei weder Angler noch die jährlich wachsende Zahl der Zweiradtouristen zu stören – ein schönes Beispiel friedlicher Koexistenz.

Wenn Sie durch die Nadelwälder der Borders radeln, begegnen Sie mit Sicherheit einem anderen Tier: dem roten Eichhörnchen, das es in ganz Großbritannien nirgends in so großer Zahl gibt wie hier in Schottland.

Otter (links) und rote Eichhörnchen (rechts) sieht man immer häufiger in Schottland

Nördlich der Borders ist das größte Landsäugetier der Insel zu Hause: der Rothirsch. Dank im Jahre 2003 gelockerter Vorschriften kann man sich als Wanderer auch in Naturreservaten der Highlands relativ frei bewegen (solange man sich dabei rücksichtsvoll verhält) und hat so gute Chancen, eines der majestätischen Geschöpfe zu Gesicht zu bekommen, wenigstens von fern. Die besten Aussichten bestehen während der Brunftzeit im Oktober (wenn man sie auch am deutlichsten hört).

> »Den Rothirsch sieht und hört man am besten in der Brunftzeit«

Rare Gesellen

Die Gewässer um die Isle of Skye, mit ihren versprengten Inselchen, sind ein Paradies für Kajakfahrer – wobei oft unbemerkt Seeotter neben ihnen herpaddeln. Die eleganten Schwimmer sieht man in Schottland nun wieder häufiger, auch in den Häfen von Skye, besonders in Kylerhea.

Rarer macht sich die Wildkatze, die mit schätzungsweise 400 bis 4000 Exemplaren in Schottland vertreten ist. Der scheue, stämmige Jäger mit dem getigerten Fell (Britanniens einzige heimische Katzenart), meidet den Menschen, also muss man schon Glück haben, um ihn zu erspähen. Schottlands größtes gefiedertes Raubtier ist der – in seinem Bestand höchst bedrohte – Goldadler. Wenn er sich aus seinen entlegenen Horsten in die Lüfte schwingt, beeindruckt er mit einer Flügelspannweite von zwei Metern. Und ob Sie nun zu Fuß oder mit dem Rad unterwegs sind: Er sieht Sie gewiss eher als Sie ihn!

Rothirsch (links) und Goldadler (rechts) im Cairngorms-Nationalpark

SCHOTTISCHE Cuisine

Noch vor einem Jahrzehnt war Schottland ein weißer Fleck auf der Karte der Feinschmeckerwelt, doch seither tat sich eine Menge: Die üppige natürliche Speisekammer des Landes wurde bereichert um moderne und internationale Akzente, und neben tiefgefrorenen Marsriegeln finden sich nun auch Michelin-Sterne.

Wohlgefüllte Speisekammer

Seit je rühmt sich Schottland seiner erstklassigen Nahrungsmittel und erlebte in den letzten Jahren – dank fortschreitender kulinarischer Kultur und prominenter einheimischer TV-Köche wie Gordon Ramsay – eine wachsende Wertschätzung dieser Kostbarkeiten aus Acker, Obstgarten, Bauernhof und Meer.

Weltruf genießt allemal das Aberdeen Angus Beef, wobei manchen Gourmets Buccleuch Beef als noch feiner gilt. Von exzellenter Qualität ist durchweg das schottische Lammfleisch, besonders jenes aus dem hügeligen Borderland. Während einheimische Meeresfrüchte früher eher in den Restaurants von Paris und Madrid landeten, beleben sie nun auch hier vermehrt die Speisekarte – in den nährstoffreichen Gewässern des Landes gedeihen hervorragender Schellfisch, Hummer, Austern und Langusten. Nicht zu vergessen der berühmte Lachs: Er ist allgegenwärtig in Schottlands Flüssen und Seen, auch auf zahlreichen Zuchtfarmen.

Unter den reichen Beständen des Landes an Obst ist vor allem die Grafschaft Perthshire ein Begriff, mit ihren Erdbeer- und Himbeerplantagen. Wer hier im Sommer pflückt und sich mit Marmeladevorräten für den Winter versieht, bewahrt sich einen Abglanz des Urlaubs in trüben Tagen.

Bevorzugt auf den Tischen hochklassiger Landgasthöfe wird der einst obligatorische französische Käse mehr und mehr von einheimischem verdrängt, wie herzhaftem Mull Cheddar oder Blauschimmelköstlichkeiten wie Lanark, Strathdon und Dunsyre Blue, der am besten zu einem Glas rauchigen Islay Single Malt mundet.

Traditionsgerichte wie Austern und Schottische Pfannkuchen erleben eine Renaissance

SCHOTTISCHE MARKEN

Zu den bekanntesten Markenprodukten des Landes gehören Loch Fyne Oysters aus dem gleichnamigen See, Haggis von Macksweens, das preisgekrönte Milcheis von Mackies oder Black Pudding von McLeod's of Stornoway. Als besondere Marke in der EU hat sich der Schellfischräucherer Abroath Smokies etabliert, und überall werden neue regionale Marken begründet.

SCHOTTISCHE KÜCHENCHEFS

Statt zur Tiefkühlkost als Maß aller Dinge bekennen sich viele schottische Küchenchefs heute zu ihrer speziellen Kochkunst, wie die folgenden vier:

- **Gordon Ramsay** – lebt zwar nicht mehr in Schottland, doch ist der Einfluss dieses Übervaters nach wie vor spürbar.

- **Tom Kitchin** – einer der jungen Wilden der Szene, der sich in seinem Restaurant in Edinburgh mit lokalen und saisonalen Spezialitäten einen Michelin-Stern erkochte.

- **Martin Wishart** – bereits 2001 mit einem Michelin-Stern geehrt, wirkt der Meister außer in Edinburgh nun auch erfolgreich im Cameron House am Loch Lomond.

- **Andrew Fairlie** – stammt aus Perthshire, wo er im legendären Gleneagles Hotel (▶ 137) die zur Zeit vielleicht beste Küche des Landes führt, gekrönt von zwei Michelin-Sternen.

GLASGOW STYLE

Glasgow Style nannte man ursprünglich um 1900 die hiesige Spielart des Jugendstils. Heutzutage steht der Begriff auch für die innovative Umwidmung historischer Bausubstanz und gewagte architektonische Highlights des späten 20. Jahrhunderts.

Kunsthistoriker verbinden mit dem Stichwort Glasgow vor allem den Namen des Architekten und Designers Charles Rennie Mackintosh (1868–1928), der vor rund 100 Jahren mit seinen Weggefährten an der Glasgow School of Art wirkte, unter deren dynamischem Leiter Francis Newbery (1855–1946). Mackintosh gelang eine höchst attraktive Verknüpfung des damals in Europa dominierenden Jugendstils mit Prinzipien des englischen Arts and Crafts Movements.

Geometrisch und Floral

Mackintosh besuchte während seiner Ausbildung zum Architekten Abendkurse an der Kunstakademie und erregte bald außer mit Entwürfen in seinem angestammten Metier

Glasgow Style: Charing Cross und die ehemalige Luma Light Factory (v.l.n.r.).

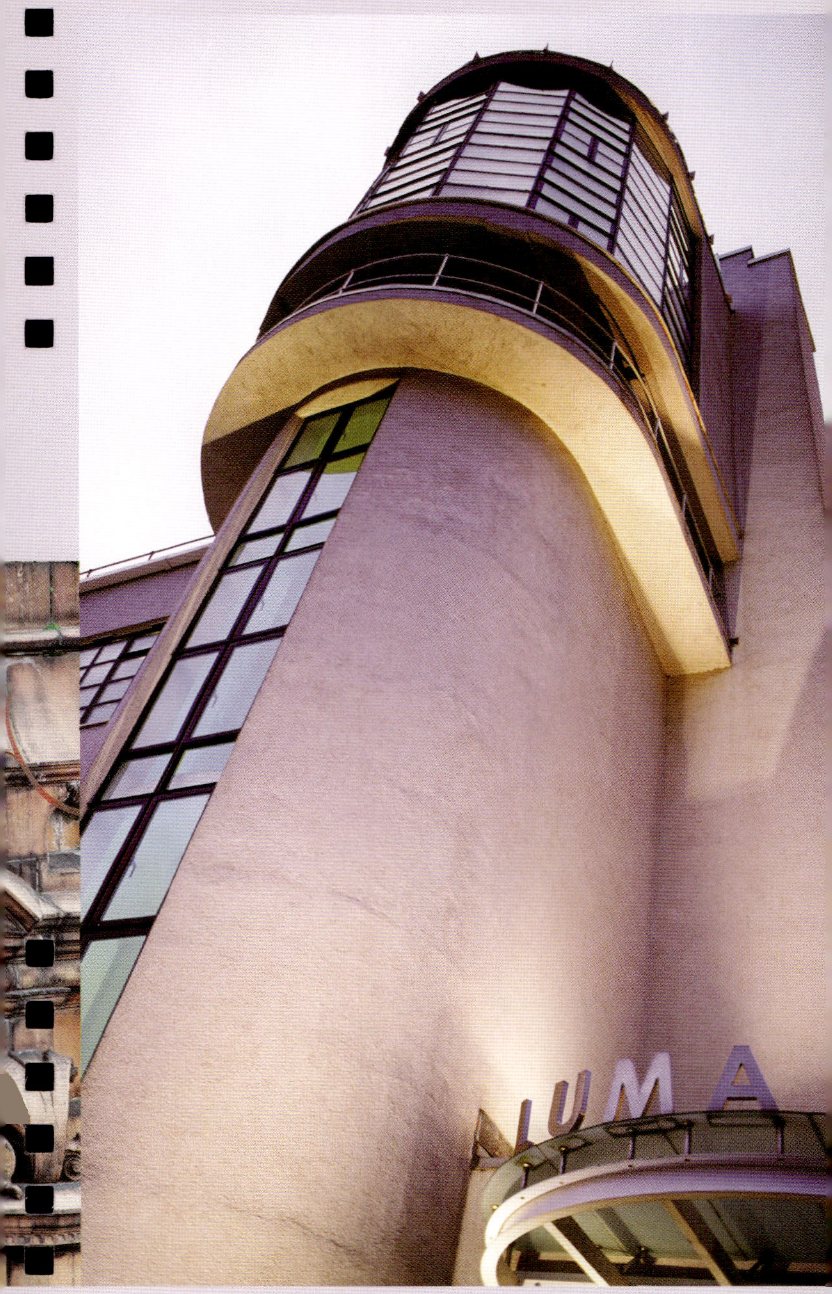
LUMA

auch mit Zeichnungen und Gemälden Aufmerksamkeit. Mit seinen Freunden Herbert McNair (1868–1955) sowie Margaret (1865–1933) und Frances MacDonald (1873–1921) schloss er sich zur Gruppe »The Four« zusammen, die – beeinflusst vom romantischen Stil der Präraffaeliten und der Formstrenge des japanischen Farbholzschnittes – das ästhetische Vokabular des Jugendstils neu definierte, mit klaren geometrischen Grundmustern und stark abstrahiertem floralen Design.

Als Mackintoshs größtes Meisterwerk gilt das Gebäude der Glasgow School of Art von 1896 (▼ 87) – ein Gesamtkunstwerk mit kompletter Inneneinrichtung, bei dem er den traditionellen schottischen Feudalstil mit gusseisernen und bildhauerischen Elementen kombinierte.

Auf Mackintoshs Spuren

Überall in Glasgow trifft man auf Mackintosh-Design, wie das »Lighthouse« (»Leuchtturm«) genannte Gebäude des *Glasgow Herald* mit seinem markanten Eckturm, das heute das Mackintosh Interpretation Centre beherbergt (▼ 86) und idealer Ausgangspunkt für eine Tour auf seinen Spuren ist. Gönnen Sie sich einen stilvollen Tee in den Willow Tearooms (▼ 85, 90) mit der Originalausstattung von 1904 und besuchen Sie dann die Rekonstruktion seines eigenen Domizils in der Hunterian Art Gallery der Glasgow University. Als Abschluss bietet sich eine Zugfahrt nach Helensburgh an, wo Mackintoshs Hill House für den Verleger Blackie steht (so gsam renoviert vom National Trust for Scotland). Oder machen Sie einen Ausflug zum Bellahouston Park und dem hinreißend schönen House for an Art Lover (Haus für einen Kunstliebhaber), 1989–96 nach Plänen Mackintoshs und seiner Gattin Margaret MacDonald von 1901 erbaut (▼ 87).

Wohnungsbau bis Einkaufstempel

Einen Kontrast zu Mackintoshs Edel-Design bietet eine ganz andere Ausprägung des Glasgow Style: Mietshäuser des späten 19. und frühen 20. Jahrhunderts, in denen die Dock- und Stahlarbeiter lebten und die ein typisches Zeugnis der einstigen Industriemetropole Glasgow sind. Manche der Sandsteinbauten überlebten den architektonischen Kahlschlag der 1960er-Jahre und wurden inzwischen aufwendig restauriert.

Glasgow Style steht aber auch für ungewöhnliche Paarungen: etwa als Heimat der Gallery of Modern Art ein klassizistisches Palais (▼ 85) oder die Kombination feiner Versace-Outfits mit Second-Hand-Klamotten in den Einkaufszentren Barras (▼ 84) und Golden Z. Oder wunderbare Architektur aus zwei Jahrhunderten: das Trades House aus dem 18., entworfen von Robert Adam (▼ 76), und das Warenhaus Egyptian Halls aus dem 19., ein Werk des einflussreichen klassizisten Alexander »Greek« Thompson.

Aus derselben Zeit stammt Templeton's Carpet Factory (▲ 179) – Industriearchitektur mit Anleihen beim berühmten Dogenpalast in Venedig. Ein kühnes modernes Gebäude ist das »Armadillo« genannte Clyde Auditorium aus dem Jahre 1997, dessen Formgebung an die Schiffsbau-Tradition der Stadt erinnert.

Nicht zuletzt steht der Glasgow Style aber für die Menschen hier – ihren Witz und das Quäntchen Arroganz, mit dem sie ihre Stadt immer wieder neu erfinden, als Garden City, City of Culture, City of Architecture and Design. Wobei sie aber augenzwinkernd um ihre Großspurigkeit wissen.

Oben: Glasgow School of Art
Mitte: Glasgow Science Center
Rechts: Mackintosh-Design am House for an Art Lover

STOCK UND STEIN

Der Golfsport unserer Tage, ein Spektakel mit Millionen von Zuschauern, geht zurück auf das Schottische *gowf*-Spiel, das ursprünglich nur aus dem simplen Vergnügen bestand, mit einem Stock einen Stein in die Gegend zu dreschen.

Zwar erfand man in auch anderen Ländern Spiele mit Schlagstock und Ball, wie Hockey, doch Schottland schenkte der Welt das Golf-Spiel und kann sich als dessen historische Heimat sowie exzellenter Golf Greens rühmen, die zu den begehrtesten der Welt zählen.

Erstmals urkundlich erwähnt wurde das Golfen im Jahre 1475 – als es offenbar schon so populär war, dass das schottische Parlament es an Sonntagen verbot (damit es nicht das an diesem Tag übliche Bogenschießen verdrängte).

1754 wurde unter dem Namen The Society of St. Andrew's Golfers der erste kleine Golf-Club gegründet. Als zu Beginn des 19. Jahrhunderts König William IV. die Schirmherrschaft übernahm, erfolgte die Umbenennung in The Royal and Ancient Golf Club. Der R & A mit inzwischen weltweit rund 2500 Mitgliedern gibt noch heute international die Regeln dieses Sports vor und ist Ausrichter der British Open Championship.

Ein Ball aus Guttapercha

Bis Mitte des 19. Jahrhunderts wurden Golfbälle traditionell aus Federn hergestellt – was sie teuer machte (oft hielten sie nur eine Runde) und ihren Flug unberechenbar, sodass sich sportliche Erfolge mehr dem Zufall als dem Können verdankten. Dies änderte sich 1848, als James Patterson versuchsweise einen Ball aus Guttapercha fertigte – einem festen Naturkautschuk, der eigentlich als Verpackungsmaterial eines an ihn gerichteten Päckchens gedient hatte. Der Test verlief positiv, und so standen fortan verlässliche Bälle zur Verfügung, die sich obendrein problemlos und preiswert produzieren ließen. Außerdem war ihr Material so hart, dass man die Holzschläger nun unten mit Metall bestücken konnte.

Old Tom

Als Erfinder des modernen Golfplatzes gilt Tom Morris senior, der von 1861 bis 1867 viermal die British Open gewann und vier Jahrzehnte lang Platzwart und Spieler auf dem Old Course von St. Andrews war. Er reduzierte die Anzahl der Löcher von 22 auf 18 und entwarf u. a. die Plätze von Muirfield und Carnoustie, sowie die erste wirklich moderne Anlage in Prestwick.

Platzbuchung

Die meisten der rund 500 Golfplätze in Schottland sind öffentlich zugänglich, auch diejenigen, wo Meisterschaften ausgetragen werden. Ein Anruf genügt also in der Regel – bei Top-Clubs müssen Sie allerdings mit bis zu einem Jahr Wartezeit rechnen! Erkundigen Sie sich nach den konkreten Nutzungsbedingungen. Bei Visit Scotland erhalten Sie die kostenlose Broschüre *Golf in Schottland*, in der über 300 Anlagen beschrieben sind (Tel. 0845 225 5121; golf.visitscotland.com).

Queen Mary spielte gerne Golf in St. Andrews (historische Szene)

SCHOTTLANDS SCHÖNSTE GOLFPLÄTZE

- **St. Andrews** – www.standrews.org.uk
- **Turnberry Ailsa** – www.turnberry.co.uk
- **Royal Troon** – www.royaltroon.co.uk
- **Royal Dornoch** – www.royaldornoch.com
- **Muirfield** – www.muirfield.org.uk
- **Carnoustie** – www.carnoustiegolflinks.co.uk
- **North Berwick** – www.northberwickgolfclub.com
- **Machrihanish** – www.machgolf.com
- **Nairn** – www.nairngolfclub.co.uk
- **Turnberry Kintyre** – www.turnberry.co.uk

MUSIK UND TANZ

Die keltische Musik von heute entstand einst in den westlichen Randgebieten des vormaligen Siedlungsraumes der Kelten – wie Wales, Irland, dem spanischen Galicien, der Bretagne, Cornwall, der Isle of Man und natürlich in Schottland.

Jedes Land hat seine volksmusikalische Tradition bei Tanzweisen, Liedern und dergleichen, mit gemeinsamen Merkmalen, die auch bei Aufnahme fremder Einflüsse spürbar bleiben. Manchmal beschreitet diese Entwicklung ausgefallene Wege: So brachten irische und schottische Auswanderer ihre Musik nach Nordamerika, wo sie sich mit anderen musikalischen Kulturen mischte. Heute nun kehren alte Melodien und Instrumente über den Atlantik zurück, in neuem Gewand – man hört in Jazz, Rock und Pop neben modernen Synthesizern die Klänge des Dudelsacks und besinnt sich auf den alten keltischen Liedschatz, um ihn kommenden Generationen zu erhalten.

Bei der Traditional Music und Song Association (TMSA) in Edinburgh können sie sich informieren über Konzerte, *ceilidhs*, Folk-Clubs und Veranstaltungen in Pubs (Tel. 0131 555 2224, www.tmsa.org.uk.).

Celtic Connections

Das legendäre Festival Celtic Connections (www.celticconnections.com) bringt jeden Januar drei Wochen lang Licht in den düsteren Glasgower Winter und bietet ideale Gelegenheit, sich mit der Ursprünglichkeit und Vielseitigkeit dieser Musik vertraut zu machen: Musiker und Sänger aus aller Welt treten hier auf, die traditionelle keltische Weisen mit Rock oder Klassik zu interessanten Klängen verknüpfen. Das spielt sich mal auf großer Bühne, mal in intimer Atmosphäre ab – etwa in kleinen Kneipen bei *ceilidhs* (sprich: »kei-li«), wo musiziert, getanzt und erzählt wird.

Das erfolgreiche Festival hat keltische Musik enorm populär gemacht, weshalb man sie in größeren Städten Schottlands täglich auf irgendeiner Bühne erleben kann (Straßenmusiker geben gerne heiße Tipps, wo etwas läuft!). In Glasgow ist die Scotia Bar (▶ 94) in der Stockwell Street – seit vier Jahrzehnten beliebter Treffpunkt von Musikern und Dichtern – eine gute Adresse, ebenso die nahe gelegene Victoria Bar,

Laurie's Bar und das Molly Malones. In Edinburgh sind etwa die Sandy Bell's Bar (25 Forrest Road), The Royal Oak (1 Infirmary Street) und das Tass (Royal Mile) empfehlenswert (alle drei Veranstaltungsorte: ▶ 66).

Oben: Musiker auf dem Hairth O'Knokrach Festival

Rechts: Karen Matheson von der Gruppe Capercaillie

TOP-MUSIKER

Aly Bain und Phil Cunningham – Violin- und Akkordeon-Virtuosen von den Shetlands

Battlefield Band – Glasgower Urgestein

Shooglenifty – Die Folkrock-Band ist der neue innovative Star der keltischen Musik und mischt gekonnt elektronische Sampler und Musikstile

Burach – Folk-Rock aus Edinburgh mit Frontman Sandy Brechin

Capercaillie – beliebte Band mit traditionellen und modernen gälischen Klängen

Dick Gaughan – einer der ganz Großen

Dougie McLean – Sänger, Liedermacher und Komponist aus Perthshire

Back of the Moon – preisgekrönte Traditional Band, die Dudelsack und Fiedel mit Gitarre und Klavier ergänzt

Chris Stout – Super-Geiger und Frontman der Band Fiddler's Bid von den Shetlands

Eddi Reader – ehemals Frontfrau von Fairground Attraction, nun Interpretin von Songs nach Texten von Robert Burns für ein breiteres Publikum

SCHOTTLAND
LITERARISCH

In der schottischen Literatur sind die Tradition des Geschichtenerzählens und der gälische Volksmund lebendig – was selbst so unterschiedliche Autoren wie Robert Burns und Irvine Welsh *(Trainspotting)* miteinander verbindet, als typische Stimmen Schottlands.

Populäre Lyrik

Robert »Rabbie« Burns (1759–96) gilt als Schottlands Nationaldichter, lebenslang Flasche und Frauen zugeneigt. In seinen Liedern und Balladen griff der Bauernsohn häufig schottische Sagenstoffe auf, teils mit derbem Humor (*Tam o' Shanter*, 1790) und verfasste neben idyllischer Naturlyrik auch bewegende Liebesgedichte. Manche seiner Verse, wie *Auld Lang Syne*, wurden zu Volksliedern, die heute noch oft erklingen.

Während Burns früh in Armut starb, war Sir Walter Scott (1771–1832), dem wohl fruchtbarsten und bekanntesten Schriftsteller Schottlands, mehr Lebensglück beschieden, konnte er sich von seinen Honoraren doch ein schlossartiges Anwesen leisten! Scott machte – mit modellhafter Wirkung auch auf die deutsche und französische Literatur – das Genre des historischen Romans populär und entlehnte wie Burns viele seiner Themen der schottischen Volksdichtung.

Helden und Historie

Scott war ein Meister der Schilderung persönlicher Schicksale vor dem Panorama geschichtlicher Ereignisse, ersmals 1814 in dem Roman *Waverley*, dem

> »Scotts *Waverley*
> markierte den Beginn
> des historischen
> Romans«

bald weitere erfolgreiche »Waverley Novels« folgten. Viele seiner Romane und Erzählungen spielen in Schottland und beschwören die Romantik der Highlands und Moore, darunter weltbekannte Titel wie *Ivanhoe* (1819). Im Gegensatz hierzu vermittelte Lewis Grassic Gibbon (eigtl. James Leslie Mitchell, 1901–35) in seiner Trilogie *A Scots Quair* (1932–34) ein ele-

Oben: Peter Pan und seine Gefährtin Wendy

Rechts: Originalmanuskript von Robert Burns' Gedicht *Queen Mary's Lament*

gisch-düsteres Bild des schottischen Landlebens im frühen 20. Jahrhundert. George Douglas Brown (1869–1902) wiederum untersuchte in *The House with the Green Shutters* (1901) die konfliktbeladene Gemeinschaft in einem kleinen Dorf.

Abenteuer

Schottische Schriftsteller bewiesen auch viel Phantasie und Sinn für Abenteuer. Eine der vertrautesten Figuren aus der Feder eines schottischen Autors ist sicherlich *Peter Pan*, den James Matthew Barrie (1880–1937) 1904 in die ewige Jugend schickte.

Unsterblich wurde *Die Schatzinsel* (1883) des in Edinburgh geborenen Robert Louis Stevenson (1850–94), der die exotischen Schauplätze dieses Romans während seines unsteten Wanderlebens kennengelernt hatte.

Aus Schottland stammt auch der erste Spionage-Bestseller des 20. Jahrhunderts, John Buchans (1875–1940) *Die neunurddreißig Stufen* (1915), 1935 kongenial verfilmt von Alfred Hitchcock.

Krimi-König Ian Rankin, Schöpfer des Inspector Rebus

Detektiv- und Zauberromane

Als Meister der Spannung zeigte sich Arthur Conan Doyle (1859-1930), der mit Sherlock Holmes die berühmteste Detektivfigur aller Zeiten schuf – nach dem Vorbild eines Professors für Gerichtsmedizin in seiner Heimatstadt Edinburgh. Ein Eigenbrötler wie Holmes ist auch Detective Inspector John Rebus, den sein Autor Ian Rankin (geb. 1960) seit 1987 in der schottischen Hauptstadt auf Verbrecherjagd schickte: eher der Typ des verlotterten Genies, der es aber (wie sein illustrer Vorgänger) stets schaffte, mit unorthodoxen Methoden seine Fälle zu lösen bevor er kürzlich in Rente ging. Rankins Edinburgh-Krimis wurden auch in Deutschland erfolgreich

INSPECTOR REBUS TOUR

In der schummerigen **Oxford Bar** in Edinburgh fällt Ihnen womöglich ein einsamer Trinker auf, der über einem Bier und einem Whisky meditiert – mittleren Alters, mit Bierbauch und einem von Tabak- und Alkoholkonsum gezeichneten Gesicht. Das ist Inspector Rebus ... Fans der Krimis von Ian Rankin ziehen gerne auf seinen Spuren durch die Stadt, mit angenehmen Gruseln an den Schauplätzen der Morde. Colin Brown von **Rebustours** (www.rebustours.com) bietet verschiedene Führungen an: **The Body Politic Tour** (Politik und Korruption) um die Royal Mile oder die **New Town, Old Crimes Tour** im Viertel um die Oxford Bar mit seiner georgianischen Prachtarchitektur. Unbedingt reservieren!

J. K. Rowling, Autorin der international erfolgreichen *Harry Potter*-Serie

Neuester literarischer Star aus Schottland ist der Zauberlehrling Harry Potter – die Idee zu dieser Figur soll seiner (aus Südengland stammenden, jedoch in Schottland lebenden) Schöpferin Joanne K. Rowling (geb. 1965) in einem Café in Edinburgh gekommen sein. Dort saß sie angeblich, weil sie kein Geld hatte, ihre Wohnung zu heizen! Die insgesamt sieben Bände wurden in 67 Sprachen übersetzt und verkauften sich bis heute weltweit über hundert Millionen mal. Rowlings Bücher dominierten über Wochen die Bestsellerlisten und die Schlagzeilen. Dieser Erfolg war sicher mit ausschlaggebend, dass ihr Wohnort Edinburgh 2004 zur ersten Unesco City of Literature ernannt wurde.

LITERARISCHE KNEIPENTOUR

Eine abendliche Tour durch Lieblingslokale schottischer Schriftsteller beginnt am Beehive Inn (Grassmarket) in Edinburgh und führt durch Hinterhöfe und Gässchen der Altstadt, unter Leitung der fiktiven Figuren Clart und McBrain, die unterwegs neben interessanten Ausführungen auch eine leidenschaftliche Diskussion über den Zusammenhang von Alkoholgenuss und Kreativität anzetteln. Gänsehaut ist garantiert an den Orten, die R. L. Stevenson zu seinem Horrorklassiker *Dr. Jekyll und Mr. Hyde* inspirierten, und hoffentlich kein Naserümpfen nötig über laszive Verse von Robert Burns (Tel. 0800 169 7410; www. edinburghliterarypubtour.co.uk). Eine ähnliche Tour gibt es auch in Glasgow.

DAS EDINBURGH FESTIVAL

Das berühmte Edinburgh Festival lockt mit einem ausgefallenen, anspruchsvollen Programm jeden Sommer Besucher aus aller Herren Länder an.

Am hellichten Dienstagnachmittag ist die Royal Mile für den Verkehr gesperrt – zum Leidwesen der Autofahrer, statt deren hier nun eine bunte Menschenmenge über das Kopfsteinpflaster strömt. Vor der St. Giles Cathedral gibt ein Dudelsackpfeifer in Tracht Folk-Rock-Versionen alter schottischer Tänze zum Besten, unterstützt mit afrikanischen Rhythmen von einem Musiker aus Gambia. Die beiden haben sich eben erst kennengelernt, doch als Zuhörer würde man schwören, dass sie schon jahrelang zusammenspielen. Ein Stück die Straße herunter speit ein Feuerschlucker mit Zylinder leuchtende Salven in die Luft, an der nächsten Ecke mimt eine Frau den Blechmann aus dem *Zauberer von Oz* – ein regelrechter Karneval, der sich hier in mittelalterlichem Ambiente entfaltet, aber so ist Edinburgh halt im August, zur Festivalzeit.

Kulturelle Vielfalt

Dieses außergewöhnliche Kulturfestival, eines der größten der Welt, lockt jedes Jahr Tausende von Besuchern an. Einen Monat lang kann man förmlich in Kultur baden, sei es klassische Musik, Jazz, Oper, Theater oder Kleinkunst, wobei man auf der Bühne viele prominente Gesichter erlebt. Im Laufe der Jahre hat das Festival sogar Ableger bekommen und findet nun an mehreren Standorten gleichzeitig statt. Zentrum ist nach wie vor das ehrwürdige Edinburgh International Festival (EIF), flankiert von Film- und Buchfest und der freien Spielwiese des Fringe Festival.

Fringe Festival

Im Gegensatz zum steiferen, seriösen EIF geht es beim Fringe bunt und chaotisch zu, weshalb ihm meistens die Schlagzeilen gehören. So wird dort jährlich ein begehrter Comedy Award vergeben, was einen spannenden Schaulauf alter Hasen und neuer Talente initiiert. Preisträger waren hier beispielsweise Dylan Moran, Al Murray und Steve Coogan, die es danach allesamt ins Fernsehen schafften. Auf dem Fringe starteten seinerzeit Berühmtheiten wie Monty Python oder Emma Thompson und Stephen Fry ihre Karriere.

Letzten Endes sind es jedoch die kleinen Events am Rande, die auf dem Fringe Festival das Salz in der Suppe bilden: An den seltsamsten Orten erlebt man hier die extravagantesten Künstler. Publikumsrenner sind andererseits die großen Aufführungen im Pleasance, dem Gilded Balloon und den Assembly Rooms – buchen Sie beizeiten: die Shows sind schnell ausgebucht.

Eine wichtige Rolle spielt das Fringe auch als Sprungbrett für den Nachwuchs an jungen Bühnenautoren aus aller Welt – hier scheidet sich die Spreu vom Weizen, was nicht immer eine einfache Aufgabe ist.

> »An den seltsamsten Orten erlebt man extravagante Künstler«

Links: Abschluss-Feuerwerk

Rechts: Während des gesamten Festivals finden auf der Castle Esplanade die Paraden des Military Tattoo statt

FESTIVAL-KONTAKTE

Edinburgh International Festival – The Hub, Castlehill, Edinburgh EH1 2NE; Tel. 0131 473 2000; www.eif.co.uk

The Fringe – The Fringe Office, 180 High Street, Edinburgh EH1 1QS; Tel. 0131 226 0026; www.edfringe.com

Military Tattoo – 32 Market Street, Edinburgh EH1 1QB; Tel. 0131 225 1188; www.edintattoo.co.uk

Edinburgh International Film Festival – 88 Lothian Road, Edinburgh EH3 9BZ; Tel. 0131 228 4051; www.edfilmfest.org.uk

Edinburgh Jazz and Blues Festival – 88 Giles Street, Edinburgh, EH6 6BZ; Tel. 0131 467 5200; www.edinburghjazzfestival.co.uk

DAS SCHWERT DER FREIHEIT

Seit je ist Schottlands Geschichte geprägt durch die Nachbarschaft und das wechselnde Verhältnis zu England. 1707 endete die im 14. Jahrhundert mühsam errungene, stets umkämpfte Selbstständigkeit – was blieb, ist ein stolzer Nationalcharakter, der nach wie vor auf Autonomie drängt.

Streit um die Thronfolge

Die Schottischen Freiheitskriege endeten 1314 siegreich in der Schlacht von Bannockburn (▶ 126f). Jedoch wurde schon 30 Jahre zuvor der Boden für Schottland Unabhängigkeit und der ständige Kampf nach Selbstbestimmung bereitet: 1286 starb König Alexander III. von Schottland durch den Sturz von einer Klippe. Mangels männlicher Nachkommen war seine dreijährige Enkelin Margaret als Thronerbin vorgesehen. Sie verstarb allerdings schon auf der Schiffsreise von Norwegen in ihr neues Königreich. Da kein weiterer Thronerbe in Sicht war baten Margarets Stellvertreter König Edward I. von England aus den zahlreichen Anwärtern auf Schottlands Thron einen geeigneten zu wählen. Edward wollte jedoch die Regierungshoheit ausüben und ließ die Mitstreiter ihm die Lehnstreue schwören.

In engere Wahl kam unter anderem Robert Bruce (1220–95; Großvater von Robert the Bruce, 1274–1329), doch Edward entschied sich 1290 für John Balliol (um 1250–1313). Anfangs agierte dieser als Marionette der englischen Krone, verweigerte jedoch 1296 die Gefolgschaft im Krieg gegen Frankreich. Daraufhin marschierte Edward in Schottland ein, setzte Balliol ab und eigene Statthalter ein. Obendrein raubte er den *Stone of Destiny* («Schicksalsstein») genannten Sandsteinblock, auf dem seit Jahrhunderten die schottischen Könige gekrönt wurden (▶ 48). Während der englischen Vorherrschaft wurde ein Mann zum schottischen Nationalhelden – Sir William Wallace.

William Wallace (»Braveheart«) als Sieger bei Stirling Bridge

Braveheart und andere Helden

Der englischen Herrschaft setzten die Schotten zähen Widerstand entgegen. So schlug der »Braveheart« genannte Sir William Wallace (um 1270–1305) die Engländer 1297 vernichtend bei Stirling Bridge und führte einen regelrechten Guerillakrieg gegen sie. Geadelt, zum Ritter geschlagen und zum Guardian of Scotland (»Hüter Schottlands«) ernannt, fiel er durch Verrat in die Hände des Feindes und wurde 1305 nach grausamer Tortur in London gehenkt.

Größter Held des Unabhängigkeitskrieges aber wurde der bereits erwähnte Robert the Bruce, der seinen Anspruch auf den Thron erneuerte. Mit John Comyn, genannt der Rote (»Red«), ermordete er in der Greyfriars Church in Dumfries einen der wichtigsten Gefolgsmänner Balliols, nahm Burg und Stadt ein, dehnte seinen Machtbereich weiter nach Südwesten aus und ließ sich 1306 in Scone als Robert I. zum schottischen König krönen. Nach wechselndem Kriegsglück bezwang er schließlich im Juni 1314 die vierfache Übermacht der Engländer bei Bannockburn. Erst das Abkommen von Edinburgh und Northampton im Jahre 1328, ein Jahr vor Roberts Tod, sicherte indes die Unabhängigkeit Schottlands.

Problematische Zweisamkeit

Das Ende der Unabhängigkeit rund 400 Jahre später war Ergebnis diplomatischer Winkelzüge: England, das in Kriegswirren auf dem Kontinent verstrickt war, strebte aus Gründen nationaler Sicherheit eine Union beider Länder an. Für das damals wirtschaftlich marode Schottland war diese Option nicht unattraktiv, der psychologische Widerstand dagegen jedoch beträchtlich.

Dass es trotzdem 1707 die Erklärung des Zusammenschlusses (Act of Union) unterzeichnete, verdankte sich massiver Bestechung der schottischen Parlamentarier durch die Engländer, was Robert Burns später in einem seiner Lieder in die Worte fasste: »We were bought and sold for English gold.« (»Wir wurden mit englischem Gold gekauft und verhökert.«) Die Mitglieder der Kommission bezeichnete er als »Lumpenpack der Nation«.

Obwohl Schottland ökonomisch von der Union profitierte, empfand man sie als eine Art feindlicher Übernahme – wobei jedoch zumindest das schottische Rechtssystem eigenständig blieb.

Genug ist Genug

Eine ideale Zweisamkeit entspann sich jedenfalls nicht. Das schlug sich oft auch in unterschiedlichen Wahlergebnissen nieder, wie in den 1980er- und 1990er-Jahren, als die Schotten mehrheitlich für die Labour Party stimmten, jedoch von den Konservativen in London regiert wurden. Deren Politik, besonders zur Regierungszeit von Margaret Thatcher (1979–90), war in Schottland allerdings so beliebt, dass es bei den Wahlen von 1997 schließlich kein einziger konservativer Kandidat aus Schottland ins Parlament in Westminster schaffte.

Vielmehr regten sich zusehends national gesinnte Kräfte, gebündelt in der Scottish National Party (SNP), die die alte Labour-Bastionen zu erobern begann. Labour antwortete mit einer Politik des Übergangs

»Unabhängigkeit ist nach wie vor ein Thema« in Schottland

und der Option eines eigenen schottischen Parlaments. Nach dem Labour-Wahlsieg von 1997 erzielte ein Referendum für eine stärkere Autonomie Schottlands eine überwältigende Mehrheit.

Das neue Schottische Parlament

In einem historischen Augenblick erklärte am 12. Mai 1999 die betagte SNP-Abgeordnete Winnie Ewing, in Edinburgh: »Das schottische Parlament, das sich am 25. März 1707 vertagte, ist hiermit wieder öffnet.« Die Anwesenden forderte sie auf, statt eines »auld sang« ein neues schottisches Lied anzustimmen, »in Eintracht und fortissimo«.

Oben: Der Sitzungssaal des schottischen Parlaments.

Rechts: Alex Salmond, Regierungschef seit 2007

Gemeinsam und Getrennt

Unabhängigkeit von England ist in Schottland nach wie vor ein Thema – Ressorts wie Gesundheit, Bildung und innerschottische Angelegenheiten lägen dann endlich in eigenen Händen. Man drängt auf die Lösung der unter dem Etikett »West Lothian-Frage« rubrizierten Probleme und hadert damit, dass ein schottischer Abgeordneter in London dort zwar über rein englische Dinge mitentscheiden kann, nicht aber sein Kollege in Edinburgh über manches, das seine Heimat betrifft.

An diesem Dilemma könnte letztlich die ganze Union zerbrechen – ein Szenario, das der Scottish National Party durchaus willkommen wäre. Seit 2007 trägt sie Regierungsverantwortung in einer Koalition unter Führung von Alex Salmond und macht sich stark für ein Referendum über die Unabhängigkeit stark. In Hinblick auf ihre reichen Ressourcen an Öl, Erdgas und Whisky können viele Schotten sich vorstellen, ohne den englischen Partner sogar besser dazustehen.

Und mancher Engländer würde, mit dem Hinweis, dass auch Schottland abhängig ist von Atomkraft, jenem keine Träne nachweinen. Der Anfang vom Ende einer langen Beziehung? Das wird die Zeit erweisen.

»LEBENSWASSER« MALT WHISKY

Während der langen Lagerung im Holzfass verdunstet ein Teil des Whiskys. Die Schotten nennen diesen Schwund »angels' share« (Anteil für die Engel) – und ob man nun an Engel glaubt oder nicht: Ein edler Single Malt ist wirklich ein himmlisches Vergnügen.

Der Begriff »Whisky« ist eine Anglisierung des gälischen *uisge beatha*, was soviel wie »Lebenswasser« bedeutet, und in alter Zeit galt das Getränk auch ernstlich als Heilmittel. Heutige Mediziner sehen das nüchterner: Wenn man genug davon trinkt, ergibt sich eine betäubende Wirkung.

Trinkgewohnheiten

Whisky ist noch gar nicht so lange schottisches Nationalgetränk: Im 17. und 18. Jh. hielt man sich lieber an Claret, einen aus Bordeaux importierten Roséwein. In Riesenfässern geliefert, wurde er auch in großen Portionen konsumiert. Es waren letztlich die hohen Steuern auf Wein, die den Whisky attraktiv machten – zunächst als illegale Alternative: Viele berühmte Destillerien entstanden aus ehemaligen Schwarzbrennereien.

Whiskysorten

Prinzipiell unterscheidet man drei Arten: »Blended«, »Grain« und »Single Malt«. Der erste ist eine Mischung (»blend«) von Grain Whisky (aus Getreidedestillat) und Malt Whisky (aus Malzmaische). Entstammt ein Malt einer einzigen Brennerei, spricht man von *Single Malt* – eine Spezialität mit

individueller – mal sanfter, mal markanter – Prägung. Als Ingredienz von Mischgetränken ist Single Malt zu schade, denn er birgt, wie gute Weine, feine Geschmacksnuancen – abhängig vom verwendeten Quellwasser und Gerstenmalz sowie dem Torf, über dessen Feuer es getrocknet wird. Zentrum der Whisky-Herstellung, mit rund 60 namhaften Destillerien, ist der Speyside District im Nordosten, gefolgt von der Region Islay (sprich: »eila«) im Westen. Gute Islay-Whiskys haben intensive Torfnoten und sind trotz rauchiger Anmutung geschmeidig am Gaumen. Ideal für eine ausgiebige Verkostung ist das Scotch Whisky Heritage Centre (▶ 58) an der Royal Mile in Edinburgh, im Zweifelsfall tut es aber auch eine gut sortierte Hotelbar. Auf jeden Fall den Autoschlüssel zu Hause lassen! Und dann heben Sie genüsslich das Glas mit dem goldenen Elixier gen Himmel, zum Wohle der Engel …

FÜNF TOP-DESTILLERIEN

- The Macallan, Craigellachie
- Glenmorangie, Tain
- Talisker, Carbost
- Balvenie, Dufftown
- Laphroaig, Islay

VERKOSTUNGSTIPPS

Hierauf müssen Sie achten:

Farbe – blasses Gold bis dunkler Bernstein

Struktur – enthüllt sich nach sachtem Schütteln des Glases

Nase – beim Einatmen erschnuppern Sie die Aromen

Gaumen – Nuancen schmeckt man am besten ganz vorne im Mund

Finish – im Abgang konzentriert sich nochmals der Charakter

Große SCHOTTEN

Für seine Größe weist Schottland beeindruckende Persönlichkeiten auf, die der Welt ihren Stempel aufdrückten, von der
medizinischen Forschung bis zur Glitzerwelt von Hollywood.

V. l. n. r.: Sir Alexander Fleming, James McAvoy und Andy Murray

Ein Volk von Erfindern

Angeblich verfügt Schottland weltweit über die größte Anzahl von Erfindern
pro Kopf der Bevölkerung, und in der Tat wurden hier bedeutende Dinge
entdeckt, wie 1928 das Penicillin von Alexander Fleming. James „Paraffin"
Young tat sich als Pionier der Ölgewinnung hervor, während John McAdam
Straßenbeläge aus Asphalt entwickelte und John Boyd Dunlop die Luft-
bereifung aus vulkanisiertem Gummi. Alexander Graham Bell wiederum
baute 1875 das erste Telefon, John Logie Baird gilt als Erfinder des Fernsehens – und schließlich wäre noch das Klon-Schaf Dolly zu nennen!

Bekannte Gesichter

Hollywood bewies stets ein Faible für schottische Haudegen, allen voran für
Sir Sean Connery als beliebtesten James Bond der Filmgeschichte. Daneben
finden sich intellektuelle Mimen wie Brian Cox oder das allgegenwärtige
Trio Ewan MacGregor, Robert Carlyle und James McAvoy, und die Reihe
der Zelluloidhelden geht zurück bis David Niven und Gordon Jackson.

Sportlegenden

Ans Tragische grenzt die von Misserfolgen getrübte Geschichte des schottischen Sports, sei es bei Rugby oder Fußball. Während die betreffenden
Nationalmannschaften als unsichere Kandidaten gelten, glänzen auf internationaler Bühne die Golfer Sam Torrance und Sandy Lyle, nicht anders als
der siebenmalige Snooker-Weltmeister Stephen Hendry, Andrew Murray
beim Tennis oder Gold-Olympionike Chris Hoy auf der Radrennbahn.

Ankunft

Zahlreiche Direktflüge verbinden Schottlands drei internationale Flughäfen mit Europa und dem restlichen Großbritannien. Im Umkreis der urbanen Zentren existiert ein gutes öffentliches Verkehrssystem, für Reisen in entlegenere Gebiete sollten Sie sich jedoch ein Auto mieten

Ankunft per Flugzeug

Schottland verfügt über drei internationale Flughäfen: Edinburgh (EDI), Glasgow International (GLA) und Glasgow Prestwick International (QPIK). Die öffentlichen Verkehrsmittel dort gelten als zuverlässig. An den Flughäfen von Edinburgh und Glasgow gibt es Informationsbüros für Touristen.

Edinburgh Airport

- Schottlands **bedeutendster Flughafen** (Tel. 0870 040 0007; www.edinburgh airport.com) liegt etwa zehn Kilometer westlich von Edinburgh.
- **Taxis** stehen vor dem Terminal. Der Fahrpreis in die Stadtmitte beträgt ca. 20 Pfund, es bietet sich also an, mit mehreren Personen zu fahren. Taxis sind, speziell bei viel Gepäck, das bequemste Transportmittel.
- **Lothian Region Transport** (Tel. 0131 555 6363; www.flybybus.com) unterhält einen Bustransfer (Airlink) zur Waverley Station. Während der Hauptverkehrszeit fahren die Busse alle 10, sonst alle 15 Minuten (£). Die Fahrt dauert 25 Minuten, in der Hauptverkehrszeit etwa 45 Minuten.
- Wenn Sie mit dem **Auto** fahren, nehmen Sie die A8 in Richtung Osten und folgen den Schildern ins Stadtzentrum. Die Fahrt dauert etwa 30 Minuten, in der Hauptverkehrszeit länger.

Glasgow International Airport

- Glasgow Airport (Tel. 0844 481 5555; www.glasgowairport.com) liegt in **Paisley**, 13 Kilometer westlich des Stadtzentrums von Glasgow.
- Die Bahnstation **Paisley Gilmor Street** liegt 3 km vom Flughafen entfernt.
- **Taxis** stehen vor dem Terminal für Fahrten nach Glasgow Mitte (£££) oder ins nahe gelegene Paisley (£) bereit.
- **Arriva** (Tel. 0844 800 4411; www.glasgowflyer.com) und **First** (Tel. 0141 423 6600; www.firstgroup.com) unterhalten Zubringerbusse nach Glasgow Mitte, die alle 10–15 Minuten, abends alle 30 Minuten fahren (£). Alle 10 Minuten verkehren örtliche Busse zur Paisley Station (£).
- **Autofahrer** nehmen die M8 nach Westen und folgen den Schildern ins Stadtzentrum. Vom Flughafen sind es etwa 30 Minuten bis zur Stadtmitte.

Glasgow Prestwick International

- Der **Prestwick** Airport (Tel. 0871 223 0700; www.gpia.co.uk; liegt 80 km von Glasgow Mitte entfernt, das bedeutet etwa 45 Minuten Fahrt.
- **Züge** verkehren alle 30–60 Minuten zur Glasgow Central Station. Die Fahrt dauert 45 Minuten (£).
- Der Express-Airport-Bus **X77** fährt alle 30–60 Minuten ins Zentrum und benötigt 50 Minuten (££). Der **X99** (££) fährt nur am Morgen und spät Nachts.
- Mit dem **Auto** nehmen Sie die M77 in Richtung Norden nach Glasgow. Zur Hauptverkehrszeit muss man mit Staus rechnen.

Mit dem Zug

Waverley Railway Station, Edinburgh
- An der **Waverley Bridge**. Ausgang über die Waverley Steps zur Princes Street.

■ Die Züge von **East Coast** (Tel. 08457 225 333; www.eastcoast.co.uk) und **Virgin Trains** (Tel. 08457 222 333; www.virgintrains.co.uk) kommen stündlich nach 4–5 Stunden Fahrt von **Londons King's Cross Station** hier an. **National Rail Enquiry Service**, Tel. 08457 484 950

Glasgow Central Station

■ In der **Argyle Street**, in der Stadtmitte. Endstation für die Züge der Ostküsten-Hauptverkehrslinie von **London Euston**. Die Fahrt dauert 5–6 Stunden. Von hier fahren auch die **Züge** in die nähere Umgebung Glasgows ab.

■ Bis zur **Queen Street Station**, von der Züge nach ganz Schottland abfahren, sind es 10 Minuten zu Fuß.

Mit dem Bus

St. Andrew Square Bus Station

■ In der **Clyde Street** von Edinburgh, im Herzen der New Town, 5 Minuten Fußweg von der Princes Street, in der die wichtigen Buslinien verkehren. **National Express Coaches** (Tel. 08717 818 181; www.nationalexpress.com) kommen aus England und Wales hier an. **Scottish Citylink** (Tel. 0870 550 5050; www.citylink.co.uk) verkehrt in ganz Schottland.

Buchanan Street Bus Station

■ In der **Killermont Street**, Glasgow, etwa 10 Minuten Fußweg bis zur Central Station oder dem George Square (Tel. 0141 333 3708).

■ Von hier aus fahren Busse von **National Express** und **Scottish Citylink** in praktisch alle Städte Großbritanniens (siehe oben).

Touristeninformation

Die Fremdenverkehrsbüros in Edinburgh und Glasgow – mit Zweigstellen an den jeweiligen Flughäfen – bieten einen erstklassigen Service und helfen bei Reservierungen. Die meisten schottischen Tourist Information Centres erreichen Sie über die zentrale Telefonnummer: 0845 225 5121.

Edinburgh

✉ 3 Princes Street, oberhalb des Waverley Shopping Centres ☎ 0845 225 5121; www.edinburgh.org ⊕ April, Okt. Mo–Sa 9–18, So 10–18 Uhr; Mai–Juni und Sept. Mo–Sa 9–19, So 10–19 Uhr; Juli–Aug. Mo–Sa 9–20, So 10–20 Uhr; Nov.–März Mo–Sa 9–17, So 10–17 Uhr

Glasgow

✉ 11 George Square, gegenüber der Queen Street Station ☎ 0141 204 4400; www.seeglasgow.com ⊕ Mo–Sa 9–5 Uhr. Zeiten können sich vor allem im Sommer ändern.

Visit Scotland

✉ Ocean Point One, 94 Ocean Drive, Edinburgh EH6 6JH ☎ 0845 225 5121 (innerhalb GB) oder +44 (0)131 625 8625 (vom Ausland); www.visitscotland.com). Nur telefonische und schriftliche Anfragen ⊕ Mo–Fr 8–20, Sa 9–17.30, So 10–16 Uhr

---

Eintrittspreise

Die Eintrittspreise für die im Text beschriebenen Sehenswürdigkeiten sind in drei Kategorien eingeteilt:

£ unter 4 £   ££ 4–8 £   £££ über 8 £

Unterweg in Schottland

In größeren Ortschaften und in Städten ist das öffentliche Verkehrsnetz gut ausgebaut. In Glasgow verkehrt Schottlands einzige U-Bahn, es gibt viele Vorortzüge und Busse. In belebten Gegenden ist der öffentliche Personennahverkehr die bequemste Fortbewegungsart, in ländlichen und abgelegenen Gebieten ist dagegen das Auto bequemer, weil Busse und Züge nur unregelmäßig fahren.

Günstige Fahrkarten für Bahn und Bus

- **Freedom of Scotland Travelpass** – erhältlich für 4 oder 8 Tage. Dieser Pass gilt für alle Bahnfahrten innerhalb Schottlands, sowie von/nach Carlisle und Berwick-Upon-Tweed, alle Caledonian MacBrayne Fähren in Schottland, einige Scottish Citylink Busverbindungen und auf einigen Strecken der Überlandbusse von Stagecoach, First und Bowman.

- **Strathclyde Passenger Transport** (Tel. 0141 332 6811; www.spt.co.uk). Mit Zonen- und Tageskarten können Sie in Westschottland unbegrenzt reisen sowie die U-Bahn in Glasgow, die Buslinien und die Gourock Kilcreggan Ferry benutzen.

- Weitere Auskünfte zu öffentlichen Verkehrsmitteln erhalten Sie bei **Traveline Scotland**, Tel. 0871 200 2233; www.travelinescotland.com; tägl. 8–20 Uhr.

Züge

- Wenden Sie sich an **National Rail Enquiries** (Tel. 08457 484 950; www.nationalrail.co.uk)

- **First Scotrail** (Tel. 0845 601 5929; www.firstscotrail.com) unterhält die meisten Zugverbindungen in Schottland.

- Government-owned **East Coast** (Tel. 08457 225 333; www.eastcoast. co.uk) betreibt die Intercity-Route zwischen London und Edinburgh.

- **Virgin** (Tel. 08457 222 333; www.virgintrains.co.uk) betreibt die Hauptverkehrslinien und die Verbindungen im restlichen Großbritannien.

Busse

- **Scottish Citylink** verkehrt praktisch in ganz Schottland (Tel. 0870 550 5050; www.citylink.co.uk)

- Gegenden, in denen die Hauptverkehrslinien nicht verkehren, werden von zahlreichen kleinen **lokalen Verkehrsbetrieben** bedient.

- Der **Royal-Mail-Postbus**, der in den Highlands, auf den Inseln und in entlegenen Gegenden verkehrt, nimmt neben der Post auch Fahrgäste mit (Tel. 08457 740 740; www.postbus.royalmail.com).

Fähren

- Die **Caledonian MacBrayne** (CalMac) unterhält einen weit verzweigten Autofähren-Dienst zu den wichtigsten Inselorten an der Westküste, einschließlich Arran, Äußeren Hebriden, Skye und den kleinen Inseln. Einzelheiten und Fahrpläne entnehmen Sie der Website (Tel. 0800 066 5000; www.calmac.co.uk).

- **Northlink Ferries** betreiben Nachtfähren von Aberdeen nach Orkney und den Shetland-Inseln (Tel. 0845 600 0449; www.northlinkferries.co.uk), sowie die Verbindung von Scrabster nach Stromness.

Flugverkehr Inland

- **Loganair** verbindet Glasgow und Edinburgh mit den Highlands und den Inseln, einschließlich Äußere Hebriden, Orkney und Shetland. Die durchschnittliche Flugdauer beträgt 90 Minuten – schnell, aber auch teuer (Tel. 0844 800 2855; www.loganair.co.uk).

- Die 10 wichtigsten **Regionalflughäfen** sind Campbeltown, Islay, Tree, Barra, Benbecula, Stornoway (Lewis), Sumburgh (Shetland), Kirkwell (Orkney), Wick und Inverness, die von der Highlands and Islands Airports Ltd (HIAL, Tel. 01667 462445; www.hial.co.uk) betrieben werden.
- Rechnen Sie bei **schlechtem Wetter** mit Verspätungen bzw. Stornierungen.

Taxis

- In den Städten und größeren Ortschaften gibt es die lizenzierten *black hackney cabs* (London-Taxis) mit Uhr und festem Tarif.
- **Taxistände** befinden sich gewöhnlich bei Bahnhöfen und größeren Hotels sowie bei den Hauptgeschäftszentren. Wenn Sie unterwegs ein Taxi anhalten wollen, heben Sie den Arm.
- **Minitaxis und Privatautos** haben ebenfalls eine Lizenz und manchmal auch Taxameter. Wenn nicht, sollten Sie einen Festpreis vereinbaren. Sie finden Anbieter in den Gelben Seiten oder können über die Telefonauskunft bestellt werden. Unterwegs dürfen Minicabs eigentlich keine Fahrgäste aufnehmen, halten sich aber nicht immer an diese Vorschrift.

Mit dem Auto

Auto fahren macht in Schottland, vor allem außerhalb Glasgows und Edinburghs, Spaß und ist die beste Art und Weise, das Land kennen zu lernen. Die Straßen sind in gutem Zustand, doch je weiter Sie nach Norden kommen, umso schmaler werden sie. In manchen Gegenden gibt es nur eine einzige Fahrspur mit Ausweichbuchten. Dafür ist das Verkehrsaufkommen geringer.

- Wenn Sie mit dem **eigenen Auto** anreisen, benötigen Sie Ihren Führerschein und Fahrzeugschein sowie eine für Großbritannien gültige Versicherung. In Schottland herrscht **Linksverkehr.**
- Fahrer und Beifahrer müssen sich **anschnallen.**
- Wenn nicht anders angegeben gilt die **Geschwindigkeitsbegrenzung** von 30mph (48 km/h) innerorts, 60mph (96 km/h) auf Landstraßen und 70 mph (113 km/h) auf Autobahnen und zweispurig ausgebauten Landstraßen.
- Die **Alkoholgrenze** liegt bei 0,8 Promille. Falls Sie mit mehr erwischt werden drohen empfindliche Strafen – von saftigen Geldbußen bis zum Entzug der Fahrerlaubnis. Am besten trinken Sie überhaupt nicht, wenn Sie fahren.
- Die **Benzinpreise** variieren, sind jedoch in den Highlands und auf den Inseln wesentlich höher als auf dem Festland. Am billigsten sind die Tankstellen der Supermärkte. An Fernstraßen und in großen Städten gibt es Tankstellen, die rund um die Uhr geöffnet sind, in ländlichen Gebieten sind sie rar.
- **Notrufsäulen** gibt es an den Fernstraßen in regelmäßigen Abständen. Die Automobile Association (AA) unterhält einen 24-Stunden-Pannendienst für Mitglieder und für Mitglieder angeschlossener Organisationen (www.theAA.com).

Autovermietungen

- Die meisten Autoverleiher unterhalten Büros an Flughäfen und in den größeren Städten. Wenn Sie im Voraus buchen, sparen Sie Geld und Zeit. Sie müssen über 21 Jahre und im Besitz eines gültigen Führerscheins sowie einer Kreditkarte sein.

Avis Tel. 0844 581 0147; www.avis.co.uk
Budget Tel. 0844 544 3407; www.budget.co.uk
Europcar Tel. 08713 849 847; www.europcar.co.uk
Hertz Tel. 08708 448 844; www.hertz.co.uk

Übernachten

Die Unterbringung ist meistens von guter Qualität, und überall werden Sie warmherzig und gastfreundlich aufgenommen – solange Sie die Schotten nicht als Scotch bezeichnen.

Hotels

- **Übernachtungspreise** werden normalerweise pro Person einschließlich Mehrwertsteuer (VAT) angegeben. Luxushotels können über 200 £ und mehr kosten. Der Durchschnittspreis in Edinburgh oder Glasgow liegt bei 90–160 £ für zwei Personen inklusive Frühstück. Sonst müssen Sie mit 60–90 £ rechnen.

- Schottland ist berühmt für seine **Country-house-Hotels**, ehemalige Landsitze reicher Industrieller, die hier im 19. Jahrhundert ihrer sportlichen Passion nachgehen wollten. In den meist einsam auf riesigen Grundstücken gelegenen Anwesen – oft ist Angeln (manchmal sogar die Jagd) im saftigen Preis enthalten – können Sie sich wie die Superreichen verwöhnen lassen. Andere Grandhotels in der Nähe weltberühmter Golfplätze bieten Ihnen als Hausgäste die Gelegenheit, auf einem Platz zu spielen, der Normalsterblichen sonst nicht zugänglich ist.

- Als einzigartig werden wohl die meisten das Übernachten auf einem **Schloss** empfinden. Die meisten Schlösser befinden sich zwar in Privatbesitz, doch einige wurden in Hotels umgewandelt. Dort können Sie echte Schlossatmosphäre genießen. Glitzernder Granit, Zinnen und Türmchen liefern ein großartiges Ambiente. Die Preise sind zwar gesalzen, aber Komfort und Luxus suchen oft ihresgleichen.

Andere Unterkünfte

- Die beste Gelegenheit, schottische Gastfreundschaft und die Einheimischen kennen zu lernen, ist **Bed and Breakfast** (B&B). Die meisten B&Bs und Gästehäuser befinden sich in Privathäusern. Selbst die einfachsten sind gewöhnlich gut eingerichtet. Von den Gastgebern kann man meistens erstklassige Informationen erhalten. Sie können Ihnen helfen, die Reiseroute zu planen, sie können die interessantesten und schönsten Sehenswürdigkeiten empfehlen, Ihnen sagen, wo man gut einkaufen, essen und ausgehen kann. Häufig liegen dort auch Broschüren bereit, die über die Umgebung informieren, und Landkarten, die Sie benutzen können.

- **Gästehäuser** sind eher kleine Hotels, auch wenn die Besitzer oft im selben Haus wohnen. Sie bieten einfache Unterbringung zu vernünftigen Preisen.

- **Coaching Inns** waren einst fester Bestandteil des schottischen Lebens. Diese schönen historischen Poststationen findet man in praktisch jeder Ortsmitte, und die meisten besitzen ein Restaurant, in dem einheimische Kost in gemütlicher Atmosphäre serviert wird.

Buchungen

- Es empfiehlt sich, im Voraus zu buchen, da Großstädte wie Edinburgh und Glasgow das ganze Jahr über Reiseziel sind. Anderswo sind viele Sehenswürdigkeiten und Unterkünfte von Oktober bis Ostern geschlossen. Von Mai bis August ist **Hauptsaison**. Wenn Sie also im Vorfrühling oder im Spätherbst anreisen, dann können Sie mit günstigeren Preisen rechnen.

- Wenn Sie mit dem Auto unterwegs und noch unverplant sind, bieten die Touristeninformationszentren ein **Book-a-bed-ahead**-System an. Gegen eine geringe Gebühr reservieren Ihnen die Büros ein Zimmer im Voraus. Informationen bei **Visit Scotland**; Tel. 0845 225 5121 (UK), 01506 83 2121 (außerhalb UK); www.visitscotland.com.

- In Hotels der mittleren und gehobenen Preisklasse ist das **Frühstück** oft nicht im Preis inbegriffen. Es erweist sich unter Umständen als teuer und enttäuschend. Oft ist es besser, in einem Café zu frühstücken.

- In kleineren Unterkünften wird in der Regel Frühstück serviert, und die meisten Gastgeber geben sich mit der Zubereitung große Mühe. Serviert wird echt schottische Kost wie Schinken, Eier, Würstchen, Tomaten, Pilze, *black pudding* und *kipper* (Räucherhering).

Camping

- Trotz des feuchten Klimas ist Camping bei Einheimischen und Touristen beliebt. Es empfiehlt sich vor allem um das Land besonders intensiv zu erleben. Zudem dürfen Sie in Schottland auch fernab der offiziellen Campingplätze aufschlagen darf. Sie sollten jedoch so höflich sein den Eigentümer zuvor um seine Erlaubnis zu bitten.

- Schlecht befahrbare Straßen sind meist deutlich ausgeschildert. Wenn Sie mit einem Anhänger auf einspurigen Straßen unterwegs sein sollten, dann achten Sie bitte darauf, dass Sie nicht zum Verkehrshindernis werden. Es gilt als grobe Unhöflichkeit, nachfolgende Fahrzeuge aufzuhalten.

- Auf dafür gekennzeichneten Plätzen sind Campingwagen willkommen, das Parken in Parkbuchten oder auf normalen Parkplätzen ist jedoch verboten.

- Es gibt mehr als 400 offizielle Camping- und Caravan-Plätze in Schottland. Auskunft erteilen die örtlichen Fremdenverkehrsbüros. Eine Auflistung finden Sie auch in der von AA herausgegebenen Broschüre *Camping and Caravanning in Britain and Ireland*.

Jugendherbergen

- Wenn Sie knapp bei Kasse sind und nicht in der Kälte zelten wollen, sind Jugendherbergen und Rucksackhotels eine Alternative. Die einfachste Unterbringung sind Schlafsäle – eine gute Gelegenheit, andere Reisende kennen zu lernen. Wasch- und Duschgelegenheiten sind zwar vorhanden, aber manche Herbergen müssen von den Gästen sauber gehalten werden.

- Die **Scottish Youth Hostel Association** (Tel. 0845 293 7373; www.syha.org.uk) verfügt über ein weit verzweigtes Netz von Herbergen, darunter wunderschöne alte Gebäude wie ehemalige Kirchen, Schulen und sogar ein Schloss in den Highlands.

Informationen

- *AA Bed & Breakfast Guide* und *Hotel Guide* – jährlich erscheinende Publikationen mit umfangreichem Schottland-Teil. Informationen und Buchungen auch online über www.theAA.com.

- *Scotland Bed-and-Breakfast* und *Hotels and Guest Houses* geben Auskunft über 1700 B&Bs sowie mehr als 1500 Hotels und Gästehäuser. Herausgeber ist Visit Scotland.

- Visit Scotland gibt außerdem jährlich einen Apartment-Führer für **Selbstversorger** heraus und bietet praktische Hinweise für **Behinderte**.

- Einige private Agenturen bieten interessante und ungewöhnliche Apartments für Selbstversorger an. Informationen beim **National Trust for Scotland** (Tel. 0844 493 2108 (aus Großbritannien) bzw. +44 (0)131 23 9331 (aus dem Ausland); www.ntsholidays.com) und der Forestry Commission (Tel. 0845 130 8223; www.forestholidays.co.uk).

Übernachtungspreise

Pro Nacht im Standard-Doppelzimmer, inklusive Frühstück:

£ unter 50 £   **££** 50–90 £   **£££** über 90 £

Essen und Trinken

In Schottland essen zu gehen gilt als besonderes Vergnügen. Man bekommt alles geboten, von traditioneller einheimischer Küche. Das Geheimnis sind die qualitativ hervorragenden einheimischen Produkte wie Angus-Rindfleisch aus Aberdeen, Lachs, Wild und Lamm, eine Riesenauswahl an frischem Gemüse und ein überwältigendes Angebot an Käse.

Die schottische Küche

■ Am bekanntesten ist der *haggis* – im Kunstdarm gegarte Schafsinnereien gemischt mit Rinder-Nierenfett und leicht geröstetem Hafermehl. Sein intensiver und würziger Geschmack ist besser als man es erwarten würde. Traditionell serviert man ihn mit *neeps* (Steckrüben) und *tatties* (Kartoffeln). Er wird in jeder Metzgerei und in jedem Supermarkt verkauft, den besten bekommen Sie jedoch bei Charles Mac Sween & Son in Edinburgh (www.macswee.co.uk).

■ Viele Restaurants kochen einheimische Gerichte, entweder klassisch oder modern interpretiert, wie die Stac Polly Restaurants in Edinburgh (www. stacpolly.com), wo *haggis* in Blätterteig mit Pflaumensauce serviert wird.

■ **Weitere traditionelle schottische Gerichte:**

Scotch broth (*hotch-potch*) – ein leichter Eintopf mit Lamm- oder Rindfleisch, Graupen und Gemüse

Cock-a-leekie soup – Suppe mit Huhn, Lauch, Reis und Pflaumen

Cullen skink – eine Suppe aus geräuchertem Schellfisch, Milch und zerstampften Kartoffeln

Forfar bridies – Pastete gefüllt mit Hackfleisch und Nierenfett

Scotch pies – ähnlich wie *bridies*, aber mit einer delikaten Kruste, die man in *Fish-and-Chips*-Läden mit anderen tiefgefrorenen Delikatessen wie *black and white pudding* findet.

Schottischer Käse gehört zu den delikatesten in Europa, von harten, dem Cheddar ähnlichen Varianten bis hin zu weichen, cremigen Sorten, mit Kräutern, Haferschrot oder Knoblauch gewürzt. Dazu isst man Haferkekse. Die allerbesten Sorten führt der Edinburgher Käsehändler Ian Mellis (www.mellischeese.co.uk).

Internationale Küche

■ Es gibt eine Fülle von internationalen kulinarischen Richtungen, vom billigen, bunten chinesischen Selbstbedienungsladen bis hin zu griechischer, türkischer und thailändischer Küche. In den meisten Kleinstädten, sogar in den Highlands, gibt es ein, zwei indische Restaurants.

■ Hotels führen häufig exzellente internationale Restaurants zum Beispiel das Sheraton Grand, das Prestonfield und das Howard in Edinburgh, das Tayrreggan am Loch Awe und das Culloden House bei Inverness.

Cafés und Bistros

Cafés und Bistros sind in Schottland weitverbreitet. In ungezwungener Atmosphäre werden Gerichte aller Art von amerikanischer bis hin zu französischer Küche serviert, dazu britische Standardgerichte wie Bratwurst mit Kartoffelbrei. Hervorragende Beispiele dafür sind das **Blue** (▼ 61) in Edinburgh, das **Malmaison** (▼ 80) in Glasgow und das **Fouters** (▼ 112) in Ayr.

High Tea

Den traditionellen schottischen High Tea servieren noch manche Hotels, Teestuben und Cafés. Anders als beim englischen High Tea gehören zu den

Sandwiches oft *fish and chips* oder kaltes Fleisch und lokale Spezialitäten wie Dundee-Fruchtkuchen, Butterkuchen und Teekuchen oder Pfannkuchen.

Den besten High Tea gibt es in:

Café Gandolfi, Glasgow (▶ 90)
The Gleneagles Hotel, Auchterarder (▶ 137)
Kailzie Gardens Restaurant, Peebles (▶ 112)
Kind Kyttock's Kitchen, Falkland (▶ 134)

Restaurants

- **Frühstück** gibt es von 7.30 bis 10.30 Uhr; **Lunch** (Mittagessen) von 12 bis 14.30 Uhr; **High Tea** oder ein frühes Abendbrot zwischen 16.30 und 18.30 Uhr; **Dinner** (Abendessen) von etwa 18.30 bis 22 Uhr.
- Im Preis ist der **Service** (10 Prozent) oft schon enthalten, ansonsten sind 10–15 Prozent Trinkgeld üblich.
- Viele Restaurants bieten preiswerte **Menüs** am frühen Abend an. In vielen guten Restaurants bietet sich Mittagessen als preiswerte Alternative an.
- Die **Kleiderordnung** lockert sich zunehmend. Sehr wenige Restaurants bestehen zwar noch auf Schlips und Jackett, doch im Allgemeinen geht es auch ohne.

Getränke

- Es gibt drei Arten **Whisky** (▶ 28f). Einen *dram* (Schluck) Malt mischt man ausschließlich mit Wasser, alles andere empfinden Schotten als Beleidigung.
- Bei **Bier** kennt man die Sorten *export*, *heavy* oder *special*.
- Die kleinen **Traditionsbrauereien** sind wieder im Kommen, zum Beispiel Belhaven aus Dunbar, Traquair aus Innerleithen (▶ 110f), Sulwath Brewery in Castle Douglas (▶ 116), Broughton Ales of Biggar (Ballindalloch) und Caledonian (Edinburgh).
- Pubs haben abends länger geöffnet – unter der Woche von 11–23 Uhr und freitags und samstags bis 1 Uhr nachts, Pubs mit Sonderlizenz sogar bis 2 Uhr und länger. Pubs öffnen jedoch sonntags erst am Mittag und dürfen erst ab 12.30 Uhr Alkohol ausschenken. Wo man die Sonntagsruhe streng einhält, bleiben die Pubs geschlossen.
- Alkohol wird nicht an **Jugendliche** unter 18 Jahren ausgeschenkt.
- In Schottland ist es verboten, in der Öffentlichkeit Alkohol zu trinken oder auch nur geöffnete Flaschen bei sich zu tragen.
- Die **antialkoholische** Alternative ist *Irn-Bru*, das schottische Sodagetränk.
- Die besten Musik-Pubs in denen Live-Musik geboten wird:
The Ceilidh Place, Ullapool (Tel: 01854 612103; www.theceilidhplace.com)
The Taybank, Dunkeld (Tel: 01350 727340; www.thetaybank.com)
The Famous Bein Inn, Glenfarg (Tel: 01577 830216; www.beininn.com)
The Royal Oak, Edinburgh (Tel: 0131 557 2976)
Hootananny, Inverness (Tel: 01463 233 651; www.hootananny.com)

Nützliche Broschüren

- Das Verzeichnis von **Taste of Scotland**, einer Organisation, die bei ihren Mitgliedern einen hohen Standard traditioneller Küche voraussetzt (www.taste-of-scotland.com).
- Der *Restaurant Guide* und der *Pub Guide* von AA sind auch unter www.theAA.com erhältlich.

Restaurantpreise
Pro Person für ein Drei-Gänge-Menü, ohne Getränke:
£ unter 15 £   ££ 15–25 £   £££ über 25 £

Einkaufen

Einkaufsmöglichkeiten gibt es in Schottland zur Genüge, nicht nur in den modernen Einkaufszentren der Städte, sondern auch in kleinen Kunsthandwerkerläden sowie in Kleinstädten und Dörfern. Ideale Geschenke sind Tartanschals, keltische Broschen, Silber- und Glaswaren. Es gibt Souvenirs einfacher, billiger Art (das Monster von Loch Ness oder Hochlandrinder als Plastikspielzeug, Magneten oder Ornamente), aber auch teure Artikel von Kaschmirkleidung bis zum handgeschmiedeten silbernen *quaich* (traditioneller Trinkbecher).

Tartans, Tweed und Strickwaren

Traditionelle Kilts, Jacketts, Röcke, Anzüge, Kostüme und Pullover, gediegene und handgearbeitete Artikel erhalten Sie praktisch überall in erstklassiger Qualität. Zu den besten Einkaufsmöglichkeiten gehören die Royal Mile und die Princes Street in Edinburgh. Einmalige Schnäppchen kann man in den Fabrikläden in den Borders machen.

Kunsthandwerk und Schmuck

Kunst und Kitsch findet man überall in allen Spielarten, in eleganten Boutiquen und auf dem Lande. Das **House of Bruar**, direkt an der A9 nördlich von Pitlochry, und die Läden des **National Trust of Scotland** (NTS) sind die besten Einkaufsmöglichkeiten für schottisches Kunsthandwerk, Geschenktipps: schottisches Kristallglas, Vasen und Schalen. Überall in Schottland gibt es kleine Töpfereien, zum Beispiel die Lighthouse Pottery bei Portpatrick und die Borgh Pottery auf der Insel Lewis.

Beliebt und fast überall zu haben ist **Schmuck aus Zinn und Silber**, entworfen nach traditionellen keltischen Vorbildern aus alten Büchern und Manuskripten. In Antiquitätenläden und Secondhandshops findet man ausgefallenen viktorianischen Schmuck, beachtenswert sind aber auch die Arbeiten jüngerer Designer in den einschlägigen Läden in Edinburgh und Glasgow.

Essen und Trinken

Ein hervorragendes Geschenk ist schottischer Whisky. Sie bekommen ihn überall, aber am unterhaltsamsten ist es, ihn vor dem Kauf in einer Destillerie zu probieren (▶ 172ff). Auch Nahrungsmittel sind ein fabelhaftes Mitbringsel. Sie sollten sich jedoch vorher nach den Einfuhrbestimmungen Ihres Landes erkundigen. Ein guter Tipp sind Räucherlachs und *kippers* (Räucherfisch) von Loch Fyne, Haferkekse, Butterkuchen und Dundee Cake in der traditionellen Blechdose mit Schottenkaros. *Edinburgh rock* ist eine steinharte Süßigkeit.

Ausgehen

Die schottische Unterhaltungsszene bietet alles vom Avantgarde-Theater bis zum schottischen Volkstheater (»*haggis and heather*«). Veranstaltungskalender erhalten Sie normalerweise in Hotels und Gästehäusern. In Edinburgh oder Glasgow erfahren Sie alles im Magazin *The List*. Es erscheint alle 14 Tage und informiert über Kino, Theater, Clubs, Konzerte, Kunst und Lesungen. Ansonsten informiert der *Herald*, eine der führenden schottischen Zeitungen, der in der Sonntagsbeilage einen überregionalen Veranstaltungskalender besitzt.

Theater, Musik und Tanz

■ Schottland blickt auf eine lange Theatertradition zurück. Moderne und klassische Produktionen, Musicals und Pantomimen werden das ganze

Jahr über aufgeführt, zum Beispiel im Rep (Dundee), im Festival Theatre (Pitlochry), im Tron and the Citizens (Glasgow), im Traverse (Edinburgh) oder dem Theatre Royal (Dumfries), dem ältesten Theater des Landes.

Opern, klassische Konzerte und andere Formen von Musik werden in den Großstädten in Hülle und Fülle angeboten. Die **Royal Concert Hall** in Glasgow hat ein abwechslungsreiches Programm im Angebot, ebenso die **Queens Hall** in Edinburgh, das Stammhaus des Scottish Chamber Orchestra.

Für Liebhaber des Balletts sei das **Scottish National Ballet** empfohlen.

Pubs und Clubs

Die Pub-Szene hat sich im Laufe der Jahre gründlich verändert, und in den meisten Bars bekommt man heute auch etwas zu essen. Livemusik kostet gewöhnlich keinen Eintritt, wenn sie im Hauptraum stattfindet; das Angebot reicht von traditioneller schottischer Musik bis zu Jazz.

Die Angebote der Clubs sind ganz unterschiedlich, sie reichen von *ceilidh*-bis hin zu Hightech-Tanzveranstaltungen. Eine aktuelle und vollständige Liste aller Clubs finden Sie im Magazin *The List* und unter www.list.co.uk.

Freizeitaktivitäten

Eine der Hauptattraktionen Schottlands ist **Golf**, und viele Besucher reisen an, um auf den erstklassigen Plätzen zu spielen (▲ 14f.). Sie können unter mehr als 500 Plätzen wählen. Sämtliche Details unter http://golf.visitscotland.com.

Schottland ist ideal zum **Wandern und Klettern**, vor allem in den Highlands; schön sind auch Wanderungen durch die leicht hügeligen Lowlands. Das Land verfügt über eine Anzahl gut ausgeschilderter Fernwanderwege, darunter der West Highland Way und der Southern Upland Way (▲ 122).

In den meisten Touristenbüros erhalten Sie Bücher, Broschüren und Karten für Wanderungen. Bücher über **Wanderungen** durch Schottland, Landkarten, Kleidung und Sicherheitsausrüstung erhalten Sie in den Läden von Graham Tiso in Edinburgh (Rose Street) und in Glasgow (Buchanan Street) sowie in anderen größeren Städten. Oder kaufen Sie online unter www.tiso.com

Praktische Informationen und Beschreibungen der Wanderwege finden Sie unter http://walking.visitscotland.com.

Hinweis: In den schottischen Hügeln und Bergen kann es auch im Sommer gefährlich sein. Bevor Sie aufbrechen, sollten Sie sicherstellen, dass Sie fit genug sind, passendes Schuhwerk und entsprechende Kleidung tragen sowie die notwendige Sicherheitsausrüstung bei sich haben.

Es gibt hervorragende Möglichkeiten zum **Fischen**, so zum Beispiel in den Lochs und den Wildbächen, oder auch zum Küsten- oder Hochseeangeln. Ausführliche Informationen finden Sie unter http://fish.visitscotland.com; in den örtlichen Touristenbüros erfahren Sie Näheres über Schonzeiten, Angelmöglichkeiten und über den Erwerb eines Angelscheins. Überdies bieten viele Hotels Ihren Gästen eine Angelmöglichkeit an.

Sport zum Zuschauen

Fußball ist äußerst beliebt. Die Saison dauert von August bis Mai. Die meisten Ligaspiele finden samstagnachmittags statt, gelegentlich auch am Sonntag oder mittwochabends. Die meisten Großstädte haben mindestens eine Ligamannschaft, und intensive lokale Rivalitäten wie die zwischen den Rangers und Celtics in Glasgow sind legendär. Ein Spiel der schottischen Nationalmannschaft im Hampden Stadium (▲ 88) mit den traditionell gekleideten Fans, der sog. Tartan Army, ist ein unvergessliches Erlebnis!

Rugby ist besonders im Grenzgebiet beliebt. Sehenswertes sind die Länderspiele im Murrayfield Stadium von Edinburgh, besonders während der Six Nations Championship (www.scottishrugby.com) oder beim schottisch-

- englischen Derby im Rahmen des Calcutta Cups. Unbeschreibliche Szenen spielen sich nach den Spielen in den Pubs und Clubs ab.
- **Shinty**, der gälische Nationalsport, geht auf ein 2000 Jahre altes keltisches Spiel zurück. Beschrieben wird das Spiel als eine »kriegerische Version von Hockey«, bei der die beiden Mannschaften, die aus je zwölf Spielern bestehen, mit Stöcken einem Ball hinterherjagen. Informationen erhalten Sie auf der Website der Camanachd Association (www.shinty.com).

Festivals

Ob nun Highland-Spiele oder kulturelle Veranstaltungen, fast das ganze Jahr über finden Festivals statt.

- **Das Edinburgh International Arts Festival** findet im August statt und gilt als das bekannteste dieser Art (▶ 22f).
- Die **Traditional Music and Song Association** (TMSA) in der 95 St. Leonard's Street, Edinburgh, gibt einen Veranstaltungskalender heraus (Tel. 0131 555 2224, www.tmsa.org.uk).

Weitere Festivals

- **Up Helly Aa**, Lerwick, Shetland, am letzten Dienstag im Januar – das Viking Fire Festival (www.uphellyaa.org; ▶ 165).
- **Inverness Music Festival**, am letzten Februarwochenende – von klassischer bis zu traditioneller Musik (www.invernessmusicfestival.org).
- **International Science Festival** (www.sciencefestival.co.uk), Edinburgh, Anfang April.
- **Glasgow Art Fair**, Mitte April – Kunst aus ausgewählten Galerien am George Square (www.glasgowartfair.com).
- **Beltane Fire Festival**, Edinburgh, am Abend des 30. April – Feier nach altem heidnischem Brauch auf dem Calton Hill. In anderen Städten finden ähnliche Feiern statt (www.beltane.org).
- **Shetland Folk Festival**, Ende April bis Anfang Mai – vier Tage lebendige Folkmusik mit erstklassigen Künstlern aus Schottland und cer Welt (www. shetlandfolkfestival.com).
- **Spirit of Speyside Whisky Festival**, Anfang Mai – vier Tage im Zeichen des Whiskys mit Verkostungen und Führungen durch die Brennereien (www. spiritofspeyside.com).
- **Royal Highland Show**, Juni – Schottlands größte landwirtschaftliche Schau auf dem Ausstellungsgelände Ingliston in Edinburgh, nähe Flughafen (www.royalhighlandshow.org).
- **T in the Park**, Balado, Fife, 2. Juniwochenende – Mega-Rockfestival mit namhaften Bands vor riesiger Zuschauerkulisse. Den Rockfans steht ein Campingplatz zur Verfügung (www.tinthepark.com).
- **St. Magnus Festival**, Orkney, 3. Juniwochenende – Kunstfestival (www. stmagnusfestival.com).
- **World Pipe Band Championships**, Glasgow, Mitte August – Invasion der Tartans (www.theworlds.co.uk).
- **Cowal Highland Gathering**, Dunoon, letztes Augustwochenende – die weltgrößten Highland Games (www.cowalgathering.com).
- **Braemar Gathering**, Aberdeenshire, Anfang September – die Highland Games schlechthin, mit Baumstammwerfen, Tauziehen, Pipe-Bands, meistens unter Anwesenheit mindestens eines Mitgliedes der königlichen Familie (www.braemar gathering.org).
- **Royal National Mod**, 2. Oktoberwochenende – gälisches Festival (www.acgmod.org).
- **Hogmanay**, Silvesternacht – Neujahrsfeiern in ganz Schottland. In der Princes Street in Edinburgh findet das Straßenfest statt (www.edinburghs hogmanay.com).

Edinburgh

Erste Orientierung

Edinburgh gehört zu den schönsten und besterhaltenen alten Städten in Europa. Die mittelalterliche Altstadt und die georgianische New Town, die sich zwischen den Vulkanstotzen von Castle Rock, Arthur's Seat und Calton Hill ausbreiten, sind Zeugen einer Stadtgeschichte der Gegensätze. Die engen Höfe, die steilen, gewundenen Gassen und hoch aufragenden Häuser der Altstadt rufen die Erinnerung an das dicht besiedelte Edinburgh des Mittelalters wach, als Tausende Schornsteine ihren schwarzen Rauch ausstießen – wovon sich der alte Spitzname *Auld Reekie* (Old Smokey) für die Stadt ableitet. Ganz anders die New Town mit hellen, luftigen Plätzen, großzügigen Boulevards, eleganten Häuserzeilen und gepflegten Gärten für die Wohlhabenden.

Trotz der Hügel lässt sich Edinburgh am besten zu Fuß erkunden. Überall bieten sich atemberaubende Blicke, und im Sommer ist die Stadt eine einzige Grünanlage, von den großen, offenen Princes Street Gardens zu den umschlossenen Gärten der New Town oder den kleinen versteckten Ecken der Altstadt. Die Architektur der Siebzigerjahre hat mit Ausnahme der Princes Street in Edinburgh kaum Einzug gehalten. Versuchen Sie am besten, sich die Gebäude ohne die hässlichen Betonkästen, die sie umschließen, vorzustellen.

Die Stadt wird vom Schloss beherrscht, das hinter allen Gebäuden hervorragt, sich vor der untergehenden Sonne abzeichnet oder über der Princes Street aufragt. In Edinburgh mit seinen vielen Cafés und Pubs in der Royal Mile, Spitzenrestaurants und einem lebendigen Nachtleben rund um Grassmarket und Cowgate ist immer was los. Im August, wenn das Edinburgh International Festival mit seiner Auswahl an Aufführungen und Ausstellungen Tausende von Besuchern anzieht, scheint die Stadt förmlich zu explodieren. Mit Straßentheater, Straßenmusikanten und Ständen mit Kunsthandwerk ergießt sich das Festival über die ganze Stadt.

Rechts: Detailaufnahme der Tore zum Palace of Holyroodhouse

Seite 43: Der Uhrenturm des exklusiven Hotels Balmoral, ein Wahrzeichen der Stadt

Links: Zwei Pferdeskulpturen
nahe Cargo

400 Meter
400 Yards

An einem Tag

Die folgende Route ist eine Möglichkeit, wie Sie einige der interessantesten Sehenswürdigkeiten Edinburghs an einem Tag abklappern können. Nutzen Sie die Karte (▼ 44f) zur Orientierung, die einzelnen Highlights werden im Folgenden (▼ 48ff) näher beschrieben.

9.30 Uhr

Beginnen Sie mit einer Erkundung von ❶ Edinburgh Castle (oben, ▼ 48ff).

11 Uhr

Gehen Sie den Schlosshügel hinunter, schauen Sie im ❺ Scotch Whisky Experience (▼ 58) vorbei, queren Sie Johnston Terrace, und laufen Sie durch die Upper Bow zur Victoria Terrace. Nehmen Sie die Stufen, die zur bunten Victoria Street hinabführen. Hier gibt es einen interessanten Laden mit Bürsten und Besen und einen wundervollen Flohmarkt namens Byzantium, in dessen altmodischer Teestube Sie einen Tee einnehmen können. Oder Sie gehen zum ❻ Grassmarket (▼ 58) am unteren Ende der Victoria Street mit noch mehr schrulligen Geschäften und Pubs.

12 Uhr

Vom Grassmarket geht es die Candlemaker Row hinauf. Oben angekommen, halten Sie links Ausschau nach der Statue des Skyeterriers Greyfriars Bobby, der 14 Jahre am Grab seines Herrchens Wache hielt. Als einziger Hund der Stadt wurde er freigelassen. Auf der anderen Straßenseite steht das moderne ❷ Museum of Scotland (▼ 52f). Nehmen Sie sich ein paar Stunden Zeit für einen Besuch, der auch das Mittagessen im Tower Restaurant einschließen sollte.

14.15 Uhr

Vom Museum aus geht es über die George IV. Bridge. An der Royal Mile wenden Sie sich rechts in die High Street für einen kurzen Blick auf die **7 St. Giles Cathedral** (rechts, ➤ 58), dann geht es weiter zur Besichtigung des **3 schottischen Parlaments** (➤ 54). Kehren Sie wieder um Richtung Schloss, und erkunden Sie einige der Höfe unterwegs. **Writers' Museum** in Lady Stair's Close ist ebenso einen Besuch wert wie **Gladstone's Land**. Auf halbem Weg den Schlosshügel hinauf gehen Sie in die Ramsay Lane, um sich die Häuser im **Ramsay Garden** anzusehen.

15.30 Uhr

Laufen Sie die Mound hinunter, und besuchen Sie die Princes Street Gardens. Bei schönem Wetter können Sie im Café des Parks einen Tee genießen, bei schlechtem lockt die Teestube in der Kirchenkrypta am Ende des Gartens.

16 Uhr

Queren Sie die Princes Street, um in die **4 New Town** (➤ 55ff) zu gelangen. Über die Charlotte Street geht es zum **Charlotte Square**. In der Nr. 28 hat der National Trust for Scotland seinen Sitz. Dort ist Infomaterial erhältlich, bevor es weitergeht zum **Georgian House** Nr. 7 (geöffnet März–November).

17 Uhr

Vom Charlotte Square aus können Sie durch die New Town schlendern und sich die eleganten georgianischen Gebäude ansehen. Gehen Sie zur Queen Street hinunter und dann über die Forres Street zum **Moray Place**. Gehen Sie im Uhrzeigersinn rund um den Platz und dann durch die Darnaway Street zur exklusiven Heriot Row. Wenn Sie Zeit haben, gehen Sie links in die India Street bis zum Royal Circus. Nehmen Sie die erste Straße rechts, und gehen Sie über Howe Street und Queen Street Gardens West zurück in die Queen Street. Über die Queen Street und die Hanover Street erreichen Sie die George Street, in die Sie links einbiegen, um zum St. Andrew's Square zu gelangen. Sie überqueren ihn und gehen in die West Register Street.

20 Uhr

Beginnen Sie Ihren Abend mit einem Drink oder einem Essen in The Living Room (Tel. 0131 226 0880; www.thelivingroom.co.uk) auf der George Street, ein schickes Lokal in zentraler Lage. Oder Sie geben dem Henderson's um die Ecke in der Hanover Street den Vorzug, in dem phantasievolle vegetarische Speisen serviert werden.

❶ Edinburgh Castle

Das Schloss wird jährlich von über einer Million Menschen besucht, und Sie sollten es keinesfalls auslassen. Die 800 Jahre alte Anlage hoch oben auf einer zerklüfteten Felsnase hat als Königspalast, Garnison und Schlachtfeld gedient. Von welcher Richtung Sie sich Edinburgh nähern, immer beherrscht der kahle Felsen das Bild. Für müde, aus England heranmarschierte Infanterie mag der Anblick furchtbar gewesen sein. Doch die Burg ist nicht so uneinnehmbar, wie sie erscheint, und hat im Laufe der Jahrhunderte häufig den Besitzer gewechselt.

Kronsaal

Nachdem Sie das Tor passiert haben, steigen Sie auf der gewundenen Straße mit Kopfsteinpflaster weiter nach oben zum Crown Square; danach geht es abwärts. Der Eingang zum Kronsaal, der die historischen schottischen Thronnsignien – die ältesten Kronjuwelen in Europa – birgt, befindet sich in einer Ecke des Raums, und Sie müssen sich eventuell anstellen. Nach einer kurzen Reise durch die schottische Geschichte anhand einer Reihe von Bildern stellt der Kronsaal selbst zweifellos den Höhepunkt dar. Die für König Jakob V. angefertigte Krone mit der eingearbeiteten Goldkrone von Robert the Bruce ist mit Perlen, Edelsteinen und Hermelin reich geschmückt. Das fein gearbeitete goldene Szepter ist mit religiösen Motiven dekoriert. Es wurde ursprünglich im 15. Jahrhundert von Papst Alexander VI. an Jakob IV. übergeben, während das Schwert ein Geschenk von Papst Julius II. ist.

Der Stone of Destiny

In der Nähe dieser glanzvollen Stücke liegt ein ebenso machtvolles, überraschend schlichtes Symbol schottischer Souveranität: der **Stone of Destiny**. Auf dem unbehauenen, rosafarbenen Sandsteinblock mit Eisenringen an den Ecken wurden über 400 Jahre lang die schottischen Könige gekrönt. Nachdem er von Eduard I. von England 1296 entwendet worden war, nutzte man ihn als den Krönungsstein von England und später vom Vereinigten Königreich. Jahrhundertelang wurde er in der Westminster Abbey aufbewahrt. Weihnachten 1950 nahmen ihn schottische Studenten vorübergehend »wieder in Besitz«. 1996 kehrte der Stein nach Schottland zurück.

Das Glasfenster in der kleinen St Margaret's Chapel aus dem 12. Jahrhundert zeigt die hl. Margaret

Auf der Esplanade der Burg findet das spektakuläre Military Tattoo statt

Die Royal Apartments

Die **Royal Apartments** stehen ebenfalls zur Besichtigung offen, darunter die Kammer, in der Maria Stuart dem künftigen König Jakob VI. das Leben schenkte. Die Räume erstrahlen im ursprünglichen Glanz des 16. Jahrhunderts mit geschnitzten Holzvertäfelungen, Wandteppichen und prunkvollen Kaminen.

Rund um den Crown Square

Die **Great Hall**, der Bankettsaal an der Südseite des Platzes mit dem Deckengewölbe aus massivem Holz, war einst Sitz des Parlaments und wird immer noch für Empfänge genutzt.

Das **Scottish National War Memorial** an der Nordseite erinnert auf bewegende Weise an die Kriegsopfer. Dahinter steht das älteste Gebäude Edinburghs, die kleine **St. Margaret's Chapel** aus dem 12. Jahrhundert, die marodierenden Soldaten über 800 Jahre getrotzt hat. Daneben steht die große Belage-

rungskanone Mons Meg aus dem 15. Jahrhundert, die mit gewaltigen Steinkugeln bis zu 4 km weit schießen konnte. 1513 wurde sie in der Schlacht bei Flodden als Muckle Murderer bekannt. Steigen Sie vom Crown Square zu den unangenehm feuchten, in den massiven Fels gehauenen **Vaults** (Gewölben) mit der Prisons of War Ausstellung hinab. Sie wurden als Lagerräume, aber auch als Bäckerei und Gefängniszellen benutzt. Franzosen, die im 18. und 19. Jahrhundert in diesen finsteren Löchern eingekerkert waren, haben ihre Graffiti hinterlassen.

KLEINE PAUSE

Nach der Schlossbesichtigung können Sie sich bei einer Mahlzeit, einem Kaffee oder einem Whisky im **Scotch Whisky Experience** direkt nebenan erholen.

🏰 194 B3 ✉ am oberen Ende der Royal Mile ☎ 0131 225 9846; www.edinburghcastle.gov.uk ⏰ April–Sept. tägl. 9.30–18 Uhr; Okt.–März tägl. 9.30–17 Uhr 🚉 Waverley 💷 teuer

Rechts: Mit ihrer Lage auf einem felsigen Vorsprung dominiert die Burg die Stadt aus jedem Winkel

Unten: Eine Statue von Robert the Bruce begrüßt am Gatehouse die Besucher der Burg

EDINBURGH CASTLE: INSIDER-INFO

Top-Tipp: Versuchen Sie um 13 Uhr beim Feuern der Kanone an der **Mills Mount Battery** zu sein. Es war ursprünglich als Signal für Schiffe im Firth of Forth gedacht, doch heute stellen die Edinburgher ihre Uhr danach. Halten Sie auf dem Calton Hill nach Nelson's Monument Ausschau, einer merkwürdig teleskopartigen Gestalt mit einer Kugel auf der Spitze. Beim Abfeuern der Kanone um 13 Uhr können Sie beobachten, wie die Kugel herunterfällt.

■ Wenn Ihre Zeit knapp ist, sollten Sie eher auf eine Innenbesichtigung verzichten, als sich das **Panorama** auf die Stadt und die Umgebung entgehen zu lassen. Die beste Aussicht hat man von den Zinnen vor St. Margaret's Chapel: Das geometrische Straßennetz der New Town und dahinter der Firth of Forth und die Lomond Hills of Fife breiten sich vor Ihnen aus.

Geheimtipp: Direkt unterhalb der Zinnen der Argyle Battery erstreckt sich der winzige und stets wohl gepflegte **Pets' Cemetery**, die letzte Ruhestätte von Haustieren der Soldaten. Am **Witches' Well** (Hexenbrunnen) in der Esplanade wurden bis ins 18. Jahrhundert Frauen auf dem Scheiterhaufen verbrannt.

Muss nicht sein! Das **Scottish National War Museum** ist in einer Kaserne aus dem 18. Jahrhundert westlich des Crown Square untergebracht. Dort gibt es eine umfassende Ausstellung von Uniformen und Waffen. Sie können, wenn Sie nicht ein besonderes Interesse an Militärgeschichte haben, darauf verzichten; das Schiffsmodell *Great George*, das französische Kriegsgefangene angefertigt haben, ist allerdings eine Besichtigung wert.

2 National Museum of Scotland

Das 1998 eröffnete National Museum of Scotland ist in einem großen runden Turm aus Sandstein untergebracht, den viele für den schönsten schottischen Bau des 20. Jahrhunderts halten. Das kürzlich renovierte Museum ergänzt die Sammlungen des angrenzenden Victorian Royal Museum of Scotland und erzählt die Geschichte des Landes von der Vorzeit bis zum Ende des 2. Jahrtausends. Über 10 000 Schätze der schottischen Nation sowie unzählige Alltagsgegenstände sind ausgestellt.

Starten Sie auf **Ebene 0** bei den abstrakten Bronzefiguren von Sir Eduardo Paolozzi (geb. 1924), die Ringe, Ketten und Amulette aus der grauen Vorzeit tragen. In der Abteilung »Dead and Sometimes Buried« (Tot und manchmal begraben) findet sich ein Skelett in einem rekonstruierten Wikingergrab.

Auf **Ebene 1** stoßen Sie auf eines der bedeutendsten Objekte des Museums – den **Monymusk-Schrein**, ein winziges Kästchen aus dem 8. Jahrhundert, das einst hochverehrte Reliquien des heiligen Columban barg. Vor der Schlacht von Bannockburn 1314 brachte man den Schrein zu Robert the Bruce. Hier finden sich auch die fein geschnitzten **Schachfiguren von Lewis**, die im 19. Jahrhundert entdeckt wurden, ferner die schottische Guillotine **Maiden**, die ab dem 16. Jahrhundert für öffentliche Hinrichtungen auf dem Grassmarket verwendet wurde.

Ebene 2 nimmt Sie mit auf eine Reise in Schottlands Vergangenheit der Jahre 900 bis 1707.

Am Eingang von **Ebene 3** werden Sie von königlichen Truppen ins Vereinigte Königreich geleitet. Die Geschichte des Thronfolgestreits mit den Aufständen von 1715 und 1745 wird in **The Jacobite Challenge** (Die jakobitische Herausforderung) in voller Länge erzählt. Schmuck, Porträts und Glaswaren mit dem Bildnis Bonnie Prince Charlies (Charles Edward Stuart, 1720–88) zeugen von dem Kult, der nach seiner Niederlage bei Culloden 1746 um ihn entstand. Der Ehrenplatz gebührt seiner persönlichen Habe, darunter sein silbernes Reisekochgeschirr, das er mit Schwert und Schild in Culloden zurückließ.

Die **Ebenen 4 und 5** sind prosaischeren Dingen gewidmet und erzählen aus der Zeit, als Schottland zu den Pionieren der Industrialisierung gehörte. Die viktorianische Dampflokomotive *Ellesmere* ist das Kernstück der Eisenbahn-

FÜR KINDER

Im **Discovery Centre** in der dritten Etage können Kinder Exponate berühren, historische Töpferwaren nachbauen oder sich im Stil früherer Jahrhunderte verkleiden.

Wegen seiner Sammlung, aber auch wegen der Aufsehen erregenden Architektur zieht das Nationale Museum of Scotland die Besucher an

Ausstellung. Außerdem kann man rund um einen riesigen Destillierapparat alles über das Whiskybrennen erfahren.

KLEINE PAUSE

Das Café im angrenzenden Royal Museum of Scotland ist für einen Kaffee oder ein leichtes Mittagsmahl bestens geeignet. Wenn es mehr sein soll: das **Tower Restaurant** mit Blick auf Edinburgh Castle gilt als eine der besten Adressen (▶ 62).

✚ 195 D3 ⊠ Chambers Street ☎ 0131 225 7534; www.nms.ac.uk
🕓 tägl. 10–17 Uhr ⁌ Café im Royal Museum (£), Tower Restaurant (£££)
🚌 14, 7, 8, 87 von Princes Street (Osten); 21, 33, 30, 3, 31, 36, 69 von Westen
🚉 Waverley 💷 frei; evtl. Eintritt für Sonderausstellungen

NATIONAL MUSEUM OF SCOTLAND: INSIDER-INFO

Top-Tipp: Der **Geschenkartikelladen** nahe dem Royal Museum ist ein guter Ort, um hochwertige Souvenirs und Bücher zu erstehen. Das Angebot reicht von kleinem Spielzeug über Designer-Halstücher bis hin zu Glasprodukten.

Geheimtipp: Die **Dachterrasse** auf Ebene 7 bietet atemberaubende Ausblicke auf Edinburgh, den Firth of Forth und die Pentland Hills.

3 Das schottische Parlament

Die Erschaffung eines Bauwerks, das die Moderne und einen markanten architektonischen Stil in einer so alten Stadt wie Edinburgh vereint, musste zu Kontroversen führen. Seit das Schottische Parlament 2004 seine Tore geöffnet hat, verstummten die Kritiker. Während die Kosten in Vergessenheit geraten, macht sich ein Gefühl von Stolz breit, dass der Sitz der schottischen Demokratie so innovativ und erfrischend anders ist.

Das Gebäude aus Beton, Glas, Stahl, Granit sowie Eichen- und Platanenholz ist funktionell und faszinierend zugleich. Das sieht man schon von außen (besorgen Sie sich die Broschüre *Discover the Scottish Parliament*). Beachten Sie, wie sich das Thema der Pfähle über den Erkerfenstern des Gebäudes wiederholt – jedes davon ist ein Wahrzeichen des Gebäudes und stellt einen »Kontemplationsraum« mit Fenstersitz dar. Der am besten zugängliche Teil ist die mit geistreichen Zitaten aus Psalmen, Liedtexten und Gedichten verzierte Wand zum Canongate, entworfen von Sora Smithson. Eine Führung lässt Sie die Innenarchitektur Enrico Miralles bewundern, der sich von Blättern, Landschaften und umgedrehten Booten inspirieren ließ. In der luftigen **Garden Lobby** und der **Main Chamber** kommt die besonders zur Geltung.

In der luftigen **Garden Lobby** sind die geschwungenen **Linien, Blätter-** und **Boots-** motive von Enrico Miralles gut zu sehen

🌐 195 F4 ⌖ Canongate, am Ende der Royal Mile ☎ 0131 348 5200; www.scottish.parliament.uk 🕐 Führungen: Di–Do 9–18.30, Sa 11–17.30 Uhr, wenn Parlamentssitzung ist. Während der Parlamentsferien (Juli–Aug., 2 Wochen Mitte Okt., 2 Wochen über Weihnachten und 2 Wochen über Ostern): April–Okt. Mo–Fr 10–17.30, Sa 11–17.30. Okt.–März Mo–Fr 10–16, Sa 11–17.30 Uhr 🍽 Café (£) 💰 preiswert

DAS SCHOTTISCHE PARLAMENT: INSIDER-INFO

■ **Top-Tipp:** Reservierungen für die Führungen sind unbedingt notwendig.
■ Der Zugang zur Main Hall und ein Blick in die Chamber (an sitzungsfreien Tagen) ist **kostenlos.**
■ Der **öffentliche Eingang** liegt gegenüber dem Palace of Holyroodhouse.
■ Stellen Sie sich am Eingang auf **Sicherheitskontrollen** wie am Flughafen ein.

4 New Town

Streunen Sie durch die ruhigen georgianischen Straßen der New Town: Trotz der parkenden Autos werden Sie sich um 200 Jahre zurückversetzt fühlen. Die New Town macht ihrer Auszeichnung als Unesco-Welterbe alle Ehre, und sogar zur Zeit der Entstehung war dieses Gebäudeensemble etwas Besonderes. Die Boulevards, Hinterhöfe, Privatgärten und Häuserzeilen bieten sich für lange Spaziergänge geradezu an.

Der Pumpenraum in der St Bernard's Well am Water of Leith

Die Anlage entstand auf Wunsch der wohlhabenden Kaufleute von Edinburgh, die der Altstadt, in der Arm und Reich auf engstem Raum zusammenlebten, entfliehen wollten. Der junge Architekt James Craig gewann 1767 mit dem Plan von drei parallel verlaufenden, jeweils in einem Platz endenden Straßen den Wettbewerb um den Entwurf der New Town. Die breite **George Street** verläuft zentral durch das Viertel. Von der

Dean Terrace in der New Town

Princes Street blickt man auf die Altstadt und das Schloss, und von der **Queen Street** genießt man die Aussicht auf den Forth und auf Fife. Dazwischen verlaufen die **Rose Street** und die **Thistle Street** parallel zu den breiten Hauptstraßen. Dieser Komplex wird als First New Town bezeichnet, denn ringsherum ging die städtebauliche Entwicklung weiter. Heute umfasst die New Town ein Gebiet, das sich westlich bis zur Station Haymarket Station erstreckt, die Häuserzeilen von Dean Village und die ruhigen Straßen unterhalb der Queen Street Gardens. Dazwischen liegen die von klassizistischen Gebäuden umsäumten **Moray Place, Ainslie Place** und **Randolph Crescent**.

Charlotte Square und Umgebung

Die elegante Nordseite von **Charlotte Square**, vielleicht einem der schönsten georgianischen Plätze Großbritanniens, gilt als Meisterstück des schottischen Baumeisters Robert Adam (1728–92), während weiter nördlich der Alexander Nasmyth (1758–1840) das Brunnenhaus am Water of Leith schuf. Der schottische Bauingenieur Thomas Telford (1757–1834) entwarf die Dean Bridge. Im Haus Nr. 28 hat der **National Trust for Scotland** seinen Sitz. Hier gibt es Ausstellungen, Informationen und ein Restaurant, aber auch ein georgianisches Wohnzimmer mit Original-Mobiliar. Einen besseren Eindruck vom Leben in der damaligen Zeit vermittelt Ihnen das elegante **Georgian House** (Nr. 7), in dem das häusliche Leben der Oberschicht im 18. Jahrhundert originalgetreu nachgebildet wurde. Die hellen, großzügigen Räume und der Blick auf den Platz stehen in einem herben Kontrast zu den winzigen Fenstern, niedrigen Decken und der Enge in der Altstadt. Für einen Vergleich bietet sich der Besuch von **Gladstone's Land** an, einem typischen

Kaufmannshaus aus dem 17. Jahrhundert in der Royal Mile. Die offizielle Residenz des Ersten Ministers des schottischen Parlaments befindet sich direkt neben dem Georgian House, im Bute House (Nr. 6).

Unterhalb des Charlotte Square liegt auf der anderen Seite der Queen Street der **Moray Place**, die großartigste Anlage der New Town. Die riesigen Bauten mit ihren von klassizistischen Pilastern geschmückten Fassaden umschließen einen Privatgarten in der Mitte des Platzes. Robert Louis Stevenson wohnte in der **Heriot Row** Nr. 17 mit Blick auf die Queen Street Gardens – eine der begehrtesten Adressen in Edinburgh. Am unteren Ende der **India Street** mit den hohen, auf einer Böschung errichteten Gebäuden bilden zwei Bögen den **Royal Circus**. Der von William Playfair (1789–1857) entworfene Platz wirkt im Vergleich zum monumentalen Moray Place um eine Nummer kleiner. Die **St. Stephen's Church** in der Howe Street, die ebenfalls von klassizistischen Häuserfassaden dominiert wird, ist auch ein Werk von Playfair.

KLEINE PAUSE

Zum Lunch oder Tee können Sie ins **Roxburghe Hotel** (Charlotte Square Nr. 38) einkehren.

🚻 194 A4 🚃 23

Ein elegantes Stadthaus in der Dean Terrace

NEW TOWN: INSIDER-INFO

Außerdem: Wenn Sie Zeit haben, erkunden Sie auch die **nördlichen Ausläufer der New Town**. Ein schöner Spaziergang führt von Telfords Dean Bridge entlang der Water of Leith zum Brunnenhaus bei St. Bernard's Well. In der Nähe der Dean Terrace liegt die Ann Street, die mit ihren von Gärten gesäumten Landhäuschen zu den schönsten Straßen der Umgebung zählt.

Nach Lust und Laune!

Oder aber Sie setzen sich einfach in eines der vielen Straßencafés.

+ 194 C3 ⊠ Grassmarket

7 St. Giles Cathedral

St. Giles aus dem Jahr 1120 mit der Turmkrone aus dem 15. Jahrhundert stand im Zentrum von Edinburghs turbulenter Vergangenheit. Die Kirche, auch bekannt als High Kirk of Edinburgh und die Mutterkirche der Presbyterianer ist für ihre herrlichen Glasfenster und ihre Orgel berühmt. Die Thistle Chapel ist dem höchsten schottischen Ritterorden geweiht. St. Giles, der hl. Ägidius ist der Orts-patron Edinburghs.

+ 195 D3 ⊠ Royal Mile ☎ 0131 225 9442; www.stgilescathedral.org.uk ⏰ Mai–Sept. Mo–Fr 9–19, Sa 9–17, So 13–17 Uhr; Okt.–Mai Mo–Sa 9–17, So 13–17 Uhr 🎫 frei

8 Underground Edinburgh

Unter den heutigen Straßen von Edinburgh verbirgt sich ein Gewirr historischer Gassen, denn die neuen Gebäude wurden stets auf dem Funda-ment der Vorgängerbauten errichtet. Diese kann man auf etlichen Führun-gen erkunden. Am interessantesten ist es am Mary King's Close, nahe Royal Mile. Diese Gegend hat unter der Pest, die sich auf Grund der unhygie-nischen Bedingungen der Altstadt rasch verbreitete, besonders stark ge-litten, woraufhin der gesamte Hof um 1645 für eine Zeit lang geschlossen wurde. Die Ausgrabungen bieten ei-nen anschaulichen Eindruck vom Le-ben in den Mietskasernen bis ins 20. Jahrhundert. Zahlreiche Stadtführun-gen zu den verschiedensten Themen werden angeboten – beachten Sie die Anschläge nahe des Mercat Cross in der Nähe der St. Giles Cathedral.

+ 195 D3 ⊠ 2 Warriston's Close ☎ 0845 070 6244; www.realmarykingsclose.com ⏰ April–Juli, Sept.–Okt. tägl. 10–21; Aug. tägl. 9–21; Nov.–März, So–Do 10–19, Fr–Sa 10–21 Uhr; Führungen alle 20 Minuten, Reservierung empfohlen. 🎫 teuer

---

Eine der beliebtesten Attraktionen der Stadt

5 Scotch Whisky Experience

Diese beliebte Attraktion unterhalb des Schlosses von Edinburgh ist wunderbar geeignet, die Geheimnisse des Nationalgetränks zu lüften. Die Führung ist im Gegensatz zur Dis-tillery Tour auch für Kinder geeignet. Sie beginnt alle 15 Minuten und dauert ca. 1 Stunde, beinhaltet eine kurze filmische Einführung, einen sanften Ritt auf einem Fass durch die Geschichte, ein sagenhaftes Gespenst und einen Vortrag über den Her-stellungsprozeß. Für Erwachsene gibt es am Ende eine Kostprobe, für die Kinder gibt es Saft.

+ 194 C3 ⊠ 354 Castlehill, The Royal Mile ☎ 0131 220 0441; www.whisky-heritage.co.uk ⏰ Sept.–Mai tägl. 10–16 Uhr; Juni–Aug. tägl. 9.30–16.30 Uhr. 🎫 teuer

6 Grassmarket

Der Grassmarket dient seit über 500 Jahren als Versammlungsort und Marktplatz. Hier fanden bis zum Jahr 1697 öffentliche Hinrichtungen statt, wo die berüchtigte Maiden (▶ 52) zum Einsatz kam. An diesem Platz suchten im 19. Jahrhundert die Lei-chenschänder William Burke und William Hare nach Opfern für ihren ruchlosen Handel mit menschlichen Leichen. Heute herrscht ein reges Nachtleben mit stets übervollen Kneipen und Nachtclubs. Tagsüber locken ausgefallene Geschäfte wie Mr Wood's Fossils und Armstrong's, ein wunderbarer Secondhand-Laden.

Arbeit eines Straßenbahnschaffners sind zu besichtigen. In den Stadtplänen aus dem 17. Jahrhundert, die nahebei in der Carson Clark Gallery verkauft werden, ist Tolbooth eingezeichnet.

🌐 195 E4 ☒ Canongate ☎ 0131 529 4057; www.cac.org.uk ⏰ Mo–Sa 10–17, im Aug. auch So 12–17 Uhr 🚌 35 💷 frei

🔟 Our Dynamic Earth

Unter einer futuristischen Kuppel nahe der Royal Mile kann man sich interaktiv über die Geografie und Geologie der Erde informieren – besonders für Kinder aller Altersstufen ein Erlebnis! Durch heftiges Füßestampfen können Sie ein Erdbeben auslösen, Sie können eine Reisen mit einer Zeitmaschine unternehmen, einen riesigen Eisblock bestaunen oder den tropischen Regenwald im Modell erkunden.

🌐 195 F3 ☒ 112 Holyrood Road ☎ 0131 550 7800; www.dynamicearth.co.uk ⏰ April–Juni und Sept.–Okt. tägl. 10–17 Uhr; Juli–Aug. tägl. 10–18 Uhr; Nov.–Feb. Mi–So 10–17 Uhr 🍴 Restaurant (£) 🚌 35,64 💷 teuer

🔢 Palace of Holyroodhouse

Hinter einem schmiedeeisernem Gitter steht in einem weiten Hof am Ende der Royal Mile die offizielle Residenz

Der Palace of Holyroodhouse

Canongate Tolbooth beherbergt The People's Story, ein Museum über das Leben der einfachen Leute

🔟 The People's Story

Das kleine Museum im Old Canongate Tolbooth, einem ehemaligen Gefängnis, das zu den ältesten Gebäuden der Royal Mile gehört, ist dem harten Leben der einfachen Leute gewidmet. Eine Gefängniszelle, ein Textilgeschäft und Einblicke in die

der Queen in Schottland. Der Palast wurde 1498 für Jakob IV. erbaut und um 1670 umfassend erneuert. Er ist normalerweise öffentlich zugänglich, und die Führung schließt einen Besuch der Gemächer Maria Stuarts ein. Holyroodhouse wird vom weitläufigen **Royal Park** umgeben, der sich bis zum Gipfel des **Arthur's Seat** erstreckt. Neben Wanderungen bieten sich Fahrradtouren nach Duddingston an, oder aber Sie kehren in den idyllischen Sheep's Heid Inn ein.

✚ **195 F4** ⊠ Canongate ☎ 0131 556 5100; www.royalcollection.org.uk ⏱ April–Okt. tägl. 9.30–18 Uhr, Nov.–März 9.30–16.30 Uhr (Palast zeitweise geschlossen) 🚌 35 🚉 Waverley 💶 teuer

⓬ Royal Yacht *Britannia*

Die königliche Jacht *Britannia*, die jetzt im Port of Leith liegt, zieht nicht nur Monarchisten an. Man kann sich an Bord einen Eindruck vom Privatleben der königlichen Familie verschaffen, die auf dem Schiff häufig ihre Ferien verbrachte; auch Prinz Charles und Diana verlebten hier ihre Flitterwochen. Sie können einen Blick in das Schlafzimmer und das Büro der Queen werfen oder durch die Lounge schlendern, in der es zwanglos zuging, ganz anders als in den Privatkabinen und dem Speisesalon, in dem Politiker, Diplomaten und führende Persönlichkeiten bewirtet wurden. Auch die Mannschaftsquartiere und den Maschinenraum können Sie besichtigen.

✚ **195, bei E5** ⊠ Ocean Terminal Shopping Centre, Leith ☎ 0131 555 5566; www.royal yachtbritannia.co.uk ⏱ Jan.–März, Nov.–Dez., 10–15.30; April–Juni, Okt. 10–16; Juli–Sept. 9.30–16.30 Uhr 🍴 Cafés im Shopping Centre (£) 🚌 Bus vom Bahnhof Waverley 💶 teuer

VIER GROSSARTIGE AUSSICHTSPUNKTE

Calton Hill

Von hier aus haben Sie einen herrlichen Blick auf die Princes Street zum Schloss (oben). Besonders eindrucksvoll sind die Sonnenuntergänge. Auch die Aussicht auf die New Town, den Port of Leith, den Firth of Forth und den Kingdom of Fife ist lohnend.

Camera Obscura

Von der Royal Mile direkt unterhalb des Schlosses aus haben Sie Gelegenheit, unbemerkt den Leuten beim Shopping in der Princes Street zuzuschauen. Mit Hilfe einer Linse aus viktorianischer Zeit und eines Spiegels wird ein Bild der Stadt auf den Tisch vor ihnen projiziert. Auch vom Dach aus hat man einen schönen Blick.

Salisbury Crags

Diese Felsen vor Arthur's Street im Holyrood Park eröffnen einen herrlichen Panoramablick auf die Stadt, insbesondere auf die Altstadt, und die Umgebung im Süden.

Tower Restaurant, Museum of Scotland

Das Restaurant befindet sich im 7. Stock, und während Sie stilvoll zu Abend essen, können Sie die phantastische Aussicht über die Dächer der Stadt genießen.

Wohin zum ...
Essen und Trinken?

Preise
Die Angaben beziehen sich auf ein Drei-Gänge-Menü ohne Getränke pro Person:

£ unter 15 £   ££ 15–25 £   £££ über 25 £

RESTAURANTS

Atrium £££
Das Atrium ist unangefochten Spitze in Edinburgh. Die minimalistische Gestaltung erhält durch die Tische aus Eisenbahnschwellen und den Weidenruten-Schmuck ein rustikales Flair. Die Küche ist mediterran orientiert. Studieren Sie die ausführliche Weinkarte mit 300 Weinen.
✚ 194 A3 ✉ 10 Cambridge Street
☎ 0131 228 8882; www.atriumrestaurant.co.uk ☎ Mo–Fr mittags, Mo–Sa abends; 25. Dez.–2. Jan. geschl.

Blue £–££
Diese trendige, weltoffene Brasserie und Bar war die erste ihrer Art in der Stadt und ist noch immer eine der besten. Die Speisekarte beinhaltet einfallsreiche vegetarische Gerichte und spricht alle an, die sich gerne gesund ernähren. Risotto aus Erbsen, Speck und Pilzen ist eines der typischen Gerichte, die hier aus lokalen Zutaten hergestellt werden.
✚ 194 A3 ✉ Cambridge Street
☎ 0131 221 1222; www.bluescotland.co.uk
⏱ Mo–Sa mittags und abends

Kalpna £–££
Dieses alteingesessene vegetarische indische Restaurant halten viele für eines der besten im Land. Frisch gemahlene Gewürze geben den Speisen ihre besondere Note. *Thaalis* (Gerichte zum Anschauen) geben Einblick in das Angebot.
✚ 195 D2 ✉ 2–3 St. Patrick's Square
☎ 0131 667 9890; www.kalpnarestaurant.com ⏱ tägl. mittags und abends

The Kitchin £££
Die Speisekarten in Tom Kitchins Restaurant werden von der Saison bestimmt. Die Philosophie des ausgezeichneten Kochs lautet: »von der Natur auf den Teller«. Unter Verwendung schottischer Produkte und mit einer modernen Geschmacksnote kreiert er Gerichte wie Ayrshire-Schweinelende mit Auberginenkompott. Für Gourmets ist das Kitchin ein Muss im revitalisierten Hafenviertel von Leith.
✚ 199, bei E3 ✉ 78 Commercial Quay, Leith ☎ 0131 555 1755; www.thekitchin.com ⏱ Di–So mittags und abends

The Outsider ££
Der Kerzenschein, die hohen Decken, die Holzböden und der Blick auf das Edinburgh Castle lassen Sie vielleicht befürchten, dass die Rechnung für Ihr Essen horrende ausfällt. Aber die herzhaften Gerichte – häufig inspiriert von rustikalen britischen und französischen Klassikern – sind durchaus erschwinglich. Vor allem die Mittagsgerichte sind ein gutes Angebot: Hinterschinken und Kürbis-Erbsenragout, Hühnchenleberrisotto mit karamellisierten Zwiebeln, Walnüssen und Brandy. Der Service ist freundlich. Im Voraus reservieren.
✚ 194 C3 ✉ 15–16 George IV Bridge
☎ 0131 226 3131 ⏱ tägl. 12–23 Uhr

Plumed Horse £££
2009 eroberte Tony Borthwick mit seinem Gourmettempel den vierten Michelin-Stern für Edinburgh. Innovative Kochkunst auf höchstem Niveau mit ausgeprägt lokalen Akzenten. Besonderer Tipp: das Degustations-Menü mit vier Gängen.

199, außerhalb E5 ⊠ 50–54 Henderson Street, Leith ☎ 0131 554 5556; www.plumed horse.co.uk ⓘ Di–Sa mittags und abends

Restaurant Martin Wishart £££

Der Küchenchef, der mit den Großen des Metiers gearbeitet hat, gibt sich selbstbewusst. Die Auswahl in dem hellen, intimen Restaurant am Leith ist klein – mittags für jeden Gang zwei Angebote, abends wenig mehr –, aber vielfältig: Das Spektrum reicht von der klassischen französischen Küche bis zu Salsa-inspirierten Modernismen.

195, bei E5 ⊠ 54 The Shore, Leith ☎ 0131 553 3557; www.martin-wishart.co.uk ⓘ Di–Sa mittags und abends

Tower Restaurant & Terrace ££

Mit dem Fahrstuhl geht's zur Ebene 5 des Museum of Scotland in das großzügige, anspruchsvolle Restaurant im Brasserie-Stil. Das Ambiente unterstreicht die Vorzüge der Lage mit Blick auf das Schloss. Die Küche ist modern britisch, unter anderem mit Gerichten vom Grill.

195 D3 ⊠ Museum of Scotland, Chambers Street ☎ 0131 225 3003; www. tower-restaurant.com ⓘ tägl. mittags und abends; 25./26. Dez. geschl.

The Witchery by the Castle £££

Die Atmosphäre in diesem Gebäude aus dem 16. Jahrhundert in der Nähe von Edinburgh Castle ist tatsächlich wie verhext. Die beiden Speiseräume sind mit vergoldeten Deckenwappen, Wandteppichen und Holzverkleidung ausgestattet.

194 C3 ⊠ Castlehill, Royal Mile ☎ 0131 225 5613; www.thewitchery.com ⓘ tägl. mittags und abends; 25./26. Dez. geschl.

CAFÉS

The Elephant House £

Hier begann J. K. Rowling ihre legendäre *Harry Potter*-Reihe, worauf die Besitzer immer gerne mit Stolz verweisen. Neben dem freundlichen Ambiente locken erstklassiger Kaffee, leckere Kuchen und Sandwiches.

194 C3 ⊠ 21 George IV Bridge ☎ 0131-220 5355; www.elephanthouse.biz ⓘ Mo–Fr 8–23, Sa–So 9–23 Uhr

Henderson's at St. John's £

Die Betreiber des gleichnamigen Vegetarierrestaurants in der Hanover Street übernahmen das kleine Café am Westende der Princes Street. Große Auswahl an gesunden Leckereien (auch zum Mitnehmen), besonders schön an Sonnentagen.

194 A3 ⊠ St. John's Church, Princes Street ☎ 0131 229 0212; www.hendersons ofedinburgh.co.uk ⓘ Mo–Sa 10–17 Uhr

Valvona & Crolla Caffè Bar £–££

Die Continis importieren Waren aus Italien. Auf der Speisekarte stehen erstklassiges schottisches Beef, Fisch von der Westküste und Gemüse vom Biobauer. Selbstverständlich gibt es auch Pizza und Pasta. Essen wird bis 17 Uhr serviert. Es bilden sich häufig Warteschlangen.

195 E5 ⊠ 19 Elm Row, Leith Walk ☎ 0131 556 6066; www.valvonacrolla.co.uk ⓘ Mo–Sa 8–18, So 10–16.30 Uhr

PUBS/BARS

Bow Bar £

Auf halber Höhe der Victoria Street gelegen, ist dieser in Blautönen gehaltene Pub die beste Wahl für einen Whisky, von dem mehr als 100 Sorten zur Auswahl stehen. Die Holzvertäfelung und alte Brauereispiegel bestimmen das Innere.

194 C3 ⊠ 80 The West Bow, Victoria Street ☎ 0131 226 7667; www.bowbar.com ⓘ Mo–Sa 12–23.30, So 12.30–23 Uhr

Café Royal £–££

Dieser belebte Pub im viktorianisch-barocken Stil fällt durch seinen zentralen Tresen auf. Er verfügt auch über ein stilvolles, teures Restaurant mit Austern-Bar, an der es auch Fisch, Kaviar, Hummer und Champagner gibt.

195 D4 ⊠ 19 West Register Street ☎ 0131 556 1884; www.caferoyal.org.uk ⓘ Mo–Mi 11–23, Do 11–24, Fr–Sa 1–1, So 12.30–13 Uhr

Wohin zum ...
Übernachten?

Balmoral £££

Die Uhr in diesem imposanten neoklassizistischen Gebäude geht zwei Minuten vor (außer zu Silvester), damit niemand nebenan vom Bahnhof Waverley den Zug verpasst. Das Balmoral ist teuer, zentral gelegen und bietet Schwimmbad, Fitnessraum und Wellnesscenter. Einige der luxuriösen Zimmer bieten einen Blick auf die Stadt. Der Nachmittagstee im Palmenhof ist ein Muss; ferner gibt es das Number One Restaurant mit preisgekrönter Küche.

▛ 195 D4 ✉ 1 Princes Street ☎ 0131 556 2414; www.thebalmoralhotel.com

Best Western Bruntsfield ££–£££

Dieses zu einer bekannten Hotelkette gehörende elegante Haus mit seiner Front aus Natursteinen liegt oberhalb eines Golfplatzes. Es erwarten Sie 73 gut ausgestattete und komfortable Zimmer in verschiedenen Größen und Stilen sowie ein helles Restaurant im Wintergarten, in dem ein herzhaftes, traditionelles Frühstück und phantasievolle Abendessen serviert werden. Ein Pub ist vor Ort.

▛ 194 A1 ✉ 69/74 Bruntsfield Place ☎ 0131 229 1393; www.thebruntsfield.co.uk

The Bonham £££

Das Bonham hat in einem vornehmen georgianischen Stadthaus am Westrand der New Town seinen Sitz und gehört zu den angenehmsten Aufenthaltsorten in Edinburgh. Alle 48 Zimmer sind phantasievoll gestaltet und mit Hightech-Kommunikation sowie herrlichen Badezimmern ausgestattet. Das Restaurant im Brasserie-Stil bietet eine ansprechende Auswahl innovativer Gerichte.

▛ 194, bei A3 ✉ 35 Drumsheugh Gardens ☎ 0131 226 6050; www.thebonham.com

Carlton Hotel ££–£££

Dieses Hotel in erstklassiger Lage zwischen Princes Street und Royal Mile bietet Zimmer im traditionellen Stil mit guter Ausstattung, Freizeitzentrum und Nachtclub. Das zeitgemäß eingerichtete Restaurant The Bridge ist empfehlenswert.

▛ 195 D4 ✉ North Bridge ☎ 0131 472 3000; www.barcelo-hotels.co.uk

Dunstane House Hotel ££

In einer prachtvollen viktorianischen Villa zwischen dem Murrayfield Sportstadion und dem Haymarket Bahnhof liegt dieses komfortable Landgasthaus. Zur Auswahl stehen 16 Nichtraucherzimmer, davon vier Familienzimmer und ein Restaurant der Spitzenklasse. Der Inhaber stammt von den Orkney-Inseln, weshalb oft Fisch von dort serviert wird.

▛ 194 A2 ✉ 4 Westcoates, Haymarket ☎ 0131 337 6169; www.dunstane-hotel-edinburgh.co.uk

Elmview ££–£££

Die Besitzer Nici und Robin betreiben ein einzigartiges, höchst individuelles Bed&Breakfast mit nur drei Zimmern. Rundum empfehlenswert: geschmackvolle Einrichtung, stilvolle Badezimmer und durchdachte Extras wie ein Kühlschrank mit frischer Milch. Das hervorragende Frühstück wird an einem großen Tisch serviert und reicht für den ganzen Tag. Kinder unter 15 Jahren sind nicht gern gesehen.

✚ 194 B1 ✉ 15 Glengyle Terrace
☎ 0131 228 1973; www.elmview.co.uk

Hotel Ibis ££

Das neue Parlament rief in Edinburgh einen Boom bei Hotelneubauten hervor, und das Ibis gehörte zu den ersten. Das umgebaute Lagerhaus bietet 99 praktische, moderne Räume mit Bad, in schöner Lage (in der Nähe der Royal Mile) zu vernünftigen Preisen.

✚ 195 D3 ✉ 6 Hunter Square ☎ 0131
240 7000; www.accorhotels.com

The Howard £££

Das Howard wurde aus drei angrenzenden Stadthäusern in der New Town geschaffen. Hinter dem strengen Äußeren verbirgt sich ein komfortables Hotel mit diskretem Luxus. Der edwardianische Salon ist aufwändig möbliert und mit Kronleuchtern ausgestattet. In den Zimmern finden sich Antiquitäten, in den Badezimmern altmodische

Duschkabinen oder frei stehende Wannen. Das renommierte Restaurant ist mit Wandgemälden aus der Zeit um 1800 geschmückt.

✚ 194 B5 ✉ 34 Great King Street
☎ 0131 557 3500; www.thehoward.com

Malmaison ££–£££

Dieses fröhliche Designerhotel gehört zu einer hochgelobten Kette. Es ist am Hafeneingang des Leith in einem schönen alten Gebäude, das früher als Seemannsmission diente, untergebracht. Die Zimmer bieten ausreichend Komfort, ein CD-Player gehört zum Standard. Die Brasserie und das Café sind ebenfalls trendy.

✚ 195, bei E5 ✉ 1 Tower Place ☎ 0131
468 5000; www.malmaison.com

Missoni £££

Stilvolles Designhotel, das sich bald nach seiner Eröffnung 2009 als beliebte Adresse bei Prominenten und Kennern etablieren konnte. Bis heute in aller Munde als eines der erfolgreichsten neuen Häuser in Edinburgh und ganz Schottland.

✚ 194 C3 ✉ 1 George IV Bridge
☎ 0131 220 6666; www.hotelmissoni.com

Sheraton Grand Hotel und Spa £££

Dieses auffällig moderne Gebäude gehört zum Exchange Square. Die Aufmerksamkeit fürs Detail geht so weit, dass das Hotel sein eigenes Karomuster zugelegt hat. Die schönsten Zimmer haben Blick aufs Schloss. Alle Räume sind komfortabel und angenehm gestaltet. Ein Freizeitzentrum mit Swimmingpool und Fitnessraum gehört zu den weiteren Attraktionen. Das Terrace Restaurant im Stil eines Wintergartens bietet eine Aussicht auf den Platz, Usher Hall und das Schloss dahinter, während der Grillroom mit seinem eleganten, diskreten Flair für Geschäftsessen bestens geeignet ist.

✚ 194 A3 ✉ 1 Festival Square
☎ 0131 229 9131; www.sheraton.com

The Sun Inn ££

Der kürzlich umfassend renovierte Gasthof in einem Vorort Edinburghs

ist genau das Richtige für alle, die der Trubel im Zentrum eher schreckt. Geschmackvoll eingerichtete Gästezimmer in den oberen Etagen, die teurere Suite beeindruckt mit einer Kupferbadewanne und Badetüchern aus feinster ägyptischer Baumwolle. Im geräumigen Bar- und Bistrobereich darunter servieren freundliche Bedienungen exzellente Gerichte, wie Borders-Lamm, Wild oder fangfrische Produkte aus dem Meer.

✚ 199 E3 ✉ Lothianbridge, Dalkeith
☎ 0131 663 2456;
www.thesuninnedinburgh.co.uk

Ten Hill Place ££–£££

Den Einwohnern Edinburghs kaum bekannt, ist dieses empfehlenswerte Haus nahe dem Festival Theatre gleichwohl stilvolle Top-Adresse für ein Wochenende in der Stadt. Von den oberen Etagen aus bieten sich unvergessliche Rundblicke auf den Hausberg Arthur's Seat bis hinunter zum Firth of Forth.

✚ 195 E2 ✉ 10 Hill Place
☎ 0131 622 2080; www.tenhillplace.com

Wohin zum...
Einkaufen?

ÖFFNUNGSZEITEN

Geschäfte öffnen von 9 bis 18 Uhr, Donnerstags bis 20 oder 21 Uhr. Viele haben besonders im Sommer am Sonntagnachmittag geöffnet. Die Haupteinkaufsgegenden sind die **Princes** und **George Street** in der New Town und die **Royal Mile** und der **Grassmarket** in der Altstadt.

KAUFHÄUSER

Ein Besuch des 1838 gegründete **Jenners**, oft als schottisches Harrods bezeichnet, lohnt sich allein wegen der altmodischen dreistöckigen Holzbalkone. Besuchen Sie auf alle Fälle die Teestube. Zum **Jenners** ist das Harvey Nichols am St Andrew Square hinzugekommen.

TYPISCH SCHOTTISCH

In der Royal Mile gibt es eine Vielzahl an Geschenkboutiquen. **Scottish Gems** (24 High Street) verkauft keltischen Schmuck, **Geoffrey** (57–61 High Street; Tel. 0131 557 0256) in der High Street 57–59 traditionelle Kilts. Wenn es Ihnen ums Schottenkaro geht, sollten Sie **Tartan Weaving Mill and Exhibition** (am Ende der Royal Mile) probieren. **Anta** (74 Grassmarket; Tel. 0131 225 9096) verleiht Schottenstoffen einen modernen Touch.

ESSEN UND TRINKEN

Valvona and Crolla (19 Elm Row; Tel. 0131 556 6066) am oberen Ende des Leith-Wegs verkauft Öle, Oliven, Brot und Pasta. Whisky finden Sie im **Scotch Whisky Experience** (354 Castlehill; Tel. 0131 220 0441), bei **Royal Mile Whiskies** (379 High Street, gegenüber von St. Giles; Tel. 0131 225 3383) oder bei **William Cadenhead** (172 Canongate; Tel. 0131 556 5864). **The Scotch Malt Whisky Society** (87 Giles Street, Leith; Tel. 0131 554 3451; 28 Queen Street; Tel. 0131 220 2044) bietet seltene und ungewöhnliche Malt Whiskys.

BÜCHER

Edinburgh ist ein Einkaufsparadies für Bücherfreunde. Lohnenswert sind der **Old Town Bookshop** (8 Victoria Street; Tel. 0131 225 9237), **James Thin** (53 South Bridge; Tel. 0131 622 8222) und **Waterstone's** (13–14 Princes Street; Tel. 0131 556 3034; 128 Princes Street; Tel. 0131 226 2666; 83 George Street; Tel. 0131 225 3436). Gebrauchte Bücher findet man entlang des Westports vom Grassmarket aus. Empfehlenswert: **Edinburgh Books** (145-147 Westport; Tel. 0131 229 4431).

SCHRULLIGES UND UNGEWÖHNLICHES

Auch Individualisten kommen auf ihre Kosten. Bei **Mr Wood's Fossils** (5 Cowgatehead; Tel. 0131 220 1344) bekommen Sie versteinerten Dinosaurierkot. Ein paar Schritte weiter, bei **Wm Armstrong and Son** (81–83 Grassmarket; Tel. 0131 220 5557), finden sich die coolsten Secondhand-Klamotten der Stadt. In der Victoria Street bekommen Sie bei **Clarkson**'s (87 West Bow; Tel. 0131 225 8141) Schmuck, **Iain Mellis Cheesemonger** (No 30a; Tel. 0131 226 6215) und **Demijohn** (No 32; Tel. 0131 225 3265) bieten Delikatessen, Whisky, Essig & Öl.; auf der Westport finden Sie bei **Godiva Boutique** (No 9; Tel. 0131 221 9212, individuelle Kleider. Trödelläden gibt es auch in der **Cockburn Street** und in der **Rose Street** zwischen George und Princes Street

Wohin zum ...
Ausgehen?

THEATER UND KONZERTE

Das **Royal Lyceum** (Grindlay Street; Tel. 0131 248 4848) führt Komödien und andere Stücke auf, während das the**Traverse Theatre** (10 Cambridge Street; Tel. 0131 228 1404) als Experimentierbühne bekannt ist. Leichte musikalische Unterhaltung finden Sie im **Playhouse** (18–22 Greenside Place; Tel. 0844 447 1660) und im **King's Theatre** (2 Lewen Street; Tel. 0131 529 6000) . Das **Festival Theatre** (13/29 Nicholson Street; Tel. 0131 529 6000) und die **Usher Hall** (Lothian Road; Tel. 0131 228 1155) bieten den Rahmen für anspruchsvolle Konzertereignisse, die **Queen's Hall** (85–89 Clerk Street; Tel. 0131 668 2019) hat ein intimeres Ambiente.

KINO

Gute Programmkinos sind das **Dominion** (18 Newbattle Terrace; Tel. 0131 447 4771) und das **Cameo** (38 Home Street; Tel. 0871 704 2052) im West End. Im **Filmhouse** (88 Lothian Road; Tel. 0131 228 2688) treffen sich Liebhaber ambitionierter und fremdsprachiger Filme.

DIE BESTEN PUBS

Ausgangspunkt einer Kneipentour ist das **Ensign Ewart** (521 Lawnmarket; Tel. 0131 225 7440) am Schloss-Ende der Royal Mile. Weiter geht's zum **Jenny Ha's** (68 Cannongate; Tel. 0131 556 2101) bei Holyrood. **Deacon Brodie's** (435 Lawnmarket; Tel. 0131 225 6531) an der Ecke George IV. Bridge, die **Café Royal Circle Bar** (19 West Register Street; Tel. 0131 556 1884) oder die altmodisch eingerichtete **Bow Bar** (▶ 62) mit ihrem großen Whiskysortiment lohnen ebenfalls. In **The Tass** (1 High Street; Tel. 0131 556 6338) gibt's *Real Ale*, billiges Essen und Folk. Das **World's End** (4 High Street; Tel. 0131 556 3628) ist für seine Snacks berühmt. **Sandy Bell's** (25 Forrest Road; Tel. 0131 225 2751), hat mit die beste Stimmung. Die **Royal Oak** (1 Infirmary Street; Tel. 0131 557 2976; www.royal-oak-folk.com) ist bekannt für ihre guten Malts und Ales vom Fass. Treppab gibt es abends Livesessions. In den Gewölben von **Bannerman's** (212 Cowgate; Tel. 0131 556 3254) finden Rock-, Soul- und Jazzveranstaltungen statt. In der New Town hat sich **Mather's Bar** (1 Queensferry Street; Tel. 0131 225 3549) ihre viktorianischer Einrichtung bewahrt. Die **Oxford Bar** (8 Young Street; Tel. 0131 539 7119) ist die Stammkneipe von Inspektor Rebus (▶ 20).

NACHTLEBEN

Die ganz Jungen zieht es über die **Cowgate** und **Lothian Road** zum **Grassmarket** bzw. ins **West End**, während die Anspruchsvolleren, Trendigeren sich in der Gegend um **George Street** rumtreiben und ins **Opal Lounge** (No 51A; tel: 0131 226 2275) oder in die **Tigerlily** (No 125; tel: 0131 225 5005 oder in eine der anderen Bars gehen. Einen umfassenden Veranstaltungskalender bietet die 14-tägig erscheinende Zeitschrift *The List* (s. unten).

The List, die 14-tägige Programmzeitschrift Edinburghs ist überall erhältlich. Veranstaltungshinweise finden Sie auch in der *Edinburgh Evening News*, in der Wochenendbeilage des *Scotsman* und in *Scotland on Sunday*. Die Website des *Scotsman* (www.scotsman.com) bietet einen fast vollständigen Veranstaltungskalender für eine Woche im Voraus.

Glasgow

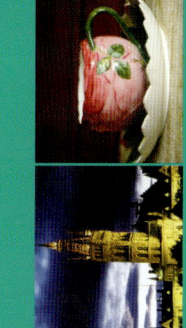

Erste Orientierung

Von der Stellung als zweite Stadt des Empire unter Königin Viktoria bis zur Auszeichnung als britische »Architektur- und Designstadt« Ende des 20. Jahrhunderts hat sich Glasgow immer wieder neu erfunden und zugleich die Vergangenheit bewahrt. Zurzeit erlebt sie eine erneute Verjüngung als Gastgeberin der Commonwealth Spiele im Jahr 2014 vor. Herzstück ist der Clyde mit den Überresten einer einst mächtigen Werftenindustrie. Nahebei in der Merchant City erinnern Häuser der Industriebarone und stattliche öffentliche Gebäude aus viktorianischer Zeit. Heute tobt das Leben in den trendigen Bars, Straßencafés und Restaurants, in denen sich die modebewusste Jugend nach dem Shopping in der Einkaufsmeile »Golden Z« trifft.

Wenn Ihnen der Flohmarkt näher liegt als Shopping, dann werden Sie mit Vergnügen im berühmten Barras Market im East End herumstöbern. Erleben Sie die Rufe der Marktschreier, die für ihre Schlagfertigkeit auf störende Zwischenrufer bekannt sind. Im West End mit seinen Parks und Museen rund um die Universität geht es vornehmer zu. Doch wohin Sie auch gehen in dieser freundlichen Stadt, Sie werden nie allein sein: Setzen Sie sich am Kelvingrove-Museum, im Glasgow Green oder am George Square auf eine Bank, und beobachten Sie die vorbeieilenden Menschen.

Glasgow besitzt ein ausgezeichnetes öffentliches Verkehrsmittelnetz. Kaufen Sie sich ein Discovery-Ticket, sodass Sie den Personennahverkehr einschließlich der berühmten U-Bahn »Clockwork Orange« benutzen können.

Nicht verpassen!

Pollok Country Park
POLLOKSHAWS
CATHCART
Bellahouston Park
POLLOKSHIELDS
Holmwood House
Hampden Stadium
Scotland Street School Museum
Glasgow Science Centre
GLASGOW
PARTICK
GOVAN
The Tall Ship
Museum of Transport
House for an Art Lover
Botanic Gardens
Kelvingrove Museum & Art Gallery
Burrell Collection

1 Burrell Collection
4 Kelvingrove Museum & Art Gallery
13 Botanic Gardens
13 The Tall Ship
14 Museum of Transport
16 Glasgow Science Centre
17 Scotland Street School Museum
18 House for an Art Lover
19 Hampden Stadium
20 Holmwood House

A739 A82 A81 A8 A814 A77 A728 A879 A803 M8 M77 M74 A761

0   1 Meile
0   2 km

Nach Lust und Laune!

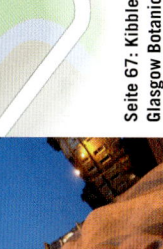

Seite 67: Kibble Palace im Glasgow Botanic Gardens

Links: George Square und Glasgow City Chambers

Map labels

8 Glasgow Cathedral

7 St Mungo Museum of Religious Life and Art

9 Provand's Lordship

6 The Barras

5 People's Palace

5 Glasgow Green

CASTLE ST

BAIRD ST

M8

DOBBIES LOAN

COWCADDENS ROAD

NORTH HANOVER ST

CATHEDRAL STREET

GEORGE ST

DUKE STREET

HIGH ST

GALLOWGATE

LONDON ROAD

SALTMARKET

ROSE ST

RENFIELD ST

HOPE ST

BATH ST

SAUCHIEHALL ST

STREET

Buchanan Street

George Square

QUEEN STREET STATION

GLASGOW CENTRAL STATION

ARGYLE

CLYDE STREET

Clyde

BROOMIELAW

M8

2 Merchant City

10 Gallery of Modern Art

3 Tenement House

12 Glasgow School of Art

11 Willow Tearooms

500 Meter

500 Yards

0

0

An einem Tag

Die folgende Route ist eine Möglichkeit, wie Sie einige der interessantesten Sehenswürdigkeiten Glasgows an einem Tagen abklappern können. Nutzen Sie die Karte (▶ 68f) zur Orientierung, die einzelnen Highlights werden im Folgenden (▶ 72ff) näher beschrieben.

9.30 Uhr

Starten Sie in der 2 Merchant City (▶ 75ff) am George Square. Schauen Sie sich in den City Chambers die wunderbare Marmortreppe (rechts) an. Gehen Sie durch die Ingram Street zum Italian Centre, dann links die Montrose Street hinauf, links in die Cochrane Street und zurück zum George Square. Weiter über die St. Vincent Street zur Buchanan Street im Herzen des Einkaufsviertels. Wenden Sie sich nach links, um zum Einkaufszentrum Princes Square zu gelangen. Rechts erstecken sich die Buchanan Galleries, eine von Glasgows besten Einkaufspassagen.

10.30 Uhr

Kehren Sie über die Buchanan Street und den Royal Exchange Square zurück, und werfen Sie einen Blick in die 🖪 Gallery of Modern Art (unten, ▶ 85f). Im Café im Untergeschoss legen Sie eine kleine Pause ein und sehen sich danach in dem winzigen Laden nach x Souvenirs um.

11.30 Uhr

Um beim Thema Kunst zu bleiben, nehmen Sie vom Hauptbahnhof den Nahverkehrszug nach Pollokshaws West, und besuchen Sie die ❶ **Burrell Collection**. Der Großreeder William Burrell hat diese preisgekrönte Sammlung von 8000 Kunstobjekten zusammengetragen, darunter etliche Skulpturen von Rodin sowie Gemälde von Degas und Cézanne (▶ 72ff.).

13 Uhr

Zeit zum Mittagessen: Fahren Sie zum Hauptbahnhof zurück, und gehen Sie die Hope Street entlang nach Norden. Etwa zwei Blocks vom Bahnhof entfernt erreichen Sie die Kreuzung zur St Vincent Street, wo im **Arisaig Bar and Restaurant** gute schottische Küche serviert wird. Eine weitere Option ist das **Horseshoe** auf der Drury Street aus dem 19. Jahrhundert. Hier finden Sie Großbritanniens längste Bar. Queren Sie die Argyle Street, um zum St. Enoch Square zu gelangen und machen Sie einen Bummel durch die Geschäfte der Argyle Street und im St Enoch Centre. Nehmen Sie dort die U-Bahn zur Station Cowcaddens. Sie können natürlich auch zu Fuß gehen oder mit dem Bus fahren, doch die U-Bahn ist in Glasgow genau das richtige Verkehrsmittel.

15 Uhr

In Cowcaddens überqueren Sie die Garscube Road, gehen links in die West Graham Street, dann links die Scott Street hinunter und rechts in die Buccleuch Street mit dem ❸ **The Tenement House** (rechts, ▶ 78ff.). Nehmen Sie die U-Bahn-Linie nach Kelvinhall. Nach Verlassen der Station geht es links an der Glasgow University vorbei zum ❹ **Kelvingrove Museum and Art Gallery** (▶ 86f) direkt gegenüber.

17 Uhr

Danach ist ein Spaziergang angesagt. Ghen Sie links den Fußgängerweg am Fluss entlang durch den **Kelvingrove Park** (hinter dem Museum) zur Kelvinbridge Station. Mit der U-Bahn kehren Sie ins Stadtzentrum zurück.

18 Uhr

Von St. Enoch's laufen Sie die Buchanan Street hinauf, dann rechts über den Royal Exchange Square und die Ingram Street hinauf. Im **Corinthian** (Nr. 191, ▶ 76) können Sie in viktorianischem Dekor einen Aperitif zu sich nehmen. Zum Abendessen gibt es nichts Besseres als das **Two Fat Ladies at the Buttery** in der Argyle Street (▶ 89). Besuchen Sie eine Vorführung (▶ 94) im **Citizens' Theatre**, ein Konzert in der **Royal Concert Hall**, tanzen Sie im Nachtclub **Arches** (Argyle Street) die Nacht durch, oder genießen Sie Folklore in der **Scotia Bar** (Stockwell Street).

❶ Die Burrell Collection

Diese Sammlung von Skulpturen, Gemälden, Keramiken und Buntglasfenstern stammt aus drei Kontinenten sowie aus verschiedensten Epochen. Selten hat ein einzelner Mensch eine so umfangreiche Kunstsammlung zusammengetragen.

Das Gebäude der Sammlung wurde eigens zu diesem Zweck von Barry Gasson 1971–1983 entworfen. Sein Auftrag war es, eine moderne Galerie zu schaffen, in die Burrells Sammlung von Eingangsportalen und Torbögen mit eingebaut und in der etliche Räume aus Sir Williams Haus nachgebaut werden sollten. Es entstand ein architektonisches Kunstobjekt. Rosafarbenes Sandstein aus Dumfriesshire, Holz und Glas hat Gasson verwendet, um unter großzügiger Nutzung von Licht und Raum mehrere Galerieräume in den äußeren Bereichen zu schaffen. Die lichtempfindlichen Objekte sind im fensterlosen Inneren ausgestellt. Bäume umgeben die Galerie, und so fällt gebrochenes Sonnenlicht auf kostbare Vasen der Ming-Zeit und Topfereien aus antiken Kulturen. Die mittelalterlichen Türen und Fenster sind in die Konstruktion des Gebäudes integriert, und durch die Kombination von Objekten aus unterschiedlichen Epochen in moderner Umgebung entstehen eindrucksvolle Effekte.

Highlights

Durch einen steinernen Eingang aus dem Mittelalter gelangen Sie zu den **Bronzeskulpturen von Rodin**, die den hellen Innenhof säumen. Darin steht eine enorme **Vase aus der Villa**

Rechts: Eine mittelalterliche Eingangstür aus der Sammlung wurde in die moderne Architektur integriert

Unten: Die Schätze der Kunstsammlung von Burrell werden in einem modernen, zweckmäßigen Gebäude ausgestellt

Hadrian aus Tivoli. Durch die Fenster blicken Sie in den Raum eines Schlosses aus dem 16. Jahrhundert; es ist eine Rekonstruktion des Hutton Castle nahe Berwick-upon-Tweed, in dem Burrell wohnte. Die Räume sind um den Innenhof gruppiert, damit durch die Fenster Licht fällt. **Der Speisesaal, die Halle und der Salon**, in denen die Tapisserien hingen, sind mit den Originalmöbeln und der Täfelung aus dem 16. Jahrhundert vollständig wiederhergestellt. Kostbare Glasmalereien schmücken die Fenster, auf den Eichendielen aus dem 16. Jahrhundert stehen Skulpturen, und der große Esstisch steht auf einem Perserteppich mit Blumenmuster.

Vom Innenhof aus können Sie im Uhrzeigersinn um das Gebäude herumgehen. Der Weg führt durch die **Ancient Civilisation collection**, mit Töpferwaren, Steinmetzarbeiten und Statuen aus Mesopotamien, Ägypten sowie der griechischen und römischen Antike, u.a. ein Mosaik mit der Darstellung eines Hahnes aus dem 1. Jahrhundert v. Chr.

Danach geht es weiter in die **Oriental collection** mit chinesischen Bronzen, Vasen und Porzellan aus der Ming-Zeit und einem interessanten Paar grün glasierter bewaffneter Wächterfiguren aus derselben Epoche. Die **Medieval and Post-Medieval European Art collection** beherbergt Burrells ausgezeichnete Tapisserien und Buntglasfenster, die lediglich von der Sammlung des Victoria and Albert Museums in London übertroffen werden, darunter ein hervorragendes Portrait von Prinzessin Cecily (15. Jahrhundert), der Tochter von König Edward IV, und ein Glasfenster aus Deutschland mit der Darstellung der Zehn Gebote, ebenfalls aus dem 15. Jahrhundert. Zu den ältesten erhaltenen Buntglasfenstern der Sammlung gehört ein Werk, das um 1140 in der Abtei von St. Denis bei Paris entstand und das den Propheten Jeremias zeigt.

Die **Galerie Nr. 8** beherbergt rund 150 herrliche Wandteppiche aus dem 15. und 16. Jahrhundert. Diese hängen an weiten Wandflächen, die vor den durch die Buntglasfenster eindringenden Sonnenstrahlen geschützt sind.

Hinter der Tapisserie befinden sich die Eingänge zu drei Galerien, die drei

SIR WILLIAM BURRELL (1861–1958)

Burrell, ein Glasgower Großreeder und Kunstliebhaber, machte ein Vermögen, als er in der Depression Schiffsladungen orderte und verkaufte, wenn die Nachfrage das Angebot überstieg. Bereits mit 16 Jahren begann er Kunstwerke zu sammeln, und diese Leidenschaft sollte ihn sein ganzes Leben begleiten. 1944 übergab Sir William Burrell mit seiner Frau der Sammlung der Stadt Glasgow. Bis zu seinem Tod im Alter von 96 Jahren stellte er weitere Kunstschätze zur Verfügung. So kamen schließlich 8000 Exponate zusammen – was dem Erwerb von zwei Kunstwerken pro Woche in 80 Sammlerjahren entspricht. Und doch kann man sich nicht vorstellen, dass diese unglaubliche Sammlung das Werk eines einzelnen Mannes ist. Leider war es Sir William nicht vergönnt, die Werke in dieser würdigen Umgebung ausgestellt zu sehen.

Epochen gewidmet sind: der elisabethanischen Zeit, dem 17. und dem 18. Jahrhundert sowie der Gotik.

Im Obergeschoß befinden sich herausragende Werke europäischer **Malerei** mit Arbeiten von Degas und Cézanne.

KLEINE PAUSE

Eine **Teestube** finden Sie im Untergeschoss bei den Glasfenstern. Wollen Sie den ganzen Tag hier verbringen, dann empfiehlt sich ein Besuch des ausgezeichneten Restaurants.

➕ 196, bei A1 🖂 Pollok Country Park ☎ 0141 2872550 🕐 Mo–Do u. Sa 10–17, Fr u. So 11–17 Uhr 🍴 Café und Restaurant (£–££) 🚍 regelmäßige Verbindung von der Innenstadt, Busservice vom Parkeingang im Halbstundentakt 🚇 Pollokshaws West oder Shawlands 💲 frei

Oben: Bronzestatuen von Rodin umrahmen den Innenhof

Links: Farbige Glasfenster aus Burrells herrlicher mittelalterlicher Sammlung

DIE BURRELL COLLECTION: INSIDER-INFO

Top-Tipp: An warmen Sommertagen kann es in den äußeren Galerien sehr heiß werden. Am besten ist es, sie frühmorgens aufzusuchen und sich dann in das kühlere, fensterlose Innere zurückzuziehen.

Geheimtipp: Von der Galerie mit Wandteppichen führen Treppen hinauf zu einer Gemäldesammlung mit einigen Meisterwerken, darunter ein Selbstporträt Rembrandts, Degas' *Die Probe* und Manets *Bier trinkende Frau*.

2 Merchant City

Wo einst nur Lagerhallen und die Häuser der Tabak-, Zucker- und Baumwollbarone standen, trifft man sich heute in trendigen Bars, Restaurants und Clubs zum Essen und Trinken. Schlendern Sie langsam durch die Straßen, und genießen Sie das Ambiente. Beenden Sie dann Ihre Tour durch Argyle Street, Buchanan Street und Sauchiehall Street – die Einkaufszone, die als Glasgows »Golden Z« bekannt ist.

Oben: In der Merchant City finden sich heute vor allem moderne Restaurants und Bars

Die Merchant City erstreckt sich von der alten High Street gitternetzartig nach Westen aus. Als bester Ausgangspunkt für einen Spaziergang gilt der George Square im Herzen Glasgows, der in der Nähe des Bahnhofs Queen Street liegt.

Mit der Realunion 1707 (▶ 26) erhielt Schottland erstmals die Erlaubnis zum Handel in den Kolonien. Die Glasgower Kaufleute häuften mit der Einfuhr von Tabak, Zucker und Baumwolle riesige Vermögen an, die sie wiederum in die Stadt steckten: Sie bauten Lagerhäuser, Docks und luxuriöse Wohnsitze. Im 19. Jahrhundert war Glasgow die bedeutendste Stadt nach London im Britischen Empire. Danach erlebte es wechselhafte Zeiten wie das Empire selbst.

Das Herz von Glasgow

Die **Glasgow City Chambers**, ein verschwenderischer Bau in Gold und Marmor, beherrscht den **George Square**. Königin Viktoria war beeindruckt, als sie das Gebäude 1888 eröffnete. Filmregisseure haben seine eindrucksvolle italienische Renaissance-Fassade, die hohen Decken und riesigen Marmortreppen als Schauplatz für Gerichtshöfe, Botschaften, Paläste und sogar den Kreml verwendet. Rechts der City Chambers zwischen der Cochrane und der Ingram Street steht das **Italian Centre**, eine bunte Mischung aus Straßencafés, Nobel-Geschäften, Weinstuben und Bistros.

Hutcheson's Hall

An der Ecke zum nächsten Block, Ingram Street Nr. 158, steht die elegante **Hutcheson's Hall**. Sie wurde 1802 an der Stelle eines Hospizes aus dem 17. Jahrhundert errichtet. Statuen aus dem früheren Bau wurden in die Frontseite integriert. Innen befindet sich ein Laden und das Besucherzentrum des National Trust for Scotland, das eine ausgezeichnete audiovisuelle Vorführung zur Merchant City und eine Ausstellung über Design bietet. Die Halle mit der eindrucksvollen Treppe und Porträts bedeutender Bürger Glasgows wird oft für Veranstaltungen genutzt. Das Gebäude ist ganzjährig für Besichtigungen geöffnet.

The Corinthian

Die vikorianische Inneneinrichtung des **Corinthian** zählt zu den schönsten in Glasgow. Das ehemalige Bankgebäude aus dem Jahr 1842 wurde 1929 umgebaut. Dabei wurde viel vom Gebäudeschmuck hinter falschen Wänden und Decken verborgen. Heute trifft man sich hier im modischen Restaurant oder im trendy Nachtclub, der im griechisch-antiken Stil dekoriert ist.

Trades House

Die Glassford Street wird von der grünen Kuppel und der klassizistischen Fassade des **Trades House** beherrscht. Es wurde zwischen 1791 und 1794 von Robert Adam und seinen Brüdern James und William erbaut und befindet sich bis heute im Besitz der Glasgow Trades Guild; die Innereinrichtung stammt zumeist aus vikorianischer Zeit. Besonders sehenswert sind die Originalwappen der Gilden an Möbeln und Wänden und in den Glasmalereien.

✚ **197 D3** ✉ **westlich der High Street** 🚇 **Queen Street**

Glasgow City Chambers
✉ 80 George Square ☎ 0141 287 4018 ◷ Besichtigungen Mo–Fr 10.30 bis 14.30 Uhr 💷 frei

Hutcheson's Hall
✉ 158 Ingham Street ☎ 0141 552 8391 ◷ Mo–Sa 10–17 Uhr 💷 frei

The Corinthian
☎ 0141 552 1101 💷 frei aber Eintritt für den Nachtclub

Trades House
✉ 85 Glassford Street ☎ 0141 552 2483 💷 frei (tel. Anmeldung)

Rechts: Die elegante Hutcheson's Hall auf der Ingram Street

Unten: Stilvolle farbige Fenster im beliebten und alteingesessenen Café Gandolfi in Merchant City

MERCHANT CITY: INSIDER-INFO

Top-Tipp: Das **Einkaufszentrum Princes Square** an der östlichen Buchanan Street: Designer-Kleidung, teurer Schmuck und feines Kunsthandwerk finden Sie über mehrere Etagen um einen überdachten viktorianischen Innenhof. Daneben gibt es Restaurants, Cafés, Bars und Entertainment.

Geheimtipp: Babbity Bowster (Blackfriars Street 16–18, ▶ 90). Das ehemalige Klosters von Adam aus dem 18. Jahrhundert wurde Ende des 20. Jahrhunderts umgebaut. Der Name wurde von einem schottischen Tanz übernommen, und dementsprechend gibt es hier immer wieder Sessions mit keltischer Musik (Sa). Es ist ein wunderbarer Ort zum Übernachten (es gibt einige Zimmer) oder zum Essen, Trinken und Entspannen in der Bar, im Restaurant, Café oder Garten.

3 Tenement House

Das Wohnen zur Miete entsprach ab Mitte des 19. Jahrhunderts bis in die 1950er-Jahre in Glasgow der Norm. Hier, in der Wohnung in der Buccleuch Street 145, erfahren Sie viel über das bürgerliche Leben in Glasgow. Agnes Toward und ihre Mutter zogen 1911 ein, und sie blieb dort bis Ende der Sechzigerjahre. Seit dem Hausbau 1892 wurde in der Wohnung faktisch nichts verändert. Da Agnes nichts wegwarf, entspricht ihre Hinterlassenschaft einem Stück Sozialgeschichte der Stadt.

Bei Agnes Towards Tod war die Wohnung voll gestopft mit Dingen, die sich während ihres Lebens angehäuft hatten: u.a. Briefe, persönliche Erinnerungen und Andenken, darunter Postkarten und Theaterprogramme. Sie hatte Rechnungen, Rezepte, Fahrkarten gesammelt, und auf dem Küchentisch stapelten sich, ordentlich gebündelt, alte Zeitungen. Der National Trust for Scotland, der ihren Besitz erwarb, konnte ihr Leben anhand dieser Zeugnisse bis in die Einzelheiten rekonstruieren.

Das Herz des Hauses

Gehen Sie zuerst in die **Küche**, in der sich – wie anderswo in Glasgow – Ende des 19. Jahrhunderts das Leben abspielte. In großen Familien wurden solche Räume zum Essen, Schlafen und Beisammensein genutzt. Agnes hatte diesen Raum nach dem Tod der Mutter für sich allein. Das **Bett** war tagsüber hinter einem Vorhang verborgen und wurde mit einer irdenen

Die Küche im Tenement House gibt einen lebendigen Einblick in das Glasgower Leben des späten 19. Jahrhunderts

Die Wohnstube wurde nur zu besonderen Gelegenheiten beheizt und genutzt

Wärmflasche für die Nacht aufgewärmt. Der **große schwarze Herd** diente zum Kochen und als Heizung. Damals war ein Herd dieser Art, mit seinem regulierbaren Ofen, den Kochplatten und gusseisernen Töpfen und Kesseln, ein Spitzenprodukt der Haushaltstechnik. Noch in den Sechzigerjahren kochte Agnes darauf und reinigte ihn täglich mit schwarzer Politur. Die Kohle wurde in einer großen Holzkiste neben der Ecke für die Essenszubereitung gelagert.

Auf dem Boden finden sich Backformen, eine Messingpfanne und Töpfe für Pflaumenmus aus dem Jahr 1929. Das altmodische **Waschbrett** aus Zink steht im weißen Ausguss, und die **Wäsche** hängt auf dem Gestell, als wartete sie nur darauf, dass das Bügeleisen auf dem Herd erhitzt werden würde.

Anfang des 20. Jahrhunderts war dies ein wohlhabender mittelständischer Haushalt. Miss Toward und ihre verwitwete Mutter lebten von dem, was dies als Schneiderin verdiente, ferner von der Untervermietung und Miss Towards Einkommen als Büroangestellte. Doch die reizende Standuhr aus dem 18. Jahrhundert in der Halle und die silbernen Tellerabdeckungen, die nicht in die Küche eines Glasgower Mietshauses passen, deuten darauf hin, dass es ihrer Familie einmal besser ging.

Das 19. Jahrhundert

In der **Wohnstube** ist der ovale Mahagonitisch mit rotem Chenille behängt und mit feinstem Porzellan für den Nachmittagstee gedeckt. Das Feuer brennt, und auf den Platten stapelt sich das Gebäck. Die Fenster mit den weißen Spitzenvorhängen, das Klavier aus Rosenholz mit Messingleuchtern und Mutter Towards Nähmaschine ergänzen das Bild ehrbarer Damen, die den Schein wahren. Im **Untermieterzimmer** stammen das seltsame Bett, der hohe Schrank und der Marmor-Waschtisch noch von der Originaleinrichtung. Für die Morgenwäsche und die Rasur musste heißes Wasser aus dem Bad geholt werden.

Das **Badezimmer** mit der tiefen Wanne und dem Heißwasserhahn war in den Glasgower Mietwohnungen des späten 19. Jahrhunderts echter Luxus; meist gab es nur eine zugige Toilette im Treppenhaus, die man mit anderen Familien teilte.

🚇 196 A5 🚏 145 Buccleuch Street ☎ 0844 493 2197; www.nts.org.uk ⏰ März–Okt. tägl. 13–17 Uhr 💷 Mittel 🚇 Cowcaddens

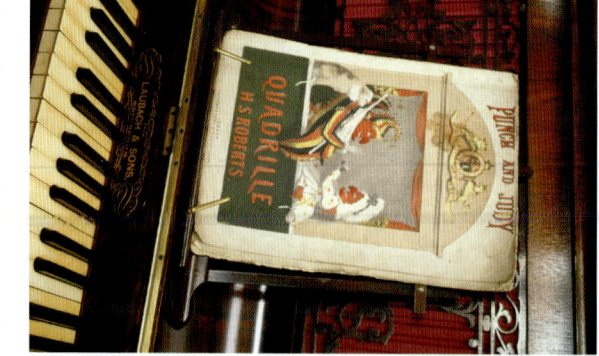

In der Wohnstube eines gutbürgerlichen Haushalts des 19. Jahrhunderts war ein Klavier üblich

Rechts: Kelvingrove, eines der schönsten Gebäude in Glasgow

TENEMENT HOUSE: INSIDER-INFO

Top-Tipp: Achten Sie auf die **Stühle** – sie sind im Stil der Zeit aus Mahagoni und mit Rosshaar gepolstert, das sich durch den Stoff bohrt.

Geheimtipp: Prüfen Sie das **Klappbett** hinter der Tür in der Ecke der Wohnstube. Es lieferte zusätzlichen Schlafplatz, war aber ziemlich ungesund und wurde nach 1900 nicht mehr genutzt.

Muss nicht sein! Im Untergeschoss sind in den Räumen des National Trust for Scotland einige von **Miss Towards »Schätzen«** ausgestellt; dazu gibt es Informationen zur Geschichte der Mietshäuser in Glasgow. Wenn Sie es eilig haben, können Sie sich diesen Teil schenken oder später noch mal zurückkehren.

4 Kelvingrove Museum and Art Gallery

Dieses vielseitige Museum zieht nicht nur wegen des freien Eintritts die Besucher an. Hier gibt es alles von der Naturgeschichte über technische Exponate bis zu Mumien und Funden aus Afrika; erwähnenswert sind die Waffen und Rüstungen. Herausragend ist die Kunstsammlung mit europäischen Meisterwerken, v.a. mit Schwerpunkt auf Glasgow.

FREIER EINTRITT – AM AUSGANG ZAHLEN

Kelvingrove, eine Sammlung von nationalem Rang, lebt, wie alle städtischen Museen Glasgows, allein von der Großzügigkeit der Steuerzahler. Eine kleine Spende in den Klingelbeutel am Ausgang wird daher gern gesehen.

Der Museumsbau, eine von Türmen gekrönte Phantasie aus Sandstein, ist ein überschwänglicher Ausdruck spätviktorianischer Zuversicht und Gelassenheit. Der Besuch lohnt sich allein schon wegen der riesigen Haupthalle mit dem hohen Deckengewölbe und den Galerien, dem schwarz-weißen Marmorboden und der enormen Orgel in einer reich ausgeschmückten Bogennische.

Highlights des Museums

Man kann sich hier stundenlang aufhalten, doch bieten sich für den eiligen Besucher ganz besonders folgende Highlights an. In der Waffensammlung fällt der Blick auf ein **Streitross mit Reiter in einer Rüstung des 16. Jahrhunderts**, hergestellt in Greenwich für den 1. Earl of Pembroke. Diese im

Im Westflügel befindet sich eine Spitfire aus dem Zweiten Weltkrieg

Stil der Zeit vergoldete und geschmückte Rüstung soll das einzige erhaltene Paar für Mann und Pferd sein. Es wurde wohl 1557 in der Schlacht von St. Quentin (Frankreich) getragen. Einen Kontrast dazu bildet der Raumanzug eines **Imperial Stormtroopers** aus den Star-Wars-Filmen.

Eine ganz besonders beliebte Attraktion ist die naturgeschichtliche Abteilung mit Dinosauriern und Fossilien. Hier findet sich in einem Glaskasten mit Vergrößerungsglas und hellem Licht ein **Bernstein mit eingeschlossener**

MACINTOSH TEAROOM

Neun Jahre wurde der Macintosh Tearoom, einer der Hauptbestandteile der Ausstellungen der Macintosh und Glasgow Style Galerien, restauriert. Zwischen 1896 und 1911 wurde Charles Rennie Mackintosh von der lokalen Tearoom-Mogulin Miss Catherine Cranston mit der Gestaltung mehrerer Teestuben in der Stadt beauftragt. Das Geschäft war hart umkämpft und die Innengestaltung von Mackintosh sollte mehr Kunden anlocken. Im Kelvingrove Tearoom werden Elemente aus verschiedenen Teestuben gezeigt. Sie sehen, wie sich sein Stil durch Möbel und Garnituren entwickelt. Nach Anmeldung können Sie in den Willow Tearooms (▼ 85 und 90) auch einen Tee trinken.

Die herrlich gestalteten Köpfe von Sophie Cave hängen im Ostflügel

Mücke. Auf den Infotafeln erfahren wir, wie Michael Crichton, der Autor von Jurassic Park, auf die Idee kam, die DNA des Dinosaurierbluts zu gewinnen, das eine Mücke gesaugt hatte, bevor sie vom Baumharz eingeschlossen wurde. Es heißt, »eine solche Technik liegt derzeit noch jenseits des Möglichen«. Ein interessantes Ausstellungsstück ist das Skelett des **Baron of Buchlyvie**, eines Pferdes mit außergewöhnlicher Geschichte. Im Streit um das Pferd ordnete ein Gericht an, es zu versteigern. Dabei wurden schließlich 9500 £ für das Pferd gezahlt – Anfang des 20. Jahrhunderts eine Rekordsumme. Zwei Jahre später brach sich das Tier das Bein und erhielt den Gnadenschuss.

In den oberen Geschossen ist die **Kunstsammlung** von Glasgow untergebracht, die Werke flämischer, italienischer, holländischer und britischer Meister von der Frührenaissance über den Impressionismus und die Präraffaeliten bis zu den Klassikern der Moderne umfasst. Lassen Sie sich die Arbeiten von **Charles Rennie Mackintosh** (▶ 10ff) und seinen Zeitgenossen nicht entgehen, darunter die **Glasgow Boys**, eine Künstlergruppe, die sich 1880 zusammenschloss, um schottische Sommerlandschaften in ihren Gemälden einzufangen. Dazu gehörten u.a. James Guthrie, John Lavery, George Henry, E. A. Hornel und James Patterson. Der **Glasgow Style** (▶ 10ff) ist hier ebenfalls vertreten.

🞣 **196, bei A5**
✉ **Kelvingrove** 📞 0141 276 9599; www.glasgowmuseums.com
🍴 **Museumscafé** (£) 🕐 Mo–Do, Sa 10–17, Fr und So 11–17 Uhr
🚇 **Kelvinhall** 🚍 regelmäßige Verbindung vom Stadtzentrum
🚊 **Partick**
♿ **frei, Spenden willkommen**

Nach Lust und Laune!

Detail aus dem People's Palace, ein Museum für Sozialgeschichte

5 The People's Palace und Glasgow Green

Glasgow Green, das 1178 als Grünanlage eingerichtet wurde, ist der älteste öffentliche Park in Großbritannien und hat über Jahrhunderte politische Versammlungen und Demonstrationen erlebt. Den People's Palace im Zentrum sollten Sie nicht versäumen, birgt er doch ein Museum zur Sozialgeschichte der Stadt. In den schönen Winter Gardens können Sie Livemusik hören und dabei in grüner Umgebung Tee genießen. Das in vielen Farben reich geschmückte Gebäude am Ende der Grünanlage, das nach dem Vorbild des Dogenpalastes in Venedig gestaltet ist, war früher eine Teppichfabrik.

✚ 197 E1 ⊠ Glasgow Green ☎ 0141 276 0788 ⊙ Mo-Do und Sa 10-17, Fr und So 11-17 Uhr 🍴 Café in den Winter Gardens (£) 🚇 Argyle Street oder High Street 🎫 frei

6 The Barras

Diese Kombination von Markt und Flohmarkt erstreckt sich über etliche Straßen und diverse Gebäude, Zelte und Hallen, unter freiem Himmel und in Durchgängen, von Antiquitäten über Musikinstrumente und Software-Raubkopien bis zu Wahrsagern und nachgemachten Designer-Klamotten finden Sie hier alles; sogar Schlangenbeschwörer sollen schon aufgetreten sein. Verpassen Sie nicht den ältesten Pub der Stadt, Saracens Head, nahe dem Barrowland Ballroom auf der Gallowgate. Der englische Lexikograf und Essayist Samuel Johnson (1709-84) und sein schottischer Biograf James Boswell (1740-95) sind hier auf dem Heimweg vor ihrem Ausflug ins Hochland 1773 eingekehrt.

✚ 197 E2 ⊠ Gallowgate und London Road zwischen Ross Street und Bell Street ☎ 0141 552 46021; www.glasgow-barrowland.com ⊙ Sa/So 10-17 Uhr 🍴 diverse Cafés und Imbissstände (£) 🚇 Glasgow Central, Queen Street 🎫 frei

7 St Mungo Museum of Religious Life and Art

Dieses moderne Gebäude gegenüber dem Provand's Lordship House zeigt eine vielseitige Auswahl an religiösen Kunstgegenständen. Der Eingang ist oberhalb eines ruhigen Zen-Kiesgartens. In der Galerie in der 1. Etage findet sich eine von amerikanischen Ureinwohnern gewebte Decke neben einem Gemälde der australischen Aborigines und europäischem sakralen Bunglas. Ein Höhepunkt ist Salvador Dalís seltsam verzerrtes Kreuzigungsbild Der Christus des hl. Johannes vom Kreuz. Religiöse Zeremonien werden in der zweiten Etage erklärt, und im Dachgeschoss wird die Geschichte der Religion in Glasgow mittels einer fesselnden Sammlung von Objekten gezeigt.

✚ 197 F3 ⊠ 2 Castle Street ☎ 0141 276 1625, www.glasgowmuseums.com ⊙ Mo-Do und Sa 10-17, Fr und So 11-17 Uhr 🍴 modernes Café/ Restaurant im Erdgeschoss 🚇 High Street 🎫 frei

8 Glasgow Cathedral

Diese ehrwürdige Kathedrale wurde, wie es heißt, über dem Grab des

lichen Garten setzt es in seiner Umgebung einen markanten, altertümlichen Akzent.

✚ 197 F3 ⊠ 3 Castle Street
☎ 0141 552 8819; www.glasgowmuseums.com
🕐 Mo–Do und Sa 10–17, Fr und So 11–17 Uhr
🍴 etliche nahebei in der Merchant City (£)
🚇 High Street 💷 frei

🔟 Gallery of Modern Art

Moderne Kunst aus aller Welt ist in diesem Museum zu erleben. Die Sammlung sucht wegen der durchgehend hohen Qualität in Großbritannien ihresgleichen. Das Spiegelmosaik auf dem Giebeldreieck des klassizistischen Gebäudes ist vollendeter Ausdruck des Glasgow Style und Vorbote dessen, was in den Innenräumen geboten wird. Schauen Sie sich die Statue der Queen aus Pappmaché an, die mit Lockenwicklern und im Morgenmantel wie eine Bewohnerin einer Sozialwohnung wirkt. Sehenswert sind die zeitgenössischen Gemälde im Untergeschoss, darunter Werke von Peter Howson, des schottischen Dramatikers John Byrne sowie die Skulpturen von Andy Goldsworthy.

✚ 196 C3 ⊠ Royal Exchange Square, Queen Street ☎ 0141 287 3050;
www.glasgowmuseums.com 🕐 Mo–Mi und Sa 10–17, Do 10–20, Fr, So 11–17 Uhr 🍴 Café (£)
🚇 St Enoch, Buchanan Street 🚊 Queen Street, Central 💷 frei

🔟 The Willow Tearooms

Wenn Sie in Glasgow nur Zeit für eine Tasse Tee haben sollten, dann sollten Sie sie hier trinken. Diese und andere Teestuben hat Mackintosh 1904 für den Gastronom Catherine Cranston entworfen. Es gibt keinen besseren Ort, um sich ins Glasgow der Jahrhundertwende zurückzuversetzen; besonderes Augenmerk verdienen die Stühle in Flieder und Silber mit den hohen Rückenlehnen im Room de Luxe (▶ 90).

✚ 196 B4 ⊠ 217 Sauchiehall Street, durch den Juwelierladen und die Treppe hoch
☎ 0141 332 0521; www.willowtearooms.com
🕐 Mo–Sa 9–17, So 11–16.15 Uhr
🚇 Cowcaddens, Buchanan Street
🚊 Charing Cross 💷 frei

Mittelalterliche Glasgow Cathedral, angeblich erbaut auf dem Grab des hl. Mungo

Gründers von Glasgow, des heiligen Mungo, nahe des Standorts seiner Kirche aus dem 7. Jahrhundert erbaut. Sie ist die einzige Kathedrale des schottischen Festlands (Baubeginn 1136), die die Reformation überlebt hat. Bemerkenswert sind u.a. der Lettner aus dem 15. Jahrhundert und die Unterkirche mit Fächergewölbe.

✚ 197 F3 ⊠ Castle Street ☎ 0141 552 6891; www.glasgowcathedral.org.uk
🕐 April–Sept. Mo–Sa 9.30–17.30, So 13–17.30; Okt.–März Mo–Sa 9.30–16, So 13–16 Uhr
🍴 etliche in der Merchant City (£)
🚇 High Street 💷 frei

🟨 Provand's Lordship

Gegenüber der Glasgow Cathedral aus dem 12. Jahrhundert steht das älteste erhaltene Haus der Stadt. Ursprünglich 1471 als Teil des St. Nicholas' Hospital erbaut, wurde es später Wohnsitz eines Domherrn – »Lord of Prebend of Balernock« tituliert, da er aus dem gleichnamigen Ort Gelder bezog. Diese Bezeichnung wandelte sich dann später zu »Lord of Provan«, wonach das schließlich das Haus benannt worden ist. Mit seinen niedrigen Räumen, der Innenausstattung in dunklem Holz und dem wieder erstandenen mittelalter-

Das heute denkmalgeschützte Gebäude wurde 2006 komplett renoviert. In diesem feuchttropischen Dschungel vergisst man das graue Glasgow.

➕ 196, bei A5 ⊠ 730 Great Western Road ☎ 0141 276 1614 ⊕ tägl. 7 Uhr bis Einbruch der Dämmerung; Wintergarten im Sommer tägl. 10–18, im Winter bis 16.15 Uhr 🍴 Café im Kibble Palace (£) Ⓜ Hillhead ⊙ frei

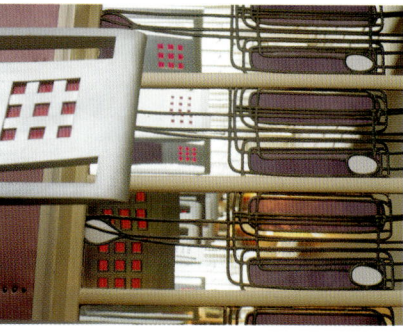

14 Museum of Transport

Highlight dieses Museums ist eine komplett mit Geschäften, Kino und alter U-Bahn-Station aufgebaute Glasgower Straße der 1930er-Jahren. Wer sich für Fahrzeuge interessiert, kann sich auch Fahrräder, Schiffsmodelle, Dampfzüge, Straßenbahnwagons und Autos aus schottischer Produktion vom Beginn des 20. Jahrhunderts ansehen, darunter Exemplare aus der Fabrik von Arrol Johnstone in Dumfries bis hin zum kleinen Hillman Imp, der Sechzigerjahre.

➕ 196, bei A5 ⊠ Kelvin Hall, 1 Bunhouse Road ☎ 0141 287 2720, www.glasgowmuseums.com ⊕ Mo–Do, Sa 10–17, Fr, So 11–17 Uhr 🍴 Café (£) Ⓜ Kelvinhall ⊙ frei

Kibble Palace, das elegante Gewächshaus im Zentrum der Botanic Gardens von Glasgow

---

Von Mackintosh gestaltete Willow Tearooms

12 Glasgow School of Art

Mackintosh gewann 1896 den Wettbewerb zum Neubau der Kunsthochschule und errichtete 1897–1909 ein Gebäude in formstrengem, geometrischen Jugendstil, einschließlich Ausstattung und Mobiliar. Dieses frühe Gesamtkunstwerk gilt gemeinhin als sein Meisterstück, wobei besonders der Nord- und Westflügel exemplarisch die Höhe seines Könnens aufzeigen. Heute noch sitzt man in der Bibliothek auf Mackintosh-Stühlen und kann sich aus Original-Bücherregalen bedienen. Besichtigungen sind nur mit Führung möglich.

➕ 196 B4 ⊠ 167 Renfrew Street ☎ 0141 353 4526; www.gsa.ac.uk ⊕ Führungen Apr.–Sept. tägl. 9.30–16.30, Okt.–März tägl. 10–15 Uhr 🍴 Willow Tearooms (£; ▸ 85, 90) Ⓜ Cowcaddens ⊙ Queens Street ⊙ mittel

13 Botanic Gardens

Seit 1842 gibt es diese Oase der Ruhe im West End von Glasgow. Bei schlechtem Wetter bietet sich ein Besuch des Kibble Palace an, eines riesigen aber eleganten Wintergartens im Zentrum, der 1873 erbaut wurde.

15 The Tall Ship

Die SV *Glenlee* aus dem Jahr 1886, die im Hafen von Glasgow liegt, gehört zu den wenigen Seglern der Clyde-Werft, die noch seetüchtig sind. Vor der Verschrottung gerettet und zu Ausstellungszwecken restauriert, erfährt man viel darüber, wie es früher auf einem Frachtsegler aussah und wie es unter Deck zuging. Es gibt Wechselausstellungen, ein Restaurant und eine Café-Bar.

✚ 196, bei A3 ✉ Yorkhill Quay, 100 Stobcross Raod ☎ 0141 222 2513; www.glenlee.co.uk ⏰ März–Okt. tägl. 10–17; Nov.–Feb. tägl. 10–16 Uhr 🍴 Pumphouse Visitor Centre (£) 🚇 Kelvinhall 🚌 64 🎫 Finnieston 💰 mittel; freier Eintritt für jeweils ein Kind pro Erwachsenem

16 Glasgoe Science Centre

Schwungvoll erhebt sich die Silhouette des futuristischen Baus an den Ufern des River Clyde: Auf der einen Seite ragt der mächtige blaue Finnieston Crane himmelwärts, als Reverenz an Glasgows einst florierende Schwerindustrie, auf der anderen der Glasgow Tower (mit 100 m höchstes freistehendes Gebäude Schottlands). Herzstück des Centre ist die muschelförmige Science Mall mit über 500 meist interaktiven Exponaten: So lasst sich in einem Virtual-Reality-Theater die erstaunliche Komplexität des menschlichen Körpers erfahren – sozusagen unter der Haut. Außerdem kann man auf den Glasgow Tower steigen, sowie das Planetarium und ein IMAX-Filmtheater besuchen.

✚ 196, bei A2 ✉ 50 Pacific Quay ☎ 0141 420 5000; www.glasgowscience centre.org ⏰ tägl. 10–17 Uhr 💰 teuer 🍴 Café (£) 🎫 Exhibition Centre 🚌 Cessnock 🚌 23, 24, 88 und 89

17 Scotland Street School Museum

Die 1904 nach Mackintosh-Entwürfen erbaute Schule ist für Kinder und Erwachsene interessant. In dem Gebäude, das bis 1979 als Lehranstalt diente, finden sich rekonstruierte Klassenräume aus der viktorianischen und edwardianischen Zeit, dem Zweiten Weltkrieg und den 1960er-Jahren, teils auch mit Lehrern und Schülern in zeitgenössischer Bekleidung. Auf dem Schulhof kann man Spielzeug ausprobieren.

✚ 196 A1 ✉ 225 Scotland Street ☎ 0141 287 0500; www.glasgowmuseums.com ⏰ Mo–Do und Sa 10 bis 17, Fr und So 11–17 Uhr 🍴 Museumscafé (£) 🎫 Shields Road 🚌 89, 90 💰 frei

18 House for an Art Lover

Charles Rennie Mackintosh und seine Frau Margaret (▶ 10ff) beteiligten sich 1901 an einem Architekturwettbewerb, der ihnen hinsichtlich Kosten und späterem Nutzer keinerlei Beschränkungen auferlegte. In den Proportionen und in der Licht- und Linienführung war das, was so auf dem Papier entstand, ein Meisterwerk des Jugendstil-Architekten. Doch erst 90 Jahre später wurde nach diesen Entwürfen tatsächlich das »House for an Art Lover« (Haus für einen Kunstliebhaber) erbaut. Der Glasgower Konstrukteur Graham Roxburgh, ein großer Mackintosh-Fan, hatte die Idee dazu, die er in Zusammenarbeit mit dem Stadtrat und der Glasgow School of Art in die Tat umsetze.

Am Ende des 20. Jahrhunderts hatten so moderne Künstler und

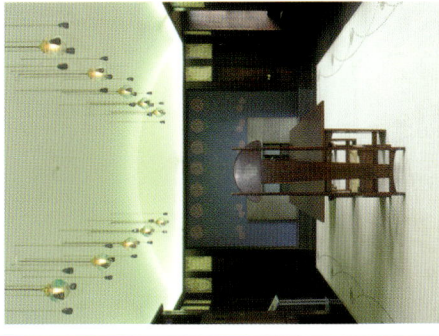

Haus für einen Kunstliebhaber, das ultimative Mackintosh-Design

Handwerker Gelegenheit, mit einem der größten schottischen Architekten zu arbeiten und die Möbel, Stoffe, Wandpaneele und Metallarbeiten herzustellen, mit denen die Räume dekoriert sind. Das 1996 fertig gestellte Haus birgt eine Ausstellungsfläche und dient ferner als Einrichtung für fortgeschrittene Studenten der Glasgow School of Art.

✚ 196, bei A1 ⊠ Bellahouston Park, 10 Dumbreck Road ☎ 0141 353 4770. www.houseforanartlover.co.uk ⊙ April–Sept. Mo–Mi 10–16, Do–So 10–13 Uhr; Okt.–März Sa/So 10–13 Uhr 🍴 Art Lovers' Café (£) 🚇 Ibrox 🚌 9, 36, 38, 54, 56 🚇 Dumbreck 💷 preiswert

19 Hampden Stadium

Dem Fußball ist Glasgow mit Leib und Seele ergeben, wobei es immer wieder teils gewaltsame Auseinandersetzungen zwischen dem katholischen Celtic-Club und den protestantischen Rangers gibt. Im Nationalstadion vom Hampden (einem der ältesten und berühmtesten des Landes) aber sind die Schotten friedlich vereint, und hier ein Spiel der »Tartan Army« anzuschauen, mit all den patriotischen Gesängen über Siege und Niederlagen (auf dem Feld wie auf den Rängen), jagt einem leicht einen Schauer der Ergriffenheit über den Rücken. Es gibt Führungen durch das Stadion, dessen faszinierende Geschichte (sowie die des schotti-

Die kunstvolle Kuppel in Alexander »Greek« Thomsons Holmwood House

schen Fußballsports) man im hauseigenen Museum bestaunen kann – inklusive der Konterfeis namhafter Akteure internationaler Begegnungen, wie Zinedine Zidane und Alfredo.

✚ 196, bei C1 ⊠ Hampden Park, Glasgow G42 9BA ☎ 0141 620 4000. www.hampden park.co.uk ⊙ Mo–Sa 10–17, So 10–17 Uhr (je nach Veranstaltung) 🚉 Mittel 🚇 Mount Florida, King's Park 🚌 5, 7, 12, 31, 37, 44, 75

20 Holmwood House

Alexander »Greek« Thomson gab mit seinen Architekturentwürfen Glasgow ein eigenständiges Gesicht. Holmwood House (1858) in Cathcart gilt als sein wichtigstes Werk. Der Papierfabrikant James Couper ließ ihm bei der Gestaltung freie Hand. Thomson baute das Haus asymmetrisch, mit dem Flachgiebel und den großen Speisezimmerfenstern auf der einen, dem Eingangsgeite. Auf der anderen Seite erweckte er den Eindruck eines runden Eckerfensters, indem er frei stehende Säulen eines griechischen Tempels vor die Fenster platzierte. Das Innere ist im klassizistischen Stil gehalten, mit einer Tapete in Brauntonen, auf der Szenen aus dem Trojanischen Krieg dargestellt sind.

✚ 196, bei C1 ⊠ 61–63 Netherlee Road, Cathcart ☎ 0141 637 2129. www.nts.org.uk ⊙ Ostern–Okt. Do–Mo 12–17 Uhr 🚌 44, 66, 374 🚉 Haltestelle Cathcart 💷 preiswert

Wohin zum ...
Essen und Trinken?

Preise
Pro Person für ein Drei-Gänge-Menü ohne Getränke:
£ unter 15 £   **££** 15–25 £   **£££** über 25 £

RESTAURANTS

Two Fat Ladies at the Buttery ££–£££

Dieses beliebte, alteingesessene Restaurant ist das älteste der Stadt und wurde 1869 eröffnet. Hier wird schottische Küche auf moderne Weise zelebriert. Gemütliches Ambiente mit Eichenpaneelen. Lassen Sie Platz für eines der köstlichen Desserts, wie z. B. die schottische Whiskytorte mit Rumsorbet.
🔲 196 A3 ✉ 652 Argyle Street ☎ 0141 221 8188; www.twofatladiesrestaurant.com 🕐 tägl. mittags und abends

Fratelli Sarti £

Fratelli Sarti, Teil einer kleinen Kette von Familienrestaurants, serviert authentische italienische Küche. Hier gibt es für jeden etwas, vom kleinen Snack bis zur Dreigänge-Schlemmerei.
🔲 196 C4 ✉ 121 Bath Street ☎ 0141 204 0440; www.sarti.co.uk 🕐 Mo– Do 8–22.30, Sa 10–22.30, So 12–22.30 Uhr

Gamba £–££

Eine stilvolle Umgebung sind die Kennzeichen dieses preisgekrönten Keller-Restaurants. Gute Küche mit bestem schottischem Fisch in un-komplizierter Zubereitung und erstklassiger Weinkarte.
🔲 196 B4 ✉ 225a West George Street ☎ 0141 572 0899; www.gamba.co.uk 🕐 Mo–Sa mittags und abends

Hotel du Vin Bistro £££

Hinter großen Erkerfenstern serviert man auf dem großzügigen Gelände eines der luxuriösesten Hotels der Stadt vielfach ausgezeichnete moderne schottische Küche – legendär die Buccleuch-Steaks. Wohl durchdachte Weinkarte. An Wochenenden sollte man unbedingt reservieren.
🔲 196, bei A5 ✉ 1 Devonshire Gardens ☎ 0141 339 2001; www.hotelduvin.com/Glasgow 🕐 tägl. morgens und mittags, So–Fr abends

Malmaison £–££

Das schicke Restaurant liegt in der Krypta einer ehemaligen Kirche, die zu einem Hotel umgebaut wurde. Die Küche serviert moderne französische Küche, von Ziegenkäse über Selleriesoufflé bis hin zum leckeren Schokoladenkuchen und verarbeitet meist regionale und selbst angebaute Produkte.
🔲 197 D3 ✉ 278 West George Street ☎ 0141 572 1001; www.malmaison.com 🕐 tägl. morgens, mittags und abends

Shish Mahal £–££

Schneller und freundlicher Service sowie phantastisches Essen aus Nordindien. Reservieren Sie, vor allem am Wochenende einen Tisch.
🔲 196, bei A5 ✉ 60–68 Park Road ☎ 0141 334 7899; www.shishmahal.co.uk 🕐 mittags Mo–Sa, abends tägl.

Stravaigin ££–£££

Hip und exzentrisch, hier swingt man zu Jazzklängen und wählt aus einer vielseitigen Speisekarte, die Gerichte aus Schottland und Asien anbietet. Probieren Sie das vietnamesische geräucherte Hähnchen mit Mango und Ingwer, Grapefruit und Minzsalat mit Chilli-Erdnuss-Dressing. Die Weinkarte ist umfangreich.
🔲 197 F2 ✉ 30 Gibson Street ☎ 0141 334 2665; www.stravaigin.com 🕐 Fr–So abends, mittags tägl.,

Ubiquitous Chip £££

Auch nach 30 Jahren geht im Chip mit dem überdachten Innenhof immer noch die Post ab. Auf innovative Weise bietet man schottische Klassiker wie biologisch gezüchteten Lachs, freilaufende Perthsire Schweine oder *Haggis* vom Reh.

🏠 196, bei A5 ✉ 12 Ashton Lane
☎ 0141 334 5007; www.ubiquitouschip.co.uk
🕐 tägl. mittags und abends

CAFÉS/TEESTUBEN

The 13th Note Café £

Eine ungewöhnliche Kombination aus Musikhalle und Café. Hier werden gentechnisch unveränderte Lebensmittel serviert, der Ort ist bei Konzert-Besuchern und Familien gleichermaßen beliebt. Die Gigs finden im Untergeschoss statt (Zutritt ab 18), während im Café und in der Kunstgalerie bis 18.30 Uhr auch Kinder willkommen sind. Angeboten werden hausgemachte Kroketten und Frühlingsrollen, Gemüsecurry und süßsaurer Tofu.

🏠 197 D2 ✉ 50–60 King Street
☎ 0141 553 1638; www.13thnote.co.uk
🕐 tägl. 12–24 Uhr

Café Gandolfi £

Das alteingesessene Café Gandolfi wird wegen seiner lebendigen, unkomplizierten Atmosphäre geschätzt. Die Glasmalereien und die Inneneinrichtung aus Holz stehen im Kontrast zur phantasievollen, modernen Küche; auch Teestube.

🏠 197 E3 ✉ 64 Albion Street
☎ 0141 552 6813; www.cafegandolfi.com
🕐 Mo–Sa 9–23.30, So 12–23.30 Uhr

Miss Cranston's £

Teestuben sind eine vornehme Glasgower Institution. Diese wurde schon 1886 geöffnet und ist eine der besten. Oberhalb der Bradbury Bäckerei gelegen, bietet sich ein herrlicher Ausblicke durch die hohen Fenster.

🏠 196 C3 ✉ 33 Gordon Street
☎ 0141 204 1122; www.misscranstons.com
🕐 Mo–Sa 8.30–17.30 Uhr

Tibo £

Ein »Café«, wie man es in Glasgow liebt: mit deftigem Frühstück, opulentem Brunch oder leckeren Gerichten zum Mittagessen. Hier kehrt man auch zu Kaffee und Kuchen ein oder einer Kleinigkeit am Abend mit einer Flasche Wein. Schickes Ambiente und günstige Preise unterscheiden es von vergleichbaren Adressen.

🏠 außerhalb 197 östlich der Duke Street
✉ 443 Duke Street ☎ 0141 550 2050;
www.cafetibo.com 🕐 So–Di 10–10 Uhr,
Mi–Sa 10–11 Uhr

Willow Tearooms £

Willow Tearooms war einst eine von mehreren schrulligen Teestuben von Charles Rennie Mackintosh. Der restaurierte Room de Luxe funkelt im Glanz der Spiegel, farbigen Fenster und Möbel in Flieder und Silber. Genießen Sie eine von 30 Teemischungen mit Kuchen oder Gebäck.

🏠 196 B4 ✉ 217 Sauchiehall Street
☎ 0141 332 0521; www.willowtearooms.co.uk
🕐 Mo–Sa 9–17, So 11–16.15 Uhr

PUBS

Babbity Bowster £

Dieser berühmte Pub liegt in der Blackfriars Street, westlich vom Saltmarket Das stilvolle Stadthaus aus dem 18. Jahrhunderts wurde von Robert Adam entworfen. Im Angebot sind verschiedene traditionell gebraute Biere. Samstagsabends mit Folkmusik.

🏠 197 E3 ✉ 16–18 Blackfriars Street
☎ 0141 552 5055; www.babbity.com
🕐 Mo–Sa 11–24, So 12.30–24 Uhr

Rab Ha's £–££

Im Herzen der Merchant City liegt dieses renovierte viktorianische Hotel mit Bar und einer Auswahl an speziellen Bieren. Zum Essen an der Bar gibt es *Haggis* mit Steckrüben und Kartoffelbrei oder Wildpilz-Risotto mit Rucola. Das Restaurant bietet eine ausführlichere Speisekarte.

🏠 197 D3 ✉ 83 Hutcheson Street
☎ 0141 572 0400; www.rabhas.com
🕐 Mon–Sa 12–24, So 12.30–24 Uhr

Wohin zum ... Übernachten?

Preise
Pro Person und Nacht im Doppelzimmer inklusive englischem Frühstück.
£ unter 50 £   **££** 50–90 £   **£££** über 90 £

Abode Hotel £££

Das Hotel, einst ein Regierungsgebäude, wurde mit unkonventionellen Möbeln, schönen Badezimmern und den neuesten technischen Spielereien herausgeputzt. Das Essen ist eine weitere Stärke – geboren wird ein von Michael Caines geleitetes Restaurant und eine stilvolle Bar. Günstige Familienzimmer.

✚ 196, C4 ⊠ 129 Bath Street ☎ 0141 221 6789, www.abodehotels.co.uk

Blythswood Square £££

Unter Leitung derselben Besitzer wie das Howard und das Bonham (◄ 64, 63), avancierte diese erst 2009 eröffnete luxuriöse Unterkunft im Zentrum Edinburghs zur ernsthaften Konkurrenz für das führende Hotelgewerbe. Hinter repräsentativer Fassade verbergen sich 100 komfortable Gästezimmer, Spa, mehrere Bars und ein Restaurant.

✚ 196 B4 ⊠ Blythswood Square ☎ 0141 208 2458, www.blythswoodsquare.com

Crowne Plaza ££

Das an der Glasfassade leicht erkennbare Crowne Plaza gehört zu den höchsten Gebäuden in Schottland. Es wurde auf den alten Queen's Docks neben dem Scottish Exhibition Centre erbaut und bietet einen schönen Blick über den Clyde. In beiden Restaurants ruft ein riesiges Wandgemälde die Erinnerung an die Clyde-Werften wach. Das Hotel beherbergt den Waterside Gesundheits- und Freizeitclub. Die meisten der großzügigen Zimmer bieten einen Panoramablick über den Fluss und die Stadt.

✚ 196, bei A3 ⊠ Congress Road ☎ 0871 942 9091, www.crowneplaza.com

Georgian House Hotel £–££

Die Einrichtung dieses kleinen Hotels ist schlicht, aber das Preis-Leistungs-Verhältnis ist gut. Es liegt mitten in einer ruhigen, von Bäumen gesäumten Straße mit Reihenhäusern nahe dem botanischen Garten (► 86). Von den elf modern eingerichteten Zimmern haben die meisten ein eigenes Bad. Frühstück wird im ersten Stock serviert.

✚ 196, bei A5 ⊠ 29 Buckingham Terrace, Great Western Road, Kelvinside ☎ 0141 339 0008, www.thegeorgianhousehotel.com

Glasgow Marriott £££

In Nähe des Stadtzentrums (erreichbar über Ausfahrt 19 der M8) gelegen, mit schicker Bar-Lounge im Erdgeschoss, einem zwanglosen Café und einem Restaurant von hohem Standard. Es gibt außerdem einen Freizeitclub mit Fitnessraum und Swimmingpool, Kosmetiksalon und Friseur. Die klimatisierten Standardzimmer bieten ein großzügiges Bett, Frühstücks- und Schreibtisch sowie genügend Raum fürs Gepäck. Wer es sich leisten kann, nimmt eine Suite.

✚ 196 A3 ⊠ 500 Argyle Street, Anderston ☎ 0141 226 5517, www.marriott.com

Holiday Inn £££–£££

Gegenüber der Royal Concert Hall gelegen, ist dieses große und moderne Hotel geeignet, wenn Sie nahe am Zentrum wohnen wollen. Die Aufmachung ist zeitgemäß. Ein beliebtes französisches Restaurant sowie Bar und Wintergarten ergänzen das Angebot.

✚ 196 C4 ⊠ 161 West Nile Street ☎ 0800 556 5565, www.higlasgow.com

Hotel Du Vin £££

Zweifellos gehört das Du Vin zu den imposantesten Spitzenhotels in Schottland. Drei herrliche viktorianische Stadthäuser hat man so miteinander verbunden, dass sie eine Einheit bilden, mit schlichten, wohl überlegten Details. Jedes der 49 Zimmer ist individuell eingerichtet und bietet Extras wie CD-Player, großzügige Betten, tiefe Badewannen, frische Blumen, Bücher, Zeitschriften und Bademäntel.

🏨 196, bei A5 ✉ 1 Devonshire Gardens
☎ 0141 339 2001; www.hotelduvin.co.uk

Kelvingrove Hotel £–££

Etwas westlich vom Zentrum und nahe des Kelvingrove Museums gelegen, ist dieses schicke, privat geführte Hotel Teil einer viktorianischen Häuserreihe. Von den 22 Zimmern sind fünf für Familien geeignet. Der Service ist freundlich und die Rezeption rund um die Uhr besetzt. Das Frühstück wird in einem hellen Speisesaal serviert.

🏨 196, bei A5 ✉ 944 Sauchiehall Street
☎ 0141 339 5011;
www.kelvingrove-hotel.co.uk

Malmaison ££–£££

Dieses Schwesterhotel des Namensvetters in Edinburgh gehört zu einer kleinen Kette von Designer-Hotels. Alle 72 Zimmer sind stilvoll eingerichtet und bieten Extras wie CD-Player und Kabel-TV. Die Küche hat einen sehr guten Ruf: Die Brasserie im Keller (➤ 89) strahlt Clubatmosphäre aus. Nach dem Essen können Sie im Fitnessraum Sport treiben.

🏨 196 B4 ✉ 278 West George Street
☎ 0141 572 1000;
www.malmaisonglasgow.com

Millennium Hotel Glasgow ££–£££

Zentraler als in diesem stattlichen Hotel auf dem George Square wohnen Sie nirgendwo sonst in Glasgow. Die prachtvolle viktorianische Fassade steht gänzlich im Widerspruch zum zeitgemäßen Interieur. Es warten 117 gut ausgestattete Zimmer, eine Brasserie und eine separate Weinbar auf Sie.

🏨 197 D3 ✉ George Square
☎ 0141 332 6711;
www.millenniumhotels.com

Novotel Glasgow Centre ££

Dieses Innenstadthotel nahe dem silbernen SECC »Armadillo«-Gebäude gehört zu einer bekannten Kette. Sie treffen hier sowohl Geschäftsreisende als auch Urlauber. Die Zimmer haben eine heitere Atmosphäre und sind gut ausgestattet. Zum Angebot gehören eine Brasserie sowie ein Fitnessstudio mit Sauna. Parken ist eingeschränkt möglich.

🏨 196 B4 ✉ 181 Pitt Street
☎ 0141 222 2775;
www.novotel.com

Radisson SAS Glasgow £££

In diesem Hotel in zentraler Lage gegenüber dem Hauptbahnhof finden Sie Komfort. Ein großes Atrium mit viel Glas und Holz bildet den Mittelpunkt des Gebäudes. Von diesem aus gelangen Sie in die Lobby, die beiden Bars und die beiden Restaurants. Die 250 Zimmer haben alle Klimaanlage, schnellen Internet-Zugang, Safe, Sat-TV und Minibar. Ein Sportstudio, Schwimmbad und Sauna runden das Angebot ab.

🏨 196 C3 ✉ 301 Argyle Street
☎ 0141 204 3333;
www.glasgow.radissonsas.com

Victorian House £

Dieses Gästehaus ist gut geeignet, wenn Sie schnell in der Sauchiehall Street und der berühmten Glasgow School of Arts sein möchten. Die in Größe und Ausstattung unterschiedlichen 58 Zimmer haben meist ein eigenes Bad, einige sind mit Holzparkett ausgestattet. Es gibt einen Frühstücks- und Speisesaal, in dem Sie sich am Büfett bedienen können.

🏨 196 B4 ✉ 212 Renfrew Street
☎ 0141 332 0129;
www.thevictorian.co.uk

Wohin zum ...
Einkaufen?

Die meisten Geschäfte sind von 9/9.30–17.30/18 Uhr geöffnet, viele auch bis 19 oder 20 Uhr. Manche Geschäfte öffnen sonntags, dann vor allem nachmittags.

Argyle Street, Buchanan Street und **Sauchiehall Street**, das »Golden Z«, ist zweifellos *die* schottische Einkaufsmeile mit dem nach London besten Angebot in Großbritannien.

PASSAGEN & EINKAUFSZENTREN

Die **Buchanan Galleries** (220 Buchanan Street; Tel. 0141 333 9898) sind eine erstklassige Einkaufspassage mit einer Niederlassung von John Lewis. Das **St Enoch Centre** (55 St Enoch Square; Tel. 0141 204 3900) beherbergt eine Vielzahl von Shops. **Merchant Square** (Tel. 0141 552 3038) ist ein kleines Einkaufszentrum in Merchant City mit dem exklusiven Gift Merchant Shop sowie Restaurants und Bars. Anspruchsvoller ist das Angebot im **Princes Square** (38–42 Buchanan Street; Tel. 0141 221 0324; www.princessquare.co.uk). Im **Victorian Village** (93 West Regent Street; Tel. 0141 332 9808; www.victorianvillageantiques.co.uk) gibt es Antiquitätenläden.

KLEIDUNG

Die teuren Boutiquen des **Italian Centre** in der Ingram Street führen Designerware. **Cruise** (180–87 Ingram Street; Tel. 0141 572 3232; www.cruisefashion.co.uk) bietet Markenkleidung für Damen und Herren. Designer-Klamotten zu erschwinglichen Preisen finden Sie bei **TK Maxx** (Sauchiehall Street; Tel. 0141 331 0411). Im **High and Mighty** (17 Trongate; Tel. 0141 553 1081) können sich Männer mit großen Größen einkleiden. **Soletrader** (164a Buchanan Street; Tel. 0141 353 3022) ist eine gute Adresse für Schuhe. **Slater Menswear** (165 Howard Street; Tel. 0141 552 7171) hat mehr als 17 000 Anzüge auf Lager. **Slanj of Scotland** (67 St. Vincent Street; Tel. 0141 248 7770) verkauft Kilts – auch aus schwarzem Leder – und T-Shirts.

BÜCHER

Das fünfgeschossigen **Waterstone's** (153–57 Sauchiehall Street; Tel. 0141 332 9105) hat ein Internet-Café und Leseinseln. **Borders** (98 Buchanan Street; Tel. 0141 222 7700) ist seit jeher beliebt. **Voltaire & Rousseau** (12–14 Otago Lane; Tel. 0141 339 1811) und **Caledonia Books** (483 Great Western Road; Tel. 0141 334 9663) verkaufen Antiquarisches.

ESSEN UND TRINKEN

Whisky finden Sie bei **Cask and Still** (154 Hope Street; Tel. 0141 353 7420) oder im **Whisky Shop** (Buchanan Galleries; Tel. 0141 331 0022) beim Princes Square, Delikatessen bei **Peckham's** (61–65 Glassford Street, Tel. 0141 553 0666 und 100 Byres Road, Tel. 0141 357 1454).

SCHMUCK

Die **Argyle Arcade**, die die Argyle Street mit der Buchanan Street verbindet, besteht quasi aus Schmuckgeschäften. **Henderson The Jeweller** bietet Silberschmuck im Mackintosh-Design.

KUNST

Lokale und nationale Künstler stellen ihre Arbeiten in der **Merchant Gate Gallery** (111 Saltmarket; Tel. 0141 552 5847) aus. Hier können Sie auch Drucke und Gemälde rahmen lassen.

Wohin zum...
Ausgehen?

KINO

Das **Odeon Quay** (Springfield Quay, Paisley Road; Tel. 0871 224 4007) zeigt in seinen 12 Kinos neu angelaufene Filme, das **Glasgow Film Theatre** (12 Rose Street, Tel. 0141 332 6535, www.gft.org.uk) in einem Art-déco-Gebäude, Independent und Arthouse-Filme.

THEATER UND MUSIK

Viele der schönen alten Theater in Glasgow sind geschlossen oder abgerissen. Das **Citizens** (119 Gorbals Street; Tel. 01441 429 0022, www.citz.co.uk) ist die beste Bühne Schottlands. Sie hat von Komödien aus der Restaurationszeit bis zu neuesten Werken alles im Repertoire. Das

Tron (63 Trongate; Tel. 01441 552 4267) übernimmt Produktionen kleiner Wanderbühnen, bietet aber auch eigene Shows, Livemusik und Komödien. Im **Theatre Royal** (282 Hope Street; Tel. 0844 871 7647; www.ambassadortickets.com) werden Opern, Ballett und anspruchsvolle Theaterstücke gegeben, während im **King's Theatre** (297 Bath Street; Tel. 0844 871 7648; www.ambassadortickets.com) eher Musicals auf dem Programm stehen, in den Wintermonaten Pantomime. Die **Royal Concert Hall** (2 Sauchiehall Street; Tel. 0141 353 8000; www.glasgowconcerthalls.com) ist Sitz des Royal Scottish National Orchestra, aber auch Rock- und Popstars treten hier auf. Im Januar findet hier die Celtic Connections

statt (▶ 16f). Im **St Andrew's in the Square** venue (1 St Andrew's Square; Tel. 0141 548 6020) werden das ganze Jahr über Konzerte und *ceilidhs* veranstaltet.

PUBS UND CLUBS

Die Kneipenszene ist umwerfend: Sie finden Trendbars in der Merchant City, Studententreffs im West End und traditionelle Arbeiterlokale. Versäumen Sie nicht das **Saracen's Head** (209 Gallowgate; Tel. 0141 552 9306), das an die guten alten Zeiten erinnert. Die **Scotia Bar** (112 Stockwell Street; Tel. 0141 552 8681), das **Barga** und das **Babbity Bowster** (▶ 90) in der Merchant City sowie **The Curlers** (256–60 Byers Road; Tel. 011 341 0737) im West End sind ebenfalls empfehlenswert.

Glasgow verfügt über eine sehr lebendige Rock- und Popszene. Im **King Tut's Wah Wah Hut** (272a St Vincent Street; Tel. 01441 221 5279) treten Bands auf, hin und wieder lassen sich namhafte Acts blicken.

Das **Scotia** und das **Babbity Bowster** sind für Folklore- und Celtic-Music-Enthusiasten erste Wahl.

Tanzen wird Glasgow groß geschrieben. Damit ist nicht nur Hip-Hop und House gemeint – es gibt auch eine lebendige Indie-, Rock- und *ceilidh*-Tanzszene. Gute Tanzlokale sind **The Garage** (490 Sauchiehall Street; Tel. 0141 332 1120) der **Sub Club** (22 Jamaica Street; Tel. 0141 248 4600), **Chinaski's** (239 North Street; Tel. 0141 221 0061) und **Blanket** (520 Sauchiehall Street; Tel. 0141 332 0755) sowie **Arches** (253 Argyle Street; Tel. 0141 565 1000).

Im Zweiwochenrhythmus erscheinent der an jedem Kiosk erhältliche Veranstaltungskalender *The List*. Die *Glasgow Evening Times* gibt täglich Veranstaltungshinweise, die Wochenendbeilage des *Herald* enthält eine Wochenvorschau auf Veranstaltungen in ganz Großbritannien.

Der Süden Schottlands

Erste Orientierung

Der Süden ist der schönste, aber am wenigsten besuchte Teil Schotlands, mit Schlössern, Türmen und verfallenen Abteien, die in wogende Hügel und ins idyllische Tiefland eingebettet sind. Der Reiz der Felsbuchten und Sandstrände wird durch die großartigen Sonnenuntergänge noch verstärkt, die die Inseln im Westen in ein goldenes Licht tauchen. Im Landesinneren sind die Galloway Hills mit ihrer wilden Landschaft und die ausgedehnten Waldgebiete ein Paradies für Bergwanderer; besonders im Frühling und im Herbst.

Die meisten Besucher rasen auf dem Weg nach Edinburgh, Glasgow oder in die Highlands vorbei und übersehen das verborgene Land jenseits der Autobahn.

Seite 95: Die
Wasserfälle
von Clyde, New
Lanark

Links: Die
Rosslyn Chapel
südlich von
Edinburgh

Holy Island, direkt vor der Küste der Insel Arran

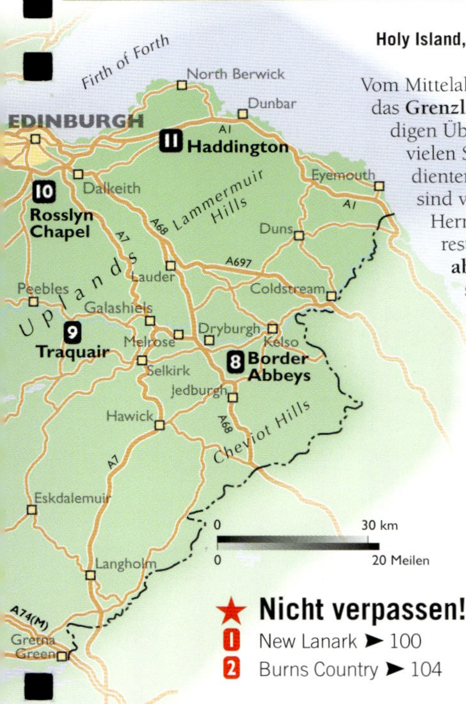

Vom Mittelalter bis ins 17. Jahrhundert war das **Grenzland** eine wilde Region mit ständigen Überfällen und Clan-Fehden. Die vielen Steintürme boten Schutz und dienten als Frühwarnsystem. Einige sind verfallen, andere wurden in Herrensitze integriert, wieder andere restauriert. Die großen **Grenzabteien** (▶ 110), heute malerische Ruinen, zeugen von Macht und Reichtum der Kirche vor der Reformation.

Dies war die Heimat von **Robert the Bruce**. Mit guerillaartigen Angriffen machte er in den Unabhängigkeitskriegen von 1296 bis zur englischen Niederlage in **Bannockburn** 1314 (▶ 24ff), Jagd auf Engländer.

Auch die Industrie hat Spuren hinterlassen. In **Kilmarnock** standen die Fabriken einst dicht an dicht, heute wird kaum mehr produziert als Whisky, den Johnny Walker hier erstmals in einem Hinterhofladen seines Lebensmittelbetriebs mischte. **Darvel** und **Newmilns** im Irvine-Tal sind Überbleibsel der einst florierenden Spitzenproduktion, die noch heute auf Maschinen aus dem 19. Jahrhundert, weiterlebt. In **New Lanark** konnte ein kompletter Industriekomplex erhalten werden, in **Wanlockhead** gibt es ein hervorragendes Bergbaumuseum mitsamt ehemaligen Bergwerkschacht.

Firth of Forth

North Berwick

Dunbar

Eyemouth

A1

A1

Haddington ⓫

EDINBURGH

Dalkeith

A7

Rosslyn Chapel ❿

Peebles

Galashiels

Lauder

U P L A N D S

Traquair ❾

Lammermuir Hills

A697

Duns

Coldstream

Kelso

Dryburgh

Jedburgh

Melrose

Selkirk

Hawick

Cheviot Hills

A68

A68

A7

A7

Border Abbeys ❽

Langholm

Eskdalemuir

A7

A74(M)

Gretna Green

30 km

20 Meilen

0

0

In drei Tagen

Die folgende Route ist eine Möglichkeit, wie Sie einige der interessantesten Sehenswürdigkeiten im Süden Schottlands in drei Tagen abklappern können. Nutzen Sie die Karte (▶ 96f) zur Orientierung, die einzelnen Highlights werden im Folgenden (▶ 100ff) näher beschrieben.

Erster Tag

Vormittags

Verlassen Sie Glasgow oder Edinburgh über die Autobahn M8, nehmen Sie die Ausfahrt Coatbridge an der J8 bzw. J6, und verbringen Sie eine Stunde im **3 Summerlee Heritage Park** (▶ 108). Fahren Sie die M74 südwärts nach **1 New Lanark** (▶ 100f), und erkunden Sie die alten Baumwollfabriken und Häuser des idealistischen Industriellen Robert Owen. Wandern Sie bei schönem Wetter flussaufwärts zu den Clyde-Fällen.

Nachmittags

Nehmen Sie nach einer späten Mahlzeit in der Teestube von New Lanark die A72 nach **4 Biggar**, das eine erstaunliche Zahl Museen beherbergt (▶ 108), darunter sogar ein Museum der örtlichen Gaswerke.

Das Victorian Puppet Theatre Museum ist ein Muss, besonders wenn eine Aufführung von **Purves Puppets** stattfindet. Wenn genug Zeit bleibt, lohnen auch das **Moat Park Heritage Centre** und das **Gladstone Court Museum** (mit einer wieder aufgebauten alten Apotheke, Abb. unten) einen Besuch. Kehren Sie auf die A72 zurück und fahren auf der A70 nach **Ayr**, wo Sie in **Fouters** (▶ 112) ein hervorragendes Abendessen genießen können. Übernachten Sie in Ayr.

Zweiter Tag

Vormittags
Südlich von Ayr liegt in Alloway der ❷ **Burns National Heritage Park** (▶ 104ff). Schauen Sie die Tam o' Shanters Experience an und erkunden Burns' Cottage, die Auld Haunted Kirk (links) und die Brig o' Doon. Weiter geht es südwärts auf der A719 zur malerischen Küstenstraße nach Culzean. Genießen Sie den Ausblick auf Arran und die Halbinsel Kintyre. Machen Sie einen Abstecher zum kleinen Fischerhafen **Dunure**. Halten Sie bei Croy Ausschau nach der »Electric Brae«: Dort scheint Ihr Auto den Hügel hinaufzurollen. Verbringen Sie den Rest des Vormittags in ❻ **Culzean Castle and Country Park** (▶ 109f).

Nachmittags
Südwärts geht es auf der A70 und A76 über **Ellisland Farm** nach **Dumfries**. Hier können Sie das **Robert Burns Centre**, Burns' House und sein **Mausoleum auf dem Friedhof von St. Michael** besuchen. Trinken Sie einen Kaffee im **Gracefield Arts Centre** an der Edinburgh Road, besuchen Sie die Ausstellung, und stöbern Sie in dem kleinen Kunstgewerbeladen.

Dritter Tag

Vormittags
Fahren Sie die die kurvenreiche A709, B7068, A7 und A698 Strecke durch herrliches Weideland, über Hügel entlang an Flüssen über Lockerbie, Langholm und Hawick nach **Jedburgh** mit seiner Abtei (▶ 110); Mittagessen bei **Simply Scottish** in der High Street.

Nachmittags
Nordwärts auf der A68 nach **Melrose** mit einem kurzen Blick auf die Abtei und in die putzigen kleinen Läden. Dann nach Westen auf der A72 nach Innerleithen und zum ältesten, durchgehend bewohnten Haus Schottlands in ❾ **Traquair** (▶ 110f). Wenn noch Zeit ist, fahren Sie auf der A703 und A701 nordwärts zur ❿ **Rosslyn Chapel** (rechts: die »Prentice Pillar«, ▶ 111).

New Lanark

Die ehemaligen Unterkünfte der Arbeiter von New Lanark

Der Kaufmann David Dale errichtete ab 1785 seine Baumwollfabriken in New Lanark um das durch die Schlucht schießende Wasser des Clyde zum Antrieb zu nutzen. Die hellen Sandsteingebäude boten einen willkommenen Kontrast zu den üblichen Elendsquartieren der Arbeiterschaft. Die in großer Zahl aus dem Norden vertriebenen Highlanders fühlten sich in dieser ländlichen Umgebung der Heimat näher als in Glasgow.

Beim Abstieg vom Parkplatz wird Sie der Anblick der idyllisch am Ufer des Clyde gelegenen Siedlung New Lanark zum Verweilen bringen. Die Gebäude wurden seit ihrer Vollendung Anfang des 19. Jahrhunderts kaum verändert und beeindrucken durch klassische Schlichtheit. Die entlang des Flusses stehenden massiven Gebäude der Baumwollspinnereien, der Kanal, der sie mit Wasserkraft antreibt, und die Reihen der Arbeiterwohnungen bieten jedoch alles andere als eine dörfliche Szenerie. Bei der Erkundung der Siedlung wird klar, wie hier industrielle Effizienz und Gemeinsinn eine Verbindung eingegangen sind.

Anfangs arbeiteten hier etwa 400 Erwachsene und 800 Kinder aus den örtlichen Waisenhäusern, einige kaum älter als fünf oder sechs Jahre. Kinderarbeit war damals die Norm, doch in dieser Welt wie aus einem Dickens-Roman waren die Kinder hinsichtlich Hygiene, Kleidung, Erziehung und Ernährung immerhin gut versorgt.

VOM LEHRLING ZUM KAUFMANN

David Dale (1739–1806) begann als Weberlehrling in Paisley und bevor er Stellvertreter eines Webers später Kaufmann in Glasgow wurde. Mit seinem Partner, dem Erfinder Richard Arkwright (1732–92), gründete er die Baumwollspinnereien in New Lanark.

Im Dorf-
geschäft von
Owen konnten
die Arbeiter
günstig
einkaufen

Soziales Experiment

Das **Besucherzentrum** von New Lanark ist im **Institute for the Formation of Character** untergebracht, das 30 Jahre später Dales Schwiegersohn, der walisische Industrielle und Sozialreformer Robert Owen (1771–1858), erbaute. Es gehörte zum »wichtigsten Experiment, das jemals irgendwo in der Welt durchgeführt wurde, um der menschlichen Rasse Glück zu bringen«, und war der soziale Mittelpunkt von New Lanark, einer Gemeinde von 2500 Mitgliedern. Es war mit einer Bibliothek und einem Lesesaal ausgestattet und wurde für Erwachsenenbildung, Konzerte, zum Kegeln und Tanzen, für Hochzeitsfeiern, aber auch als Werkskantine und religiöser Versammlungsort genutzt. Heute beherbergt es das audiovisuelle **Millennium Experience**: ein junges Mädchen aus der Zukunft mit Namen Harmony erklärt, wie Robert Owens utopische Ideen und Ziele das Projekt New Lanark hervorbrachten.

Owen weigerte sich, Kinder unter zehn Jahren zu beschäftigen, sorgte jedoch durch die Einrichtung einer Krippe dafür, dass ihre Mütter arbeiten konnten. Die Kinder wurden bis zum zehnten oder zwölften Lebensjahr einer umfassenden Ausbildung unterzogen. Tanz und Gesang standen bei der Erziehung im Vordergrund, und Bestrafungen waren ebenso verboten wie Belohnungen. Tausende kamen in den folgenden Jahren nach New Lanark, um Owens Experiment zu beobachten. Seine Konkurrenten straften ihn mit Verachtung, denn sie gingen davon aus, dass sein Unternehmen bald zusammenbrechen würde – doch zu ihrer Überraschung florierte es. Damit bestätigte sich Owens Glaube, dass eine unter angenehmen Bedingungen lebende Arbeiterschaft zufriedener und effizienter sei, und wiederum dem Unternehmen zugute komme.

Im **Krämerladen**, dessen Preise dank Owen unterhalb der sonst üblichen relativ hohen Forderungen lagen, können Sie heute Waren für den alltäglichen Bedarf aus den Zwanzigerjahren kaufen, etwa Emailgeschirr; und in der angrenzenden Abteilung können Sie sehen, wie unterschiedlich das Angebot vor 100 Jahren war. Im nahe gelegenen **Haus der Baumwollarbeiter** sind Einrichtungen zu besichtigen, die die Lebensumstände im 19. und 20. Jahrhundert verdeutlichen.

NEW LANARK: INSIDER-INFO

Außerdem: Wenn Sie Zeit haben, besuchen Sie auch das **Falls of Clyde Wildlife Reserve** des schottischen Wildlife Trust. Der Clyde schießt durch die Schlucht über eine Reihe von Wasserfällen, darunter die spektakuläre 26 Meter hohe Corra Linn. Dachse, Füchse und Rehe sind hier heimisch. Im Frühjahr und Sommer bietet sich Gelegenheit zur Beobachtung von Wanderfalken von einer Station auf der Höhe ihres Horstes jenseits der Schlucht. Ein neuer Dachgarten auf der Mile No. 2 bietet auch Wildtierskulpturen und Blicke auf die Wasserfälle.

Muss nicht sein! Robert Owens Haus ist nicht so interessant wie der übrige Komplex.

Die Spinnerei

In der **Fabrik** finden sich einige funktionstüchtige Maschinen, die einst in all diesen massiven Gebäuden standen. Im 19. Jahrhundert ersetzten sie die Arbeit von hunderten von Webern.

Nach der Schließung der Baumwollfabrik 1968 begann New Lanark rasch zu verfallen, und der ganze Komplex sollte schon abgerissen werden, als 1973 der **New Lanark Conservation Trust** gegründet wurde und ein aufwändiges Renovierungsprogramm begann. Die Mietskasernen wurden in moderne Apartements umgebaut, aus der ehemaligen **Mill No 1** wurde ein Luxushotel, wo früher die Baumwolle gelagert wurde entstanden Ferienwohnungen. Aufgrund seiner historischen Bedeutung wurde New Lanark als Weltkulturerbe in die Unesco-Liste aufgenommen.

KLEINE PAUSE

Owen's Warehouse bietet Snacks und Häppchen zu vernünftigen Preisen. In der ehemaligen **Speisekammer** der Spinnerei öffnet von 10–17 Uhr ein Kiosk.

New Lanark World Heritage Site

✚ 199 D3 ⊠ Lanark ☎ 01555 661 345; www.newlanark.org.uk
🕐 Sept.–Juni 11–17, Juli–Aug. 10.30–17 Uhr ⑪ Café (£) 💰 mittel

Falls of Clyde Wildlife Reserve

✚ 199 D3 ⊠ Scottish Wildlife Trust's Visitor Centre,
The Old Dyeworks, New Lanark ☎ 01555 665 262; www.swt.org.uk
🕐 tägl. bis Einbruch der Dunkelheit; Besucherzentrum März–Dez. 11–17,
Jan./Feb. 12–16 Uhr 💰 preiswert

Links: Die ehemaligen Unterkünfte der Arbeiter wurden in moderne Apartements umgewandelt

Unten: Das Hauptgebäude der Spinnerei in idyllischer Lage am Fluss Clyde

2 Burns Country

Der schottische Nationaldichter Robert Burns (1759–96) in einer »alten Lehmhütte« wurde in der Nähe des Doon geboren. Im Südwesten Schottlands stößt man auf Hunderte ähnlicher Häuschen, die mit ihrem Reetdach, den dicken Mauern und winzigen Fenstern vor dem grimmigen Winter Schutz boten. Das Burns-Cottage wurde in seinen Urzustand zurückversetzt, in ihm befindet sich das Originalmanuskript von *Auld Lang Syne*. Die Cottages würde Burns wohl noch wiedererkennen, doch aus der sumpfigen Heidelandschaft, von deren Erträgen er sich mühsam ernährte, wurde fruchtbares Ackerland.

Alloway

Beginnen Sie am **Besucherzentrum** in Alloway. Nach einem Video über Burns' Leben und einem hervorragenden Film über seiner berühmten Verserzählung *Tam o' Shanter* gelangen Sie auf Tams Spuren zur »**Alloway's Auld Haunted Kirk**« und dem alten **Brig o' Doon.** Burns' Eltern sind auf dem alten Friedhof begraben, er selbst nahm häufig den Weg über die Brücke zum Carrick-Ufer.

Burns wuchs mit den Märchen und Legenden auf, die ihm seine Mutter Agnes Broun erzählte. Sie stammte aus dem 23 km südlich von Ayr an der A77 gelegenen Dorf Kirkoswald. Hier ging Robert zur Schule und begegnete den Typen, die er später

Die Devorgilla's Bridge über den Nith, über die man seit alters nach Dumfries gelangte

Die Statue von Burns steht vor der Greyfriars Church in Dumfries

in seinen Werken verewigte. Ihre Grabsteine finden sich auf dem Friedhof der verfallenen Dorfkirche aus der Zeit vor der Reformation. Nach Douglas Graham vom Shanter-Hof ist die Figur des Tam gestaltet ist. »Schuster Jan, sein alter, durstiger Kumpan« – der Dorfschuster John Davidson –, ist ganz in der Nähe begraben. Sein **Häuschen** und seine **Werkstatt** gegenüber vom Kirchhof sind mitsamt Handwerkszeug und Statuen von Tam und dem Schuster restauriert.

Kilmarnock

Fahren Sie nordwärts nach **Kilmarnock**. In der Druckerei von John Wilson wurde 1786 der erste Band mit Gedichten von Burns gedruckt.

In **Dean Castle** findet sich ein seltenes Exemplar der original Kilmarnock-Ausgabe. Im Jahr darauf zog Burns ein Stück weiter auf einen Hof in Mossgiel bei **Mauchline** und verfasste dort eines seiner populärsten Gedichte. *An eine Maus*, nachdem er beim Pflügen den Bau einer Feldmaus zu Tage gefördert hatte.

Mauchline

In Mauchline lernte Burns seine künftige Ehefrau Jean Armour kennen und geriet regelmäßig mit dem Kirchenvorstand in Konflikt, der die Moral der Gemeindemitglieder in Frage stellte und entsprechende Strafen verhängte. Burns revanchierte sich mit satirischen Versen. Auf dem Friedhof befindet sich das Grab von Willie Fisher, dem bösartigen Kirchenältesten, über den sich Burns in *Das Gebet des heiligen Willie* lustig machte, nachdem dieser nach einem Saufgelage in einem Bach ertrank. Willie war oft Gast in **Poosie Nancie's Inn** in Mauchline, immer noch wert auf einen kleinen Schluck einzukehren, bevor es weitergeht.

Dumfries

Die breite Flussschleife des Nith, **Devorgilla's Bridge** und das Wehr, das die **Wassermühle** betrieb, würde Burns heute noch wiedererkennen. Seine Statue vor der **Greyfriars Church** blickt hinunter zum **Midsteeple**, dem früheren Stadthaus, in dem sein Leichnam vor seiner Beerdigung aufgebahrt war. In seinem letzten Wohnhaus, heute das **Burns' House Museum**, sind sein Schreibtisch und das Bett ausgestellt.

Blick auf die Brig o'Doon vom Burns' Monument in Alloway

KLEINE PAUSE

Im Robert Burns' Centre (Tel. 01387 264808) in Dumfries ist das **Hullabaloo**, ein von engagierten jungen Leuten betriebenes Café.

Robert Burns National Heritage Park

198 C2 Murdoch's Lane, Alloway 01292 443 700; www.burns heritagepark.com April–Sept. tägl. 10–17.30, Okt.–März tägl. 10–17 Uhr

Café und Restaurant im Besucherzentrum (£.£)

vom Busbahnhof Ayr, Sandgate Ayr mittel

Burns House

199 D2 Burns Street, Dumfries 01387 255 297 April–Sept. Mo–Sa 10–17, So 14–17 Uhr; Okt.–März Di–Sa 10–13, 14–17 Uhr

Globe Inn in der Nähe (£) Dumfries frei

Das Burns'
House Museum
in Dumfries,
letzter Wohn-
ort des Dichters

BURNS COUNTRY: INSIDER-INFO

Top-Tipp: Besuchen Sie die unheimlichen Ruinen der **Auld Haunted Kirk o' Alloway** wie Tam o'Shanter um Mitternacht oder aber in der Dämmerung.

Geheimtipp: In Burns' Lieblingspub **The Globe Inn in Dumfries** (▶ unten) steht noch immer sein Sessel am Kamin, und Sie können sich seinen Schlafraum und die Verse anschauen, die er in die Fensterscheiben ritzte.

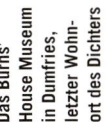

Nach Lust und Laune!

3 Summerlee Heritage Park

Dieses Museum geht auf die alte Summerlee-Eisenhütte zurück, die unter einer sechs Meter dicken Schicht von Schlacke und Industriemüll ausgegraben wurde, und ist der Geschichte der Stahl- und Schwermetallindustrie gewidmet, einst Lebensader der umliegenden Gemeinden. Es ist sicherlich das lauteste Museum in Schottland, denn jeden Tag führen hier Techniker historische Maschinen vor und stellen Teile her, die der Restaurierung weiterer Maschinen dienen sollen. In der Ausstellungshalle finden Sie als Rekonstruktion eine Blechschmiedewerkstatt, eine Messinggießerei und eine Spatenschmiede, ferner ein Fotoatelier vom Anfang des 20. Jahrhunderts und das Innere des Ladens einer Lebensmittelkooperative. Die Teestube von 1880 und wurde in den 1980er-Jahren von Coatbridge hergebracht. Der ganze Stolz ist jedoch die Eisenhütte, die in ihrem Zustand von 1880 in großem Rahmen wiederhergestellt wurde. Sie ist in eine Schmelzofen-Konstruktion mit Aussichtsgalerie eingebettet. Bei der 2008 abgeschlossenen Renovierungsmaßnahme für 10 Millionen britische Pfund wurden interaktive Bildschirme integriert und die neue Halle ökologisch gestaltet.

🏠 199 D3 ⬛ Heritage Way, Coatbridge ☎ 01236 638460 🕐 April–Okt. tägl. 10 bis 17 Uhr; Nov.–März 10–16 Uhr 💷 frei 🍴 Teestube im Museum (£) 🚌 Coatbridge

4 Museen in Biggar

Biggar, westlich von Peebles an der A701 gelegen, ist die Stadt mit der höchsten Zahl von Museen pro Kopf der Bevölkerung in ganz Schottland. In **Moat Park**, dem Hauptsitz des Trusts, beschäftigt man sich mit der Geschichte der Region. Die restaurierte Straße aus viktorianischer Zeit in **Gladstone Court** ist u. a. von einem Eisenwarenladen, einer Bank, einem Fotoatelier, einer Drogerie, einer Schneiderei, einer Uhrmacher-

Eine rekonstruierte viktorianische Apotheke in Gladstone Court

werkstatt, einem Hutgeschäft, einer Druckerei und Stiefelwerkstatt gesäumt. Albion Motors nahm hier 1899 den Betrieb auf und wuchs zur einst größten Fabrik für Lastwagen in Großbritannien heran; das gesamte Archiv der Firma ist in **Gladstone Court** untergebracht. Das **Greenhill Covenanters Museum** (Sa und So nur 14.30–16 Uhr) behandelt die religiösen Zwistigkeiten des 17. Jahrhunderts; in dieser turbulenten Zeit leisteten die Scottish Presbyterian Covenanters erbitterten Widerstand dagegen, dass ihnen ein Episkopalsystem übergestülpt werden sollte. Das **Biggar Gasworks Museum** gibt Einblick in die Geschichte des Werks, das die Stadt bis zur Nutzung des Nordseegases 1970 mit Gas versorgte. Das Biggar Puppet Theatre ist seit 35 Jahren die Heimat der **Purves Puppets**. Versuchen Sie eine Vorstellung zu besuchen. Die Aufführungszeiten variieren, erkundigen Sie sich deshalb vorab.

🏠 199 D3 ⬛ Moat Park Heritage Centre, Kirkstyle ☎ 01899 221 050 🕐 Am Osterwochenende und Mai–Sept., Mo–Sa 11–16.30, So 14–16.30 Uhr; die meisten Museen haben nachmittags geöffnet, bitte fragen Sie nach 🍴 Cafés (£) 🚌 Bus ab Peebles 💷 preiswert

Purves Puppets

🏠 199 D3 ⬛ Broughton Road ☎ 01899 220 631; www.purvespuppets.com 🕐 Di–Sa 10–16.30 Uhr 🍴 Cafés (£) 💷 preiswert

5 Arran

Die südlichste schottische Insel wird manchmal Schottland im Kleinen genannt, denn der Norden ist bergig und bevölkerungsarm, der Süden dagegen fruchtbar und üppig. Die Taler locken Bergsteiger und Wanderer an, ob sie nun einen Landspaziergang im Glen Rosa oder eine Kletterpartie in Glen Sannox oder Goat Fell unternehmen wollen. Zu den Höhepunkten gehören Holy Isle (mit dem Boot von Lamlash aus erreichbar) mit einem buddhistischen Meditationszentrum, Schloss und Gärten von Brodick und die riesigen Steinkreise auf dem Hochmoor von Machrie.

In den letzten Jahren wurde Arran auch von Feinschmeckern entdeckt. Die Insel glänzt mit zwei hervorragenden Käsereien (der Arran Blue ist Weltklasse), einer vielgelobten Whiskybrennerei, einer preisgekrönten Brauerei, einem Speiseeishersteller und einem Chocolatier, sowie der Firma Arran Provision u. a. Senf und Marmeladen vertreibt. Zusammen mit den zahlreichen exzellenten Restaurants (oft mit hervorragenden Fischgerichten) wird die Speisekammer Schottlands auch kulinarisch zum begehrten Reiseziel.

🏛 198 B3 ✉ Tourist Office am Pier, Brodick 📞 0845 225 5121; www.ayrshire-arran.com ⏰ Mo–Sa 9–17.30 Uhr 🚢 Fähre ab Ardrossan

6 Culzean Castle and Country Park

Dieses spektakulär auf der Steilküste gelegene Schloss ist ein Werk des berühmten Architekten Robert Adam. Im späten 18. Jahrhundert erbaut, ist es die meistbesuchte Sehenswürdigkeit des National Trust for Scotland. Ein Spaziergang über die ausgedehnten Ländereien, den den ersten Country Park in Schottland bilden, führt über Küstenpfade mit Höhlen, die eine Erkundung lohnen, über herrliche Waldpfade und durch eine schöne alte Parklandschaft. Die großartige ovale Haupttreppe und der runde Salon mit dem Blick über den Firth of Clyde zählen zu den kühnsten und schönsten Entwürfen Adams. Die Eisenhower-Ausstellung erinnert an die Rolle des früheren US-Präsident als Oberkom-

Die farbenfrohen Gärten von Culzean Castle

mandierender der alliierten Streitkräfte während des Zweiten Weltkriegs; er erhielt in einer Wohnung innerhalb des Gebäudes lebenslanges Wohnrecht. Die Zimmer, darunter auch die Eisenhower-Suite, werden heute vermietet.

+ 198 C2 ✉ Maybole (an der A719, 6,4 km westlich) ☎ 01655 844455; www.culzean experience.org ⓖ Schloss, umfriedeter Garten: tägl. 9.30–17 Uhr; Besucherzentrum: April–Nov. tägl. 10–17, Dez.–März Sa, So 11–16 Uhr; Park: tägl. 9.30–Sonnenuntergang 🍴 Restaurants und Snackbars (£–££) 🚌 Ayr–Girvan über Maidens ⓖ Maybole ⓖ Schloss und Park teuer; nur Park mittel

7 Goldwäsche in den Leadhills

Bei Wanlockhead, dem höchstgelegenen Dorf in Schottland, können Sie in den Bächen, die einst das Metall für die schottische Krone lieferten, Gold waschen. Das Museum für Bleibergbau führt die Technik vor und liefert die notwendige Ausrüstung.

+ 199 D2 ✉ Wanlockhead ☎ 016597 43387; www.leadminingmuseum.co.uk ⓖ Juli/Aug. tägl. 10–17, März–Okt. tägl. 11 bis 16.30 Uhr 🍴 Teestube und Restaurant (£) 🚌 unregelmäßige Verbindung ab Sanquhar ⓖ mittel

8 Border Abbeys

Diese grandiosen Abteien wurden unter der Herrschaft Königs David I. (um 1085–1153) gegründet und 1545 durch König Heinrich VIII. zerstört der eine Heirat seines Sohnes mit Maria von Schottland erzwingen wollte. Die Mönche waren die Grenzsoldaten des Königs, ihre Abteien wuchsen zu großen und reichen Machtzentren heran. Das Herz von Robert the Bruce (▶ 24ff) ist in Melrose begraben, Sir Walter Scott in Dryburgh bestattet. Kelso ist die romantischste Ruine. Wenn Sie nur Zeit für den Besuch einer Abtei mitbringen, sollten Sie sich für Jedburgh entscheiden, die ihre ursprüngliche mittelalterliche Pracht am besten bewahren konnte (▶ 176f).

Kelso: + 199 F3 🌐 www.historic-scotland. gov.uk ⓖ frei Jedburgh: + 199 F2 ☎ 01835 863 925 ⓖ preiswert Dryburgh: + 199 E3 ☎ 01835 822 381 ⓖ preiswert Melrose: + 199 E3 ☎ 01896 822562 ⓖ preiswert ⓖ April–Sept. tägl. 9.30–17.30 Uhr; Okt. bis März tägl. 9.30–16.30 Uhr ⓖ Verbindungen ab Edinburgh nach Melrose; ferner ab Melrose nach Kelso und Jedburgh; Mo–Fr Postbus nach Dryburgh (keine Rückkehrmöglichkeit)

9 Traquair

Das aus dem frühen 12. Jahrhundert stammende Traquair House ist der älteste ununterbrochen bewohnte Herrensitz in Schottland. Es wurde als Jagdschloss für die schottischen Könige erbaut und erhielt später zum Schutz vor Grenzüberfällen eine Befestigung. Seit 1700 dient es als Familien-

Elvan Water nahe Leadhills

Traquair ist seit dem 18. Jahrhundert ein Familienwohnsitz

wohnsitz und wurde seitdem kaum verändert. Das von mächtigen Steinmauern umgebene Gebäude bietet ein faszinierendes Gewirr von Korridoren, kleinen Ausgucken und Geheimgängen. Vor allem aber ist es ein einladendes, komfortables Gebäude, das seit dem 15. Jahrhundert von der Familie Maxwell Stuart bewohnt wird.

Als Charles Edward Stuart, genannt Bonnie Prince Charlie, 1745 den Landsitz verließ, verschloss der Laird of Traquair das berühmte Bärentor und schwor, es solle nicht wieder geöffnet werden, bevor nicht die Stuarts wieder auf dem schottischen Thron sitzen würden. Seit über 250 Jahren ist das Tor mittlerweile verschlossen.

✚ 199 E3 ⊠ südlich von Innerleithen an der B709 ☎ 01896 830323 ☺ April/Mai und Sept. tägl. 12–17; Juni–Aug. 10.30–17; Okt. Sa, So 11–16; Nov. Sa, So 11–15 Uhr ⏹ Restaurant (£) 🚌 ab Peebles 🔵 mittel

🔟 Rosslyn Chapel

Diese 1446 vom 3. Earl of Orkney gegründete Kapelle bietet die Würde und Pracht der großen französischen Kathedralen, allerdings im Kleinformat, und das Innere schmücken die schönsten Steinmetzarbeiten der Welt. Beachten Sie besonders die »Prentice Pillar«, die Lehrlingssäule,

von der es heißt, dahinter verberge sich der Heilige Gral. Auf Nachfrage zeigt Ihnen ein Führer sicher gern die in den Stein gemeißelte Totenmaske von König Robert the Bruce (▲ 24ff) und erzählt Ihnen etwas über die Schätze aus König Salomons Tempel und über die Tempelritter, die in voller Kriegsrüstung im Gewölbe darunter bestattet sind.

✚ 199 E3 ⊠ Rosslyn, Midlothian ☎ 0131 440 2159; www.rosslynchapel.org.uk ☺ April–Sept. Mo–Sa 9.30–18, So 12–16.45; Okt.–März Mo–Sa 9.30–17, So 12–16.45 Uhr ⏹ Teestube im Besucherzentrum (£) 🚌 ab Edinburgh, Linien C70 und 315 🔵 mittel; unter 16 Jahren frei

🔟 Haddington

Dieses malerische Landstädtchen wurde 1548 von englischen Truppen belagert, da der englische König Heinrich VIII. die Schoten zu überreden versuchte, ihre Königin Maria Stuart, damals noch ein Kind, mit dem englischen Thronfolger zu verheiraten. Im Verlauf der Belagerung wurde die St. Mary's Pfarrkirche fast zerstört; die Einschläge der Kanonenkugeln sind bis heute zu erkennen. Interesse verdient die Innenausstattung.

✚ 199 E3 ⊠ St. Mary's Church ☎ 01620 823 109; www.stmaryskirk.com ☺ Mai–Okt. Mo–Fr 11–16, So 14–16.30 Uhr ⏹ Teestube in der Kirche (£) 🚌 X6, X8, 44C, 44D, Edinburgh–Dunbar 🔵 frei

Wohin zum ...
Essen und Trinken?

Preise
Pro Person für ein Drei-Gänge-Menü ohne Getränke:
£ unter 15 £   ££ 15–25 £   £££ über 25 £

Aristas £££

Das hübsche Kirkcudbright ist bekannt als Künstlerstädtchen – Robert Burns soll hier 1794 *Selkirk Grace* geschrieben habe. Das Restaurant bietet eine überschaubare Auswahl an zeitgemäßen und traditionellen Gerichten wie z. B. *Haggis* in Blätterteig. Es gibt auch Fischgerichte und die Weinkarte ist umfangreich. Kinder sind willkommen, es gibt auch einen schonen Garten.

🔲 198 C1 ✉ Selkirk Arms Hotel, Old High Street, Kirkcudbright ☎ 01557 330 402; www.selkirkarmshotel.co.uk ⏰ tägl. mittags und abends

Burt's Hotel Restaurant ££

Küchenchef Trevor William führt Regie in diesem preisgekrönten Restaurant. Es hat den gleichen Namens wie das dazugehörige Hotel und ist ein Highlight der Gastroszene im malerischen Melrose. Genießen Sie in stilvollem Ambiente eine kulinarische Reise durch das fruchtbare nahe Grenzland. Wenn Sie Glück haben steht frisches Lamm aus regionaler Aufzucht auf der Karte, sonst sind Renken und Schalentiere von der nahen Ostküste im Angebot. Exzellente Weinkarte.

🔲 199 E3 ✉ Market Square, Melrose ☎ 0121896 822 285; www.burtshotel.co.uk ⏰ tägl. mittags und abends

Fouters £££

Den Leistungen der Küche ist es zu verdanken, dass dieses einfache Bistro seit den 1970er-Jahren so gut läuft. In den durch Rundbögen miteinander verbundenen Kellerräumen werden einfache, nicht überladene Speisen serviert. Lokale und regionale Zutaten geben dem Ayrshire Hähnchen und den täglichen Fischgerichten ebenso Geschmack wie den leckeren Puddings oder den karamelisierten Orangentörtchen.

🔲 198 C2 ✉ 2a Academy Street, Ayr ☎ 01292 261 391; www.fouters.co.uk ⏰ Di–Sa mittags und abends

Kailzie Gardens Restaurant £

Nur einen Katzensprung von Traquair House (► 110f) entfernt, bietet dieses in ehemaligen Stallungen untergebrachte Restaurant wirklich gutes Essen. Zum Mittagessen gibt es Suppe, Sandwiches, Pies und Salate, am Nachmittag fällt die Wahl unter den verlockenden, selbstgebackenen Kuchen unendlich schwer.

🔲 199 E3 ✉ Kailzie Gardens, Peebles ☎ 01721 722 807; www.kailziegardens.com/restaurant.html ⏰ tägl. 10–17.30 Uhr

The Roxburghe Hotel ££–£££

Wenn Sie in wundervoller, historischer Umgebung ausgezeichnet essen gehen wollen, dann probieren Sie dieses erstklassige Restaurant, das im Herrenhaus des Duke of Roxburghe untergebracht ist. Es ist ein beliebter Ort für Jagdgesellschaften, und so verwundert es nicht, dass hauptsächlich traditionelle Gerichte auf der Speisekarte stehen. Es gibt beispielsweise Rehrücken auf Spinatbett mit Wildpilzen. Auf der Weinkarte findet sich ein Bordeaux aus dem privaten Weinkeller des Duke's im Floor Castle.

🔲 199 F3 ✉ Heiton, Kelso ☎ 01573 450331; www.roxburghe.net ⏰ tägl. mittags und abends

The Sunflower ££

Dieses intime, freundliche Restaurant in einer Seitenstraße der vornehmen Peebles, serviert großzügige Portionen einfachen, aber fein zubereiteten Worldfoods. Das Sunflower ist am Wochenende auch abends geöffnet. Dann werden hier Suppe mit geräuchertem Schellfisch als Vorspeise und Rinderfilet mit Kräuterkartoffelpüree als Hauptgericht serviert. Ein warmer, fröhlicher Ort, der sich bei den Einheimischen verdient beliebt gemacht hat. Unbedingt reservieren!

🚩 199 E3 ✉ 4 Bridgegate, Peebles 🕿 01721 722 420; www.thesunflower.net ⏰ Mo–Sa 12–15; Do–Sa 18–21 Uhr; Mo–Sa 10–12.30 Kaffee und Kuchen

Wheatsheaf at Swinton ££–£££

Im Grunde ist das Wheatsheaf ein Dorfgasthof mit Blick ins Grüne und herzlichem Willkommen an der Theke. Das Restaurant genießt jedoch einen solchen Ruf, dass man im Voraus reservieren muss. Schottisches Beef, Ente, Wild und Fisch tauchen auf der langen Speisekarte auf, die durch Tagesangebote angereichert wird. Es gibt eine umfangreiche Weinkarte.

🚩 199 F3 ✉ Main Street, Swinton 🕿 01890 860 257; www.wheatsheaf-swinton. co.uk ⏰ tägl. 17–21; Mi–So 12–14; Bar: Mo, Di 17–23, Mi, Do 11–15 u. 17–23, Fr, Sa 11–24, So 12–22 Uhr

PUBS/BARS

Creebridge House Hotel £

Dieser hübsche Landgasthof lockt zum Zwischenstopp bei einem kleinen Imbiss oder einer herzhaften Mahlzeit. Bei schönem Wetter sind auf der Terrasse Tische aufgestellt, andernfalls lädt die Gaststube ein. *Ales*, über 50 *Malt Whiskys* und eine gute Weinkarte ergänzen die schmackhaften Angebote aus der Bistroküche wie Blauschimmelkäse-Soufflé oder karamellisierte Jakobsmuscheln. Kinder sind willkommen.

🚩 198 C1 ✉ Minnigaff, Creebridge, nahe Newton Stewart 🕿 01671 402 121; www.creebridge.co.uk ⏰ tägl. mittags und abends

The Crown Hotel ££–£££

Die Thekengespräche, der offene Kamin und die schweren Möbel beschwören Bilder einer alten Schmugglerhöhle herauf und tragen zur Beliebtheit dieser familiengeführten Hafenkneipe bei. Speisen werden im modernen Bistro serviert: Das Angebot ist phantasievoll und etwas teurer. Dafür ist die Qualität der Küche hoch, mit einem Schwerpunkt auf Fisch- und Meeresfrüchten.

🚩 198 B1 ✉ 9 North Crescent, Portpatrick 🕿 01776 810 261; www.crownportpatrick. com ⏰ tägl. mittags und abends

The Steam Packet Inn ££

Das Steam Packet Inn, ein Familienbetrieb auf der Machars-Halbinsel, liegt direkt am Hafen. Der Ruf seiner Küche ist verdient gut. Dies gilt vor allem für die Meeresfrüchte, die oft vor Ort an Land kommen. Die Bar ist angenehm altmodisch, Sie können aus unterschiedlichen Whiskys und Ales wählen. Zur Übernachtung stehen außerdem sieben Zimmer zur Verfügung. Ein guter Ausgangspunkt für Entdeckungstouren im südwestlichen Schottland.

🚩 198 C1 ✉ Harbour Row, Isle of Whithorn, Newton Stewart 🕿 01988 500 334; www.btconnect.com/steampacketinn ⏰ tägl. mittags und abends

Traquair Arms Hotel ££

Das »Bear Ale«, das in der Gaststube dieses viktorianischen Stadthotels ausgeschenkt wird, ist nur ein paar Hundert Meter entfernt in der Traquair House Brewery gebraut. Auf der Karte stehen Gerichte mit Zutaten aus der Region, die zu allen Tageszeiten serviert werden. Es gibt Suppen, Aberdeen Angus Rind, Fisch und eine Vielzahl an vegetarischen Speisen. Omelette, Salate und eine große Auswahl an Desserts sowie die schottische Käseplatte runden das Angebot ab.

🚩 199 E3 ✉ Traquair Road, Innerleithen (Ortsrand) 🕿 01896 830 229; www.traquairarmshotel.co.uk ⏰ tägl. mittags und abends

Wohin zum ...
Übernachten?

Preise

Pro Person und Nacht im Doppelzimmer inklusive englischem Frühstück:

£ unter 50 £   ££ 50–90 £   £££ über 90 £

Albion House £

Ein gemütliches Bed-&-Breakfast in einem geräumigen Stadthaus nördlich von Douglas Castle. Zum nahen Stadtzentrum können Sie zu Fuß gehen. Der Eigentümer kennt die heimischen Restaurants und serviert ein deftiges Frühstück, eine gute Grundlage für lange Ausflügen.
✚ 199 D1 ✉ 49 Ernespie Road, Castle Douglas ☎ 01566 502 360; www.albionhousecastledouglas.co.uk

Auchrannie House ££–£££

Echte Gastfreundschaft in Verbindung mit zahlreichen Einrichtungen zum Entspannen (beheiztes Hallenbad, Sauna, Solarium und Gymnastikraum) führen zusammen mit der gesunden Küche zu einem erholsamen Aufenthalt in dieser viktorianischen Villa. 28 gut ausgestattete Zimmer. Das Gartenrestaurant bietet beste schottische Küche; im Bistro herrscht eher lockere Atmosphäre.
✚ 198 B3 ✉ Brodick, Isle of Arran ☎ 01770 302 234; www.auchrannie.co.uk

Burt's ££

Das Burt's wurde 1722 für einen örtlichen Würdenträger erbaut und mit der Zeit in ein liebenswertes Hotel im Familienbetrieb umgewandelt. Die Lage mitten auf dem hübschen Marktplatz der Altstadt hat echten Ansichtskarten-Charme, und die mit Single Malt Whiskys gut ausgestattete Gaststube ist ein beliebter Treffpunkt. Die 20 Zimmer mit eigenem Bad sind zwar unterschiedlich groß, aber komfortabel und modern. Das großzügige Hotel wird unterschiedlichsten Ansprüchen gerecht.
✚ 199 E3 ✉ Market Square, Melrose ☎ 01896 822 285; www.burtshotel.co.uk

Castle Venlaw £££

Ruhiges Luxushotel im Grenzland bei Peebles. Es bietet sich auch als Standort für Ausflüge ins nahe Edinburgh (35 km) an. Unter den zwölf unterschiedlich eingerichteten Zimmern ist v. a. die Glenturret Honeymoon Suite empfehlenswert: Himmelbett (natürlich!), Badezimmer mit Fußbodenheizung und Wanne für zwei, sowie Campagner-Kühler. Das erstklassige kleine Restaurant erfüllt auch Sonderwünsche.
✚ 199 E3 ✉ Edinburgh Road, Peebles ☎ 011721 720 384; www.venlaw.co.uk

Craigadam £–££

Mitten in einer ökologischen Schaffarm liegend, bietet Craigadam erstklassige Zimmer mit Frühstück in einem anmutigen Landhaus. Die meisten der zehn Zimmer haben Blick über den Innenhof. Die Attraktion des getäfelten Speisesaals ist der prunkvolle Tisch, an dem 15 Personen Platz finden. Fischen, Snooker, Krocket und Abendessen nach vorheriger Absprache möglich.
✚ 199 D1 ✉ Craigadam, nahe Castle Douglas ☎ 01556 650 233; www.craigadam.com

Creggans Inn ££–£££

Der gemütliche Gasthof bietet von den hübschen Zimmern und vom mit Kerzen beleuchteten Restaurant aus einen spektakulären Blick über den Loch Fyne. In der Gaststube gibt es Hamburger, im Café Tee mit Sahne, ferner mehrere einladende Räume zum Speisen.

+ 198 B4 ⊠ Strachur ☎ 01369 860 279, www.creggans-inn.co.uk

Cringletie House £££

Dieser turmgekrönte Herrensitz aus dem 19. Jahrhundert ist in einem elf Hektar großen Waldgelände gelegen. Das Mittagessen und der Tee werden im Wintergarten serviert, der eigene Garten liefert Obst und Gemüse. Die 14 individuell eingerichteten Zimmer bieten einen weiten Blick.

+ 199 E3 ⊠ Edinburgh Road, Peebles ☎ 01721 721 750, www.cringletie.com

Fernhill ££-£££

Dieses freundliche, komfortable Hotel in großartiger Lage mit Blick über den Hafen von Portpatrick hat 36 Zimmer, teilweise mit eigenem Balkon. Frühstück und Abendessen können Sie mit Blick auf das Meer im Wintergarten des Restaurants genießen.

+ 198 B1 ⊠ Heugh Road, Portpatrick ☎ 01776 810 220, www.fernhillhotel.co.uk | geschl. Mitte Jan. bis Mitte Feb.

Lochgreen House Hotel £££

Dieses herrliche Landhaus wurde zu einem der besten Hotels in Schottland gemacht. Man hat einen schönen Blick auf den angrenzenden Royal Troon Golf Course, ausgedehnte Waldflächen und perfekt gepflegte Gärten. Die 40 Zimmer im Haupthaus sind mit Liebe zum Detail ausgestattet. Die Küche im Restaurant Tapestry bietet schottische Erzeugnisse und genießt einen guten Ruf.

+ 198 C2 ⊠ Monktonhill Road, Southwood, Troon ☎ 01292 313 343, www.costley.biz

Macdonald Cardrona Hotel, Golf and Country Club ££-£££

Lassen Sie sich von der etwas offiziellen Erscheinung dieses großen Hotels und Country Clubs direkt im Süden von Peebles nicht abschrecken. Es ist mit allem ausgestattet, das Sie sich wünschen können, u. a. verfügt es über einen 18-Loch-Golfplatz, einen Innenpool und einen Finessraum. Außerdem können Sie vor Ort wandern, radfahren und angeln. Die Zimmer sind ordentlich und modern mit ländlicher Aussicht. Das Restaurant Renwicks, serviert ein Frühstücksbuffet und gute Gerichte am Abend. Außerhalb der Hauptsaison werden oft Sonderpreise angeboten, Details finden Sie auf der Internetseite.

+ 199 E3 ⊠ Cardrona, Peebles ☎ 0844 879 9024, www.macdonaldhotels.co.uk

Macdonald Crutherland House ££-£££

Hinter der georgianischen Fassade der von Grund auf renovierten Villa in einer 15-Hektar-Grünanlage verbirgt sich ein modernes Hotel. Alle 75 Zimmer sind geräumig und bequem ausgestattet. Es gibt ein Hallenbad, Sauna und Solarium

+ 198 C3 ⊠ Strathaven Road, East Kilbride ☎ 0844 879 9039, www.macdonaldhotels.co.uk

Tontine £-££

Etwas abseits der Hauptstraße dieses betriebsamen Marktstädtchens gelegen, ist das Tontine ein altehrgeführtes Hotel mit 36 schicken Zimmern, einer einladenden Lounge, einer Bar und einem eleganten Speisesaal. Einen bleibenden Eindruck hinterlässt die exzellente Gastfreundschaft. Erkundigen Sie sich nach den Freizeit-Paketen, angeboten werden z. B. Wander- und Mountainbike-Touren.

+ 199 E3 ⊠ High Street, Peebles ☎ 01721 720 892, www.tontinehotel.com

Turnberry Resort £££

Dieses Luxus-Hotel bietet einen atemberaubenden Blick über Arran, den Mull of Kintyre und Ailsa Craig. Den Gästen stehen zwei Golfplätze zur Verfügung, auf denen die Offenen Meisterschaften ausgetragen wurden. Zum Kuren gibt es Heilbehandlungen, ferner einen 20-Meter-Pool. Die über 200 Zimmer und Suiten sind erstklassig.

+ 198 B2 ⊠ Turnberry ☎ 01655 331 000, www.turnberryresort.co.uk

Wohin zum...
Einkaufen?

DUMFRIES UND DER SÜDWESTEN

Besuchen Sie in Dumfries **Greyfriars Crafts** (Buccleuch Street) und das **Gracefield Arts Centre** (Edinburgh Road). Schmuck, Lederwaren und Keramik gibt es in **Drumlanrig Castle** bei Thornhill (Tel. 01848 330 248). **Designs Gallery and Café** in Castle Douglas (179 King Street; Tel. 01556 504 552) hat sich auf moderne Kunst und Handwerkswaren spezialisiert. Die **Sulwath Brewery** (Tel. 01556 504525; www.sulwathbrewers. co.uk) stellt einige beliebte Biere her, wie Criffel Ale und Black Galloway Porter. Im Brauereiladen können Sie probieren und Flaschenbier kaufen.

Aufwändige Kleider bekommen Sie bei **Jo Gallant's** (70 High Street, Kirkcudbright; Tel. 01557 331 130) in der Nähe des Tolbooth Art Centre.

GRENZREGION

Die Region ist für ihre Wollwaren bekannt. **Peter Scott** (11 Buccleuch Street, Hawick; Tel. 01450 364815), hat sich auf Strickwaren spezialisiert. Außerdem ist die Grenzregion bekannt für ihre traditionellen Textilien und ihre Webereien. Kleinere, wie **Andrew Elliot Ltd.** (Tel. 01750 720412; www.elliot-weave.co.uk) in Selkirk, überleben, indem Sie hervorragenden Service und hochwertige Produkte anbieten. Sie können Ihre eigenen Tweed- und Schottenstoffe entwerfen und in Auftrag geben oder aus der reichhaltigen Kollektion von Überwürfen und Decken wählen.

Wohin zum...
Ausgehen?

AKTIVITÄTEN

Das **Ice Bowl** in Dumfries (Tel. 01387 251 300) bietet Curling, eine Eisbahn und Bowling, während das **Magnum Leisure Centre** in Irvine (Tel. 01294 278 381) eines der größten Freizeitzentren Europas ist. **The Hub** (Glentress Forest; Tel. 01721 721 736) ist Schottlands bestausgestattetes Zentrum für Mountainbiker. Angeboten werden auch Radtouren aller Schwierigkeitsstufen. Infos zum Angeln in der Grenzregion erteilt **Fish Tweed** (Tel. 01573 470 612; www.fishtweed.co.uk)

ZUSCHAUERSPORT

Kilmarnock, Ayr, Dumfries und Stranraer sind in der Fußball-Nationalliga vertreten. Rugby ist in der Grenzregion so beliebt, dass es in jeder kleinen Stadt einen Rugbyplatz gibt.

MUSIK UND THEATER

Die meisten Städte haben einen Nachtclub, meist nichts besonderes. Konzerte finden im **Magnum Leisure Centre** in Irvine, im **Ryan Centre** (Farnhurst Road; Tel. 01776 703 535) in Stranraer und in Stadthallen statt. Das **Theatre Royal** (66–68 Shakespeare Road; Tel. 013787 254 209) in Dumfries ist das älteste Theater Schottlands. Auf der Bühne stehen Laien und Gastproduktionen. Das **Gaiety Theatre** in Ayr ist bis Ende 2011 wegen Renovierungsarbeiten geschlossen.

Zentral-schottland

Erste Orientierung

Zentralschottland, ein Landstrich der Gegensätze, erstreckt sich in breitem Schwung vom Loch Lomond bis zu den Angus Glens. Hier finden Sie reiches Bauernland und Industriezentren, eine zerklüftete Küste mit winzigen Fischerdörfern, geschäftige Städte, alte Schlösser und Schlachtfelder und eine wilde Mischung aus Mooren, Bergen und Seen.

Die Einwohner Glasgows werden seit langem von der Schönheit Loch Lomonds oder den Hügeln um Arrochar im Herzen Schotlands angezogen. Der **Queen Elizabeth Forest Park**, per Bus oder Zug von Glasgow aus gut zu erreichen, ist bei Mountainbikern beliebt.

Hier verschwimmen die Grenzen zwischen Vergangenheit und Gegenwart, Wirklichem und Erdachtem. Vom Queen Elizabeth Forest Park erstrecken sich die **Trossachs** nach Osten bis zum Schotlands alter Hauptstadt. Nach Norden reichen sie bis zu den **Braes of Balquhidder**, dem Tummelplatz von Rob Roy MacGregor, dem berüchtigten Gesetzesbrecher, den Sir Walter Scott im 19. Jahrhundert im gleichnamigen Roman und in jüngster Zeit Hollywood verewigte.

Im Norden liegt die Industriestadt **Dundee**, berühmt für seine *jam* (Marmelade), Jute und Journalismus, die sich heute als Konferenz- und Touristenzentrum einen moderneren Anstrich verpasst hat. Nach Süden über die Tay-Brücken gelangt man ins alte Königreich Fife und nach **St. Andrews**, Universitätsstadt und Heimat des Golfspiels. **Fife** ist ideal zum Wandern und Radfahren.

Nördlich von Dundee, in **Kirriemuir**, können Sie den Geburtsort des Schriftstellers J. M. Barrie besuchen. Von dort breiten sich die Glens of Angus nach Norden in die atemberaubende Landschaft der **Grampian Mountains** aus.

Seite 117: Die Distel ist ein Wahrzeichen Schottlands

Hochlandrinder, Loch Lomond und der Trossachs National Park

Unten: Frühmorgendlicher Nebelteppich über Flanders Moss in Trossachs

Nicht verpassen!

Nach Lust und Laune!

In drei Tagen

Die folgende Route ist eine Möglichkeit, wie Sie einige der interessantesten Sehenswürdigkeiten Zentralschottlands in drei Tagen abklappern können. Nutzen Sie die Karte (▸ 118f) zur Orientierung, die einzelnen Highlights werden im Folgenden (▸ 122f) näher beschrieben.

Erster Tag

Vormittags
Fahren Sie am Westufer des ① **Loch Lomond** (▸ 122ff) auf der A82, dem West Highland Way, nach Norden bis Crianlarich. Nehmen Sie die A85 nach Lochearnhead und dann die A84 nach Kingshouse. Machen Sie von hier einen Abstecher zu dem Weiler **Balquhidder**, wo **Rob Roy MacGregor** (▸ 128f) auf dem winzigen Friedhof begraben liegt. Kehren Sie zur A84 zurück, fahren Sie Richtung Callander zum Mittagstisch im Lade Inn in **Kilmahog**.

Nachmittags
Rob Roy, der berühmteste Viehdieb von Schottland, wurde bei Loch Katrine geboren. In der Touristeninformation im nahegelegenen Callander können Sie eine kleine Ausstellung zu seinem Leben sehen. Fahren Sie dann auf der kurvenreichen A821 durch **den Queen Elizabeth Forest Park** nach Brig o' Turk, Loch Katrine (unten) und Aberfoyle. Nehmen Sie die A81 nach ② **Stirling** (▸ 126ff), wo Sie mit einem Besuch der Burg, des alten Stadtgefängnisses und des Wallace-Monuments den Rest des Tages verbringen. Schlendern Sie auch durch die Straßen der Stadt.

Zweiter Tag

Vormittags

Nachdem Sie Ihr Besichtigungsprogramm in Stirling abgeschlossen haben, geht es auf der A9 nach Perth. Der **Blair Drummond Safari Park** (▲ 133) im Nordosten von Stirling lockt mit einer Kirmes und einer Seelöwenshow. Das Highlight der Region ist 5 **Scone Palace** (rechts, ▲ 131), etwa drei Kilometer nördlich der Stadt an der A93.

Nachmittags

Fahren Sie auf der A93 nach Norden Richtung **Glenshee** und verbringen Sie den Nachmittag mit einer Rundfahrt durch **die Glens**. Kartenmaterial erhalten Sie vor Ort. Sie können aber auch einfach rechts auf die B951 abbiegen, durch Glenisla nach **Kirriemuir** fahren und von dort aus der B955 rund um **Glen Clova** folgen, oder Sie nehmen die Straße von Dykehead nach Glen Prosen. Danach kehren Sie nach Kirriemuir zurück.

Dritter Tag

Vormittags

Fahren Sie die A928 südwärts nach 7 **Dundee** (▶ 131f), besuchen Sie die 8 **RRS Discovery** (rechts, ▲ 132), dann weiter über die Tay-Brücke nach Fife. Folgen Sie den Schildern nach 9 **St. Andrews** (▲ 132). Nach einem Stadtrundgang, dem Besuch der Kathedrale und des Schlosses kehren Sie im **Seafood Restaurant** on the Scores ein.

Nachmittags

Verlassen Sie St. Andrews auf der A917, und genießen Sie die malerische Fahrt entlang der Küste von 10 **East Neuk of Fife** (▲ 132). Lassen Sie sich die Häfen von Crail, Pittenweem und St. Monans ebenso wenig entgehen wie das 12 **Scottish Fisheries Museum** in Anstruther (▲ 132f). Zurück nehmen Sie die B9131 zum 11 **Secret Bunker** (▶ 133), bevor Sie auf St. Andrews zuhalten.

1 Loch Lomond und seine Inseln

Eines der ersten Gesetze des neuen schottischen Parlaments diente dem Landschaftsschutz und der Einrichtung von National-parks: Loch Lomond und die Trossachs wurden 2002 die ersten. Die Region ist nicht nur außergewöhnlich schön, sondern auch für jedermann zugänglich und gilt als ein ausgesprochen beliebtes Ausflugsziel für Einheimische und Touristen.

Fahren Sie auf der A811 von Balloch Richtung Stirling, und biegen Sie nach elf Kilometern ab auf die B837 nach Drymen, Balmaha und dann weiter nach **Rowardennan** wo die Straße endet, deshalb ist hier viel weniger Verkehr als auf der belebten A82 am Westufer. Hier beginnt der Aufstieg zum 973 m hohen Ben Lomond (973 m), dem höchsten Berg der Gegend und Schottlands südlichstem »**Munro**« (siehe Kasten, ▶ 125). Vom Gipfel haben Sie einen herrlichen Blick auf den See. Sie können auch von Rowardennan aus auf dem **West Highland Way**, einem 152 Kilometer langen Wanderweg, den Ausbuchtungen des Ufers über Inversnaid bis zur Spitze des Sees und weiter nach Crianlarich folgen. Viele Tierarten sind in dieser sauberen und ruhigen Gegend heimisch – Watvögel, Gänse, Auerhähne, Steinadler und manchmal auch Damhirsche durchstreifen die Landschaft in Seenähe. Ein Viertel aller Wildpflanzenarten in Großbritannien ist ebenfalls hier heimisch.

Das Westufer

Wenn Sie belebteren, besser ausgestatteten Regionen den Vorzug geben, suchen Sie die Dörfer **Luss** und **Tarbet** am Westufer auf. Zwar sind sie insbesondere im Sommer gut besucht, doch nor-malerweise wirken sie nicht überfüllt. Sie bieten eine Ansamm-lung von Hotels, Cafés und Picknickplätzen, darunter viele mit einem friedvollen Blick auf den See und die Berge ringsum.

Die Hügel in der Nähe von **Arrochar** westlich von Tarbet sind seit langem bei Bergwanderern beliebt. Dort gibt es so große Freiflächen, dass die Landschaft fast entvölkert wirkt – wären da nicht die Scharen von so genannten Munro-Sammlern. Je nach Jahreszeit erscheint die Landschaft in anderem Licht.

Ein feuerrotes Schilfbett bei Loch Arklet, Loch Lomond und dem Trossachs National Park

Insel-Highlights

Wenn Sie vollkommen abschalten wollen, erkunden Sie einige der über 30 kleinen Inseln im See. Einige sind bewohnt, andere Naturreservate und noch andere »Gegenden von besonderem wissenschaftlichem Interesse« (Sites of Special Scientific Interest, SSSI). **Inchcailloch** gehört zum Naturerbe Schottlands, **Bucinch** und **Ceardach** sind im Besitz des National Trust for Scotland, die anderen Inseln Privateigentum.

Die größte Insel, **Inchmurrin**, wurde wohl von Robert the Bruce, König Jakob VI., Maria Stuart und vom heiligen Mirren aufgesucht, nach dem sie benannt ist. Sie können die Ruinen eines Klosters aus dem 7. Jahrhundert erkunden, wenn Sie die 2,4 Kilometer lange Insel auf verschiedenen Pfaden ablaufen. Es gibt hier auch einige Unterkünfte (Tel. 01389 850245) mit Bar und Restaurant.

Die Insel **Inchgalbraith** diente schon in der Eisenzeit Menschen als sicherer Zufluchtsort. Der Name bedeutet »Insel der Galbraiths«, und diese hatten tatsächlich in früheren Zeiten hier ein Schloss, dessen Ruinen bei der Annäherung mit dem Boot noch hinter den Bäumen zu erkennen sind.

Auf **Inchfad** stand früher eine Schwarzbrennerei, die einen regen Whiskyhandel trieb, bis ab Mitte des 19. Jahrhunderts ein Küstenboot der Regierung den See befuhr. Seitdem wurde auf der Insel in einer registrierten Destillerie gebrannt, die mittlerweile in Ruinen liegt. Wenn Sie mit dem Postboot dorthin fahren, wird der Bootsmann Ihnen alles darüber erzählen, denn die Brennerei wurde von einem seiner Vorfahren betrieben.

Ein Naturpfad führt über die gesamte Insel **Inchcailloch**. Es dauert eineinhalb Stunden, bis man sie mitsamt den Ruinen einer Kapelle und eines Friedhofs aus dem 14. Jahrhundert erkundet hat. Vom höchsten Punkt der Insel hat man einen herrlichen Blick über den See, und in Port Bawn am Südufer gibt es Picknicktische, Grillplätze und einen ausgezeichneten Strand. Die Fähre wird auf Anfrage vom Bootsverleih im nahe gelegenen Balmaha betrieben, die auch Angelausrüstungen verleiht.

Oben: Tagesanbruch bei Balmaha, an der Ostküste von Loch Lomond

Rechts: Ben Lomond, der höchste Berg der Gegend

KLEINE PAUSE

Genuss mit sagenhafter Aussicht bietet das in der schönen Ortschaft Luss gelegene Restaurant **Colquhoun's** (Tel. 01436 860 201) innerhalb des Lodge on Loch Lomond Hotels an.

⊞ 198 C4

National Park Gateway Centre
⊠ Loch Lomond Shores, Ben Lomond Way, Balloch
☎ 01389 751 35; www.lochlomondshores.org ⊙ tägl. 10–17 Uhr

LOCH LOMOND UND SEINE INSELN: INSIDER-INFO

Top-Tipp: Nehmen Sie zur Erkundung der Inseln das **Balmaha Postboot** vom Bootsverleih Sandy MacFarlanes, das schon sein Urgroßvater vor 150 Jahren betrieb. Das Boot läuft die Inseln **Inchtavannich**, **Inchmurrin**, **Inchcruin** und **Inchfad** an (Juli, Aug.: Mo, Mi u. Sa, 11.30 Uhr ab Balmaha; Rückkehr 14 Uhr). Der einstündige Aufenthalt auf Inchmurrin reicht aus, um ein bisschen herumzu-laufen und das Mittagessen im Hotel einzunehmen. Da es zu allen anderen Zeiten nur einen eingeschränkten Fährdienst gibt, sollten Sie sich im Voraus mit dem Bootsverleih (Tel. 01360 870214) in Verbindung setzen.

■ Auch von Balloch können Sie eine Bootstour auf dem See unternehmen, Abenteuerlustige ein Motorboot, ein Wassermotorrad oder ein Kanu mieten.

Geheimtipp: Machen Sie vom Parkplatz in Balmaha einen kurzen **Waldspazier-gang** mit wundervollen Ausblicken auf den Loch Lomond und seine Inseln.

MUNRO-SAMMELN

Unterschätzen Sie das Terrain und die wechselnden Wetterbedingungen der Highlands nicht, vor allem, wenn Sie einen der Munros von Schottland besteigen wollen. Ein schottischer Berg mit einer Höhe von mehr als 914 Metern wird nach Sir Hugh Munro (1856–1919), der die Gipfel katalogisierte, als Munro bezeichnet. Aber obwohl es einige hundert Personen geschafft haben, alle 284 Munros zu besteigen, gehörte Sir Hugh nicht zu ihnen. Viele der Gipfel, zum Beispiel der notorisch unzugängliche Pinnacle in der Cuillin Range auf der Isle of Skye, sind den Profis vorbehalten, während einige andere bei gutem Wetter kein Problem sind. Munro-Sammler werden versuchen, sie alle zu besteigen und jeden einzelnen auf ihrer Liste abhaken.

2 Stirling und die Trossachs

Stirling Castle an den östlichen Ausläufern der Trossachs thront seit Jahrhunderten auf seinem Vulkanfelsen und wacht einsam über die zentrale schottische Tiefebene und über das Tor zum Hochland. Wegen seiner strategischen Bedeutung war es seit dem 12. Jahrhundert Schauplatz zahlreicher Schlachten, in denen in Wellen nach Norden vordringende englische Streitkräfte zurückgeschlagen wurden.

Die Burg mit Kapelle und Palast stammt aus dem 16. Jahrhundert und wird von der Großen Halle beherrscht. Eindrucksvoll ist die Aussicht von der Esplanade. Von ihrer Rückseite können Sie einen Rundblick aufs Umland genießen. Namen der Hügel und Schlachtfelder finden Sie auf einem Plan am Ladies' Rock im unterhalb der Burg gelegenen Friedhof neben der Holy Rude. Neben den Gräbern von Stirlings Prominenz gibt es auch eine Sammlung alter Grabsteine. Etwas weiter hügelabwärts findet sich das Old Town Jail, wo Schauspieler die grauenhaften Bedingungen, die im 19. Jahrhundert in diesem alten Stadtgefängnis herrschten, nachspielen.

Im 15. Jahrhundert wurde die Old Stirling Bridge an Stelle einer älteren Holzbrücke errichtet, an der William Wallace 1297 die Engländer schlug. Er schnitt den englischen Nachschub ab, während die schottische Armee die Vorhut aufrieb. An diesen Sieg erinnert das National Wallace-Monument, ein Turm vor den Toren der Stadt, der wie die Burg auf einem Felssporn errichtet wurde.

Oben: Stirling
Castle bewacht
seit Jahrhunderten das
Tor zu den
Highlands

Oben rechts:
Die Statue von
Robert the
Bruce erinnert
an den schottischen Sieg bei
Bannockburn

Rechts: Detailaufnahme vom
Stirling Castle

Ein weiterer wichtiger Sieg gelang den Schotten 1314 bei **Bannockburn**. Mit Ausstellungen und einem Film wird die Erinnerung daran wach gehalten. Man kann über das Schlachtfeld gehen und sich das Geschehen vor 700 Jahren ausmalen. In der Mitte befindet sich eine Reiterstatue von Robert the Bruce (▶ 25).

Der Trossachs Trail

Von Stirling aus erstrecken sich die Trossachs bis zum Loch Lomond und nach Cranlarich im Westen, bis zum Loch Tay im Norden und weiter nach Callander, Alberfoyle und zum Loch Katrine. Besorgen Sie sich im Touristenzentrum in der Castle Esplanade in Stirling einen Prospekt und die Karte zum **Trossachs Trail**, und los geht es Richtung **Callander** und einem ersten Stopp im Touristenbüro im Zentrum wegen seiner Verbindung zu „Rob Roy" (Schottlands Robin-Hood wurde am Loch Katrine geboren). Robert MacGregor (das »Roy« stammt vom gälischen *rua* = »rot« und

Ben An überragt die Wasser von Loch Katrine

spielt auf seine Haarfarbe an) war ein Viehtreiber, der anderen Treibern Schutzgeld abnahm. Trotz seines aufregenden Lebens erreichte er ein hohes Alter. Sein Grab können Sie auf dem alten Kirchhof von Balquhidder besuchen. Fahren Sie auf der A84 Richtung Norden und dann bei Kingshouse rechts.

Highlights der Gegend

Fahren Sie mit dem Boot auf die Insel des **Lake of Menteith**, Schottlands einzigem »Lake« – die anderen Seen heißen »Loch« –, zur Ruine der Augustinerabtei **Inchmahome**. Hier wurde 1547 Maria Stuart versteckt, ehe sie nach Frankreich ins Exil geschickt wurde. Halten Sie Ausschau nach dem Bildnis, das Walter, Steward of Menteith, mit seiner Frau in ewiger Umarmung zeigt; es findet sich im Chor der Kirche.

In **Aberfoyle** ist das **Scottish Wool Centre** beheimatet. Hier gibt es Vorführungen von Wollspinnern und auch von Schäferhunden. Außerdem wird erklärt, welche Rolle verschiedene Schafarten beim Aufbau der schottischen Wollindustrie spielten.

Schlendern Sie über die Hügel zum **Duke's Pass**, und genießen Sie den Ausblick. Hier liegt auch das Besucherzentrum des **Queen Elizabeth Forest Park**. Dieses urtümliche Stück Natur bedeckt eine riesige Fläche von 30 000 Hektar und erstreckt sich vom Ostufer des Loch Lomond bis zum wilden Strathyre. Hier leben Rot- und Damwild, wilde Ziegen und Kleintiere. Es gibt Forst- und Waldwege, man kann auf Berge klettern und sich mit dem Mountainbike ins Schwitzen bringen und bei Erschöpfung eine Kutschfahrt unternehmen.

KLEINE PAUSE

Im Besucherzentrum des Queen Elizabeth Forest Park's gibt es ein exzellentes Restaurant.

Die ruhigen Wasser des Lake of Menteiths, dem einzigen »Lake« Schottlands

Stirling Tourist Information Centre

✚ 199 D4 ⊠ 41 Dumbarton Road, Stirling ☎ 08707 200 620; www.visit scottishheartlands.com ⏰ April–Juni, Sept. Mo–Sa 9–17 (Juni–Sept. auch So 10–16); Juli/Aug. Mo–Sa 9–19, So 10–16; Okt.–März Mo–Sa 10–17 Uhr 🚌 regelmäßige Verbindung ab Glasgow und Edinburgh 🚂 Stirling

Visit Scotland Information Centre

✚ 198 C4 ⊠ Ancaster Square, Callander ☎ 01877 330342 ⏰ April–Juni, Sept., Okt. tägl. 10–17; Juli–Aug. tägl. 10–18; Nov.–März tägl. 10–16 Uhr 🍴 Myrtle Inn, Callander (£) 🚌 ab Stirling 💰 Ausstellung: preiswert

Stirling Castle

✚ 199 D4 🚂 Stirling ☎ 01786 450 000; www.historic-scotland.ov.uk ⏰ April–Sept., tägl. 9.30–18; Okt.–März 9.30–17 Uhr 🍴 Café 💰 teuer

Wallace Museum

✚ 199 D4 ⊠ Abbey Craig Hillfoots Road, Causewayhead ☎ 01786 472 140; www.nationalwallacemonument.com ⏰ Jan.–März u. Nov.–Dez. tägl. 10.30–16; April–Juni, Sept., Okt. 10–17, Juli, Aug. 10–18 Uhr 🚂 Stirling 💰 mittel

Scottish Wool Centre

✚ 198 C4 ⊠ Off Main Street, Aberfoyle ☎ 01877 382 850; www. scottishwoolcentre.co.uk ⏰ tägl. Juni–Sept. 9–17.30; Okt.–Mai 9–17.30 Uhr

Top-Tipp: Unternehmen Sie eine Rundfahrt auf dem Loch Katrine mit dem **viktorianischen Dampfer** *Sir Walter Scott* (März–Okt.). Scotts Roman *Rob Roy* und sein romantisches Gedicht *Die Dame vom See*, das auf dem Loch spielt, locken seit langem Besucher in diese Gegend. Da der Loch Katrine Glasgow mit einem Großteil seines Wassers versorgt, gestatten die Behörden keinen weiteren Motorbootverkehr auf dem See.

Geheimtipp: Hinter der Kirche von Ballquhidder führt eine Steige zu einer Forststraße. Folgen Sie ihr bis zur ersten Kreuzung, dann gehen Sie rechts. Sie gelangen auf einen kleinen Hügel oberhalb der Kirche, von hier haben Sie einen Blick auf die **Braes of Balquhidder** und das abgelegene Tal **Balquhidder-Glen** hat. An diesem Weg liegt Iverlochlarig, der Ort, an dem Rob Roy starb.

Nach Lust und Laune!

3 Dunkeld

Der zentrale Platz mit den getünchten Häusern aus dem 17. Jahrhundert wurde nach der Schlacht von Dunkeld 1689 wieder aufgebaut. Von hier sind es nur ein paar Minuten am Fluss entlang bis zur verfallenen Kathedrale, in der noch Gottesdienste stattfinden. Rund um Dunkeld gibt es viele schöne Wege durch den Wald und am Fluss entlang; man kann z. B. am Tay entlang und über die Thomas-Telford-Brücke zum Nachbardorf Birnam laufen. Die letzte alte Eiche aus den Birnam-Wald – die in der Prophezeiung von Macbeths Tod in Shakespeares Stück auftaucht – steht neben dem Fluss. Der Hermitage Woodland Walk führt an vielen exotischen Bäumen vorbei, u. a. dem höchsten Baum Großbritanniens: einer 64 m hohen Douglasie. Sie steht in der Nähe der merkwürdigen Ossianshalle, einer eleganten Klause aus dem 18. Jahrhundert, die auf einer Felsnase über dem Wasserfall erbaut wurde. Die Ossianshöhle ist eine aus natürlichen Felsformationen gebildete überdachte Zelle. Wanderkarten und Auskünfte erhalten Sie im Laden des National Trust for Scotland (NTS) im Ell House. Es trägt seinen Namen nach dem Messingmaß an der Wand, mit dem Kaufleute ihre Kleidung ausmaßen.

Der beeindruckende Wasserfall am Hermitage Woodland Walk

✚ 199 D4 🍴 Cafés und Teestuben im Ort (£)

NTS The Ell Shop
☎ 01350 727 460 🕐 April–Okt. Mo–Sa 10–17.30, So 12.30–17.30, Nov.–23. Dez. Mo–Sa 10–16.30, So 12.30–16.30 Uhr

4 Perth

Perth, tief in der Geschichte verwurzelt, feierte 2010 ihr 800-jähriges Stadtjubiläum und ist die Stadt in der nach Umfragen die meisten Schotten leben wollen. Die ehemalige Hauptstadt – hier wurden die schottischen Könige gekrönt – ist heute ein blühender Markt und ein guter Standort zur Erkundung der Gegend. In der Stadt selbst sollten Sie die restaurierte viktorianische Hafermühle in **Lower City Mills** und das **Black Watch Regimental Museum** in Balhousie Castle besichtigen. Im **Bell Cherrybank Garden** gibt es eine der schönsten Sammlungen von Heidepflanzen Großbritanniens. **Branklyn Garden** (NTS) an der Dundee Road bietet auf knapp einem Hektar eine exzellente Sammlung von Alpenpflanzen und Rhododendren. Perth ist eine grüne Stadt mit Ufferwegen und einem von zwei netten, schattigen Parks, dem North Inch und dem South Inch gesäumten Stadtzentrum. Bei Wanderungen auf den Kinnoul Hill können Sie bezaubernde Aussichten über die Stadt genießen.

🔲 199 D4

Tourist Information Centre

⊠ West Mill Street ☎ 01738 450 600; www. perthshire.co.uk ⊙ April–Juni, Sept., Okt. 9.30–16.30; Juli, Aug. 9.30–16; Nov–März Mo– Sa 10–16 Uhr

Lower City Mills

⊠ West Mill Street ☎ 01738 62 7958

Black Watch Regimental Museum

⊠ Balhousie Castle, Hay Street ☎ 0131 310 8530; www.theblackwatch.co.uk/index/museum

Bell's Cherrybank Gardens

☎ 01738 472 800; www.rampantscotland.com/ visit/blvisitbells.htm

Branklin Gardens

⊠ 116 Dundee Road ☎ 01738 625 535; www. branklyngarden.org.uk

5 Scone Palace

Am Stein des Schicksals (Stone of Destiny, auch Stone of Scone) wurden die schottischen Könige gekrönt, bis ihn König Edward I. von England 1296 stehlen ließ (▲ 48). Das Gebäude stammt aus dem 16. Jahrhundert und wurde im 19. Jahrhundert restauriert und erweitert. In den großen Räumen mit herrlichem Deckenschmuck und Mobiliar aus der französischen Periode findet sich eine Sammlung von Porzellan, Uhren und Handarbeiten des 16. Jahrhunderts. Reizvoll sind auch die Ländereien mit ihren Parks, den Pfauen und dem Spielplatz.

🔲 199 D4 ⊠ A93, 3 km nordöstlich von Perth ☎ 01738 552 300; www.scone-palace.co.uk ⊙ April–Okt. tägl. 9.30–17; Nov.–Dez. Fr–So 11–16 Uhr 🍴 Restaurant und Café (£–££) 🚍 eingeschränkter Verkehr ab Perth 💷 Perth 💷 mittel

6 Angus Glens

Die Täler von Angus sind sogar bei sintflutartigem Regen eindrucksvoll, bei Sonnenschein bieten sie einen noch schöneren Anblick: Die dichte Heide an den Abhängen bietet Schafen und Hirschen ausreichend Futter, Wildbäche stürzen sich in die Tiefe und münden in die weit unten verlaufenden Flüsse. Dies ist ein echtes Wanderparadies mit zehn Munros. Die Tierwelt zieht Naturliebhaber an, Botaniker kommen wegen der seltenen Pflanzen.

Die Glens ziehen sich von Kirriemuir und Blairgowrie über 48 Kilometer bis nach Braemar und Balmoral, wo das Hochland beginnt. Fahren Sie von Blairgowrie auf der A93 nach Glenshee, und genießen Sie den Blick auf die majestätische Szenerie, während die Straße bis auf über 600 m ansteigt, nachdem Sie Devil's Elbow (eine doppelte Haarnadelkurve, die die Straße mittlerweile umgeht) passiert haben. Ruhige Nebenstraßen winden sich von den netten, auf dem Talgrund gelegenen Orten Alyth, Kirriemuir und Edzell hinauf. Von den Parkplätzen aus können Sie bei entsprechendem Wetter zu Fuß die Gegend erkunden.

🔲 199 E5 ⊠ nördlich von Blairgowrie und Kirriemuir

7 Dundee

Die alte Stadt ist ein angenehmer Aufenthaltsort mit vielen schönen Gebäuden und einer lebendigen Theaterszene. Sie ist reizvoller und moderner, als es ihr Ruf als Zentrum von »Jam, Jute und Journalismus« nahe legt. Zu den Highlights gehören die McManus Galleries mit dem ältesten bekannten Astrolabium, einem astronomischen Messinstrument aus dem Jahr 1555, ferner das Sensation: Dundee, ein Wissenszentrum, in dem spielerisch alle Altersgruppen die fünf Sinne erfahren können, und das Dundee Contemporary Arts Centre mit einem engagierten Programm von Veranstaltungen, Experimentalfilmen und Ausstellungen.

An die alte Jute-Industrie erinnert die restaurierte Spinnerei der Verdant Works mit ihren lauten Maschinen. Um 13 Uhr heult die Fabriksirene auf, die einst das Leben der Familien bestimmte, und ruft bei so manchem schmerzhafte Erinnerungen wach. In der Jute-Industrie waren einst 50 000 Menschen beschäftigt. Heute ist Dundee bekannt für Hightech.

Scott's Schiff RRS *Discovery*

8 RRS *Discovery*

Das 1901 in der Panmure-Werft in Dundee erbaute Royal Research Ship (Königliche Forschungsschiff) *Discovery* brachte Kapitän Robert Falcon Scotts (1868–1912) erstes Expeditionsteam von 1900–04 in die Antarktis. Sie waren zwei Jahre im Eis eingeschlossen und beschrieben mehr als 500 unbekannte Meerestiere. Nachdem es jahrelang auf der Themse vor sich hinrottete, wurde es vollständig restauriert und stellt heute die Hauptattraktion von Dundee dar, bietet es doch einen faszinierenden Blick in das Leben des kühnen Entdeckers.

+ 199 E4 **⊠** Discovery Point, nahe der Tay-Straßenbrücke **☎** 01382 309 060; www.rrsdiscovery.com **◷** April–Okt. Mo bis Sa 10–18, So 11–18 Uhr; Nov.–Feb. Mo–Sa 10–17, So 11–17 Uhr **🍴** Café im Besucherzentrum (£) **🚆** Dundee **💰** mittel

Verdant Works

⊠ 27 West Henderson's Wynd **☎** 01382 309 060; www.verdantworks.com

Contemporary Arts Centre

⊠ 152 Nethergate **☎** 01382 307 200; www.dca.org.uk

McManus Galleries

⊠ Albert Square, Meadowside **☎** 01382 307 200; www.mcmanus.co.uk

+ 199 E4

9 St Andrews

St Andrews beherbergt die älteste schottische Universität; sie wurde 1411 gegründet. Wie seit 600 Jahren schlendern auch heute Studenten über das alte Kopfsteinpflaster und durch die engen Gassen. Geführte Touren im Sommer zu den alten Gebäuden umfassen einen Besuch der unheimlichen Ruinen der Kathedrale aus dem 12. Jahrhundert (Infos unter 01334 476 161). Ebenfalls eine ehrwürdige Institution ist der Royal and Ancient Golf Club, der älteste Golfclub der Welt, der Golfer aus aller Welt anzieht. Die British Open sind hier viele Male ausgetragen worden. Wenn Sie über das notwendige Handicap verfügen, können Sie auf dem berühmten Old Course spielen, indem Sie entweder lange im Voraus buchen (Details ▶ 138) oder bei der täglichen Lotterie um einen Platz Glück haben. Das British Golf Museum in der Nähe bietet vielfältige Exponate aus Vergangenheit und Gegenwart.

+ 199 E4

Tourist Office

⊠ 70 Market Street **☎** 01334 472 021; www.visitfife.com **◷** Nov.–März Mo–Sa 9.30–17; April bis Juni Mo–Sa 9.30–17.30, So 11–16; Juli/Aug. Mo–Sa 9.30–19, So 10–17 Uhr; Sept./Okt. Mo–Sa 9.30–17, So 11–16 Uhr **🍴** zahlreiche Cafés, Restaurants und Teestuben (£) **🚆** regelmäßige Verbindung ab Leuchars, Dundee und Edinburgh **🚉** Leuchars

10 East Neuk of Fife

Die Küste dieses kleinen Fleckens Schottland lässt sich am besten zu Fuß oder per Fahrrad abmessen, oder Sie machen einen Nachmittagsausflug mit dem Auto ab St. Andrews. Sehenswert sind die Fischerdörfer Crail, Anstruther, Pittenweem und St. Monans, wo sich Cottages mit rot gedeckten Dächern und Treppengiebeln um malerische Häfen mit Fischernetzen und Hummerkörben scharen. Beim Küstenspaziergang kann man zahlreiche Seevögel beobachten, die auf den Felsen nisten, oder man taucht in den klaren Wasser.

+ 199 E4 **⊠** Küste von Fife, südlich von St. Andrews

11 Schottland's Secret Bunker

Der unterirdische Kommandoposten sollte im Falle eines Nuklearangriffs die Verwaltungszentrale Schottlands werden und war Schottlands bestgehütetes Geheimnis – er wurde allerdings 1995 von der Offiziellen Geheimliste gestrichen. Seitdem stehen überall Schilder, die auf ihn hinweisen. Angesichts des Eingangs – ein kleines unscheinbares Haus, das einem traditionellen schottischen Bauernhaus gleichen soll – ist man überrascht von dem Labyrinth darunter. Wenn Sie erst einmal die massiven Stahltüren durchschritten haben, die der Wucht einer Atombombenexplosion standhalten sollen, können Sie in einem unterirdischen Gewirr von Schlafräumen, Kommunikationseinrichtungen und Kontrollräumen herumlaufen und in der Armeekantine sogar eine Tasse Tee bekommen. Die Tunnel erstrecken sich auf einer Länge von über 150 m. Der Bunker sollte im Katastrophenfall als Basis für wichtige Leute wie Schottland dienen, wie Minister, Wissenschaftler und Computerexperten.

➕ 199 E4 ⊠ 5 km nördlich von Anstruther
☎ 01333 310 301, www.secretbunker.co.uk
⏰ Mitte März–Okt. tägl. 10–17 Uhr
🍴 Café im Bunker (£) 💰 mittel

12 Scottish Fisheries Museum

Dieses in einer Gebäudezeile aus dem 16. bis 19. Jahrhundert direkt am Wasser untergebrachte Museum berichtet von der langen schottischen Fischereitradition. Zu den Exponaten gehört die Rekonstruktion des Inneren einer Fischerhütte und ein Schaubild über die Zulu Fischkutter. Im Hafen gegenüber finden Sie einen Fifie, einen traditionellen Fischkutter aus längst vergangener Zeit.

➕ 199 E4 ⊠ Hafenspitze, Anstruther
☎ 01333 310 628; www.scotfishmuseum.org
⏰ April–Sept. Mo–Sa 10–17.30, So 11–17 Uhr; Okt.–März Mo–Sa 10–16.30, So 12–16.30 Uhr
🍴 Teestube (£) 🚌 von St. Andrews nach Leven 💰 mittel

Die Häuser am Hafen von Pittenweem, East Neuk of Fife

FÜR KINDER

■ Wenn Sie mit Kindern nach St. Andrews kommen, ist das **Aquarium** (Tel. 01334 474 786; www.standrewsaquarium.co.uk) ein Muss. Mit seinen unterirdischen Gängen, Teichen, Hai-Vorführungen und allerlei anderen Meerestieren bietet es Spaß für die ganze Familie.

■ Der **Blair Drummond Safari Park** (Tel. 01786 841456; www.blairdrummond.com) ist eine Kombination aus Wildtiergehegen mit vielen Tieren – von Schimpansen bis zu Kamelen – sowie Wasserrutschen, Hüpfburgen und zahlreichen anderen Aktivitäten, bei denen Kinder Dampf ablassen können. Während der Sommerferien gibt es jede Woche Festivals und Veranstaltungen.

Wohin zum ...
Essen und Trinken?

Preise
Pro Person für ein Drei-Gänge-Menü ohne Getränke:
£ unter 15 £   **££** 15–25 £   **£££** über 25 £

RESTAURANTS

Cellar Restaurant ££–£££
In einem alten Kaufmannshof mit unverputztem Gemäuer, Fliesenboden, Eichenmöbeln und Kaminfeuer ist dieses Fischrestaurant untergebracht, eines der besten in Schottland. Der Küchenchef und Eigner Peter Jukes liebt es schlicht und verwendet erstklassige Zutaten. Reservierung erwünscht!
🗺 199 E4 ✉ 24 East Green, Anstruther
☎ 01333 310 378; wwwcellaranstruther. co.uk 🕐 Fr, Sa mittags; Di–Sa abends, Juni–Aug. auch Mo

Creagan House ££–£££
Dieser einladende Landgasthof aus dem 17. Jahrhundert (mit Zimmern zum Übernachten) steht im Herzen des Queen Elizabeth Forest Parks. Im winzigen Speiseraum mit offener Feuerstelle werden frische, lokale Erzeugnisse serviert, die von kleinen Höfen stammen und auf experimentelle, französisch inspirierte Weise zubereitet sind. Am Abend schicklegere Kleidung erwunscht.
🗺 198 C4 ✉ Strathyre
☎ 01877 384 638; www.creaganhouse.co.uk
🕐 Fr–Mi nur abends;
Feb. und 2 Wochen im Nov. geschl.

Kind Kyttock's Kitchen £
Kind Kyttock ist die Heldin eines alten schottischen Gedichts, die müde Reisende mit Essen und Trinken versorgt. Diese traditionsreiche Teestube zieht Leute von weit her an, die hier reichhaltige Snacks wie Omelettes, gebackene Kartoffeln, Salate und Backwaren genießen möchten. Der Nachmittagstee ist exzellent, die Scones sind perfekt, ebenso die schottischen Knödel.
🗺 199 E4 ✉ Cross Wynd, Falkland, Fife
☎ 01337 857 477 🕐 Di–So 10.30–17.30 Uhr

Monachyle Mhor £££
Das umgestaltete Bauernhaus von Tom Lewis hat viel ländlichen Charme und Charakter. Es liegt mitten in einem 800 Hektar großen abgeschiedenen Gehöft an der Seespitze eines schönen Tals. Allein der Blick aus dem Speiseraum auf Loch Voile und Loch Donie ist unvergleichlich. Die Küche bietet vorbildliche einfache Gerichte auf der Basis natürlicher Gewürze und einer sorgfältig zusammengestellten Mischung aus Kräutern, Obst und Gemüse. Mittags werden Snacks serviert. Ein wahrer Gourmettempel! Keine Kinder unter 12.
🗺 198 C4 ✉ Lochearnhead, Balquhidder
☎ 01877 384 622; www.monachylemhor.com
🕐 tägl. mittags und abends;
Jan. bis Mitte Feb. geschl.

Ostlers Close Restaurant ££
Die Folge kleiner Räume, aus denen dieses gemütliche, in einer Gasse versteckte Restaurant besteht, zeigt, dass es aus einer früherer Hotelküche gebildet ist. An den Zutaten der Speisen – Gemüse, Blattsalat und Kräuter vom Öko-Hof, Wild von örtlichen Ländereien sowie Hummer und Krebse, die je nach Gezeiten geliefert werden – gibt es nichts auszusetzen, dazu kommt frischer Blumenschmuck. Umfangreiche Weinkarte
🗺 199 E4 ✉ Bonnygate, Cupar
☎ 01334 655 574; www.ostlersclose.co.uk
🕐 Sa mittags, Di–Sa abends;
2 Wochen im Okt. geschl.

The Peat Inn ££–£££

Die schön gelegene Peat Inn gilt als eines der reizvollsten Restaurants (mit Zimmern) in Schottland. Die Küche hat einen sehr guten Ruf. Ihr Schwerpunkt liegt auf hochwertigen lokalen und saisonalen Zutaten wie Anstruther Hummer und schottischem Lachs. Das Personal ist sehr freundlich und die acht luxuriösen Zimmer sehr empfehlenswert.

✚ 199 E4 ✉ Peat Inn, Cupar
☎ 01334 840 206; www.thepeatinn.co.uk
🕙 Di–Sa 12.30–13.30 und 17–21 Uhr

Seafood Restaurant ££–£££

Wenn Sie die pittoresken Fischerdörfer in East Neuk erkunden, dann ist diese kleine Bar der richtige Ort, um sich zu erfrischen. Beherbergt in einem 400 Jahre alten ehemaligen Fischerhaus in der Nähe des Hafens, bietet es von der Terrasse eine sagenhafte Aussicht auf die Isle of May und über die Firth of Forth. Ein Gaumenschmaus sind die Muscheln mit Mango-Chili-Sauce oder das Krebs-Risotto.

✚ 199 E4 ✉ 16 West End, St Monans
☎ 01333 730 327
www.theseafoodrestaurant.com
🕙 Mi–So 12–14.30 und 16.30–22 Uhr

63 Tay Street ££

Ein preisgekröntes Schlemmerlokal direkt am Tay in Perth. Unter den einheimischen gilt es als das beste Restaurant der Stadt. Küchenchef Graeme Pallister kommt aus der Gegend und ist ein Anhänger der Slowfood Bewegung, die stark auf regionale und ökologisch korrekt angebaute Produkte setzt. Das Lammfleisch bezieht er z. B. vom Bruder des berühmten schottischen Andrew Fairlie, Schottlands einzigem 2-Sterne Koch. Perfekt gebratenes Reh und immer wird ein passender Wein zu den Gerichten angeboten. Ein helles, unkompliziertes Restaurant in dem man gerne länger verweilen möchte.

✚ 199 D4 ✉ 63 Tay Street, Perth
☎ 01738 441 451; www.63taystreet.com
🕙 Di–Sa 12–14 und 16.30–21 Uhr

An Lochan Tormaukin Country Inn ££–£££

Steinmauern und freiliegende Holzbalken machen diese Bar, die im 18. Jahrhundert vor allem bei Viehhändlern beliebt war, zu einem gemütlichen Platz – speziell am lodernden Holzfeuer an frostigen Tagen. Inmitten der Ochil Berge gelegen, bietet sie gute Möglichkeiten zum Wandern, Fischen und Golfen. Ein originelles Angebot an Mittag- und Abendessen steht zur Auswahl, an der Kreidetafel sind die Tagesgerichte angeschrieben. Kinder sind willkommen.

✚ 199 D4 ✉ Glendevon
☎ 01259 781 252 🕙 Mo–Sa 11–23, So 12–23 Uhr

Lomond Country Inn £–££

Dieses kleine, privat geführte Hotel an den Hängen der Lomond Hills bietet tolle Ausblicke auf die Insel in Loch Leven, auf der die schottische Königin Mary inhaftiert war. Gegründet vor über 100 Jahren liegt es in einer kleinen Ortschaft in der Nähe von Scotlandwell. Genießen Sie eines der traditionell gebrauten Ales und die große Auswahl an Whiskys beim Holzfeuer in der Bar oder speisen Sie stilvoll im Restaurant. Im Sommer wird auch auf der Dachterrasse serviert.

✚ 199 E4 ✉ Kinnesswood ☎ 01592 840 253; www.lomondcountryinn.co.uk
🕙 tägl. mittags und abends

The Ship Inn £–££

Strand-Kricket ist nur eine der Aktivitäten, die diesen traditionellen Pub zu einem beliebten Treffpunkt im Sommer machen. In Elie, berühmt für seine goldenen Strände, liegt er direkt am Wasser. Grillpartys finden im Biergarten statt und Kinder sowie Hunde sind willkommen. Täglich wechselnde leckere Gerichte gibt es von 12–14 Uhr und von 18–21 Uhr. Spezialität ist guter Fisch.

✚ 199 E4 ✉ The Toft, Elie
☎ 01333 330 246; www.ship-elie.com
🕙 Mo–Sa 11–23, So 12.30–23 Uhr

Wohin zum …

Wohin zum ...
Übernachten?

Preise
Pro Person und Nacht im Doppelzimmer inklusive englischem Frühstück:
£ unter 50 £   **££** 50–90 £   **£££** über 90 £

The Adamo ££

Das Boutique-Hotel, das ganz in seiner Rolle aufgeht, ist die wohl eleganteste Unterkunft in Stirling. Altes wird unkompliziert mit neuen Elementen verbunden, gedämpftes Licht, flippige Farben und Flachbildfernseher treffen auf neoklassizistische Säulen im herrschaftlichen Außenbereich. Es verfügt nur über sechs Zimmer im zweiten Stock über dem Restaurant, Sie sollten also rechtzeitig im voraus reservieren. In den eleganten und modern eingerichteten Zimmer werden Sie sich sofort heimisch fühlen. Weiße Bettwäsche, dunkle Hölzer und angenehme Badezimmer.
✚ 199 D4 ✉ 78 Upper Craigs, Stirling ☎ 01786 430 890; www.adamohotels.com

Apex City Quay Hotel & Spa ££–£££

Speziell gebaut als ein Teil von Dundees verjüngtem Stadtzentrum, zeichnet dieses große, moderne Haus eine herzliche Gastfreundschaft und ein professioneller Service aus. Passend dazu die exzellente Einrichtung mit Panoramafenstern, die das erstklassige Speisen im Restaurant zum Genuss werden lässt. Ergänzt wird das umfangreiche Angebot durch Hallenbad, Fitnessraum und Spa. Die Zimmer sind mit Breitbildfernsehern, DVD-Playern und Luxusduschen gut ausgestattet.
✚ 199 E4 ✉ 1 West Victoria Dock Road, Dundee ☎ 01382 202 404; www.apexhotels.co.uk

Arden House ££

Gäste, die älter als 50 Jahre und in Großbritannien aufgewachsen sind, haben vielleicht so etwas wie ein Déjà-vu-Erlebnis, wenn sie Arden House das erste Mal sehen. Es spielte in den 1960er-Jahren eine prominente Rolle in einer beliebten Arztserie des britischen Fernsehens. Heute ist es ein gut geführtes, komfortables Bed-and-Breakfast-Haus. Das stabile Gebäude aus Stein steht in einer ruhigen Umgebung, nur ein paar Schritte hügelaufwärts von Callanders Hauptstraße entfernt.
✚ 198 C4 ✉ Bracklinn Road, Callander ☎ 01877 330 235; www.ardenhouse.org.uk ⊙ Nov.–Ostern geschl.

Cromlix House £££

Die Fahrt durch die 1200 Hektar großen Ländereien ist ein großartiger Auftakt für den Besuch dieses viktorianischen Landsitzes von bestem Ruf. Im Winter sorgen knisternde Holzscheite für Wärme in den öffentlichen Räumen, im Sommer kann man sich mit einem Krocket- oder Tennismatch vergnügen oder sein Glück beim Forellen- oder Lachsangeln versuchen. Die meisten der 14 Zimmer haben eigene Aufenthaltsräume.
✚ 199 D4 ✉ Kinbuck über Dunblane ☎ 01786 822 125, www.cromlixhouse.com

Easter Dunfallandy House £–££

Mit gerade einmal drei Zimmern bietet diese gastfreundliche und behagliche Pension großartige Blicke auf die Ben-y-Vrackie Berge und das Tummel Tal. Das schottische Frühstück ist ein Highlight für Feinschmecker.
✚ 199 D5 ✉ Logierait Road, Pitlochry ☎ 01796 474 128; www.dunfallandy.co.uk

Forest Hills Hotel and Resort
£££

Genießen Sie die vielen Aktivitäten, die Ihnen dieses im Herzen der Trossachs liegende beliebte Hotel bietet, ob drinnen oder draußen. Wenn Sie vom Schwimmen, Segeln, Quadfahren oder Bogenschießen ermüdet sind, dann erholen Sie sich im Jacuzzi, Solarium oder im Restaurant bei wundervollen Ausblicken auf Loch Ard.

✚ 198 C4 ✉ Kinlochard ☎ 0844 879 9057; www.macdonald-hotels.co.uk

The Gleneagles Hotel £££

Dieses international ausgezeichnete Hotel der Spitzenklasse steht in schönster Landschaft, umgeben von dem berühmten Golfplatz, anderen Freizeiteinrichtungen wie Club, Kurbad und Möglichkeiten vom Bogenschießen bis hin zur Falkenjagd. Kinder sind hier sehr willkommen. Im Salon wird nachmittags aufwändig der Tee serviert und zum Abendessen gibt es die Wahl zwischen zwei erstklassigen Restaurants. Luxuriöse Suiten bieten jeden Komfort.

✚ 199 D4 ✉ Auchterarder ☎ 01764 662 231; www.gleneagles.com

Hazelbank £–££

Für einen günstigeren, aber nicht weniger verschwenderischen Aufenthalt in der Heimat des Golfs, eignet sich das kleine Hazelbank Hotel. Die zehn Zimmer des honigfarbenen Steinhauses mitten in der Stadt müssen Sie bei größeren Veranstaltungen eventuell im Voraus buchen. Golf- und Unterkunftspakete sind erhältlich, das Hotel liegt nur zwei Gehminuten vom ersten Tee auf dem Old Course entfernt.

✚ 199 E4 ✉ 28 The Scores, St Andrews ☎ 01334 472 466; www.hazelbank.com

Isle of Eriska Hotel £££

Das Hotel steht auf einer Privatinsel, die per Eisenbrücke vom Festland aus erreichbar ist. Mit Stränden, Wald und Moor ist Eriska ein Traum für Naturliebhaber. Das komfortable, fürstliche Haus ist stilvoll eingerichtet und bietet ausgezeichneten Service. Es gibt einen Golfplatz (6 Löcher), Pool und Fitnessraum, man kann aber auch Putten, Tontauben schießen und Tennis spielen. Alle 17 Zimmer sind geräumig und wunderbar ausgestattet.

✚ 198 B4 ✉ Ledaig über Oban, Isle of Eriska ☎ 01631 720 371; www.eriska-hotel.co.uk

The Lodge on Loch Lomond
££–£££

Dieses Hotel in einem niedrigen, modernen Gebäude, das sich über dem Loch Lomond ans Ufer klammert, prunkt mit idyllischer Lage und herrlichem Panoramablick. Das ganze Hotel ist kiefernholzvertäfelt, einschließlich der 46 Zimmer und Suiten; die meisten Zimmer haben Seeblick. Jedes Zimmer hat eine eigene Sauna, auch wenn diese in Standardzimmern nur Platz für eine Person bietet. Angeln und Bootfahren sind ein angenehmer Zeitvertreib, der vom Hotel gern organisiert wird.

✚ 198 C4 ✉ Luss ☎ 01436 860 201; www.loch-lomond.co.uk

The Old Course Hotel £££

Die Lage neben dem 17. Loch des berühmten Meisterschafts-Golfplatzes von St. Andrews zieht Golfer aus aller Welt an. Doch auch wer mit dem Sport nichts im Sinn hat, ist hier gut versorgt: Es verfügt über ein beheiztes Schwimmbad, Jacuzzi und einen Fitnessraum. Die Cocktailbar im vierten Stock bietet eine exzellente Auswahl an Single Malts, und das Restaurant beeindruckt durch die Leistung seiner Küche.

✚ 199 E4 ✉ St Andrews ☎ 01334 474 371; www.oldcoursehotel.co.uk

The Parkland Hotel ££

Das preisgekönte 4-Sterne-Hotel an Perth's grünem South Inch Park gelegen bietet 15 Zimmer und zwei Restaurants: The Bank, die Nummer eins, ist ein beliebtes und lockeres Bistro.

✚ 199 D4 ✉ 2 Leonard's Bank, Perth ☎ 01738 622 451; www.theparklandshotel.com

Wohin zum...
Einkaufen?

KUNSTHANDWERK

Versäumen Sie auf Fife nicht die **Crail Pottery** (75 Nethergate; Tel. 01333 451 212). Die **Griselda Hill Pottery** (Ceres; Tel. 01334 828 273) fertigt und verkauft Wemyss-Keramik inklusive der traditionellen Keramik-Katzen mit dem erschrockenen Blick. Das **Crieff Visitors Centre** (Muthill Road; Tel. 01764 654 014) bietet eine schöne Auswahl an Bechern u.Ä. Es ist außerdem das letzte eigene Outlet von Caithness Glass, in der kleinen Werkstatt können Sie Glasbläser bei der Arbeit beobachten. Wenn Sie bis nach Dunoon kommen, sollten Sie bei **Dunoon Ceramics** (164–165 Argyll Street; Tel. 01369 702 662) vorbeischauen, denn dort werden die Becher im Karo- und Mackintosh-Muster hergestellt, die man überall in den Andenkenläden findet. Hier sind sie natürlich viel billiger, und es gibt auch Produkte zweiter Wahl.

GOLFAUSRÜSTUNG & -KLEIDUNG

Bei **Auchterlonies** (2 Golf Place, St. Andrews; Tel. 01334 473 253), gibt es die unverzichtbare Ausrüstung. Bei **Andrew's Golf Company** (8 Golf Place; Tel. 01334 474 710) können Sie auf dem Innengrün verschiedene Putter ausprobieren. Clubs, Carts oder Kleidung – in diesem riesigen Outlet bekommen Sie alles.

Die **David Broom Gallery** (9 Albany Place; Tel. 01334 477 840) ist der richtige Ort für Golf-Antiquitäten, Silberwaren, Drucken und alten Büchern zum Thema Golf.

Wohin zum...
Ausgehen?

GOLF

Kaum eine Kleinstadt hat keinen eigenen Golfplatz. Die meisten sind in Gemeindebesitz und nicht besonders teuer. **Rosemount at Blairgowrie** (Tel. 01250 872 622) ist ein schöner Platz, Sie können aber auch den **King James VI** auf der Tay-Insel Moncrief (Tel. 01738 445 132) oder den teureren und berühmteren **Gleneagles** (Tel. 01764 694 362, ▶ 137) aufsuchen. Der **Old Course** in St. Andrews (▶ 136f, Tel. 01334 466 666) ist der Traum eines jeden Golfers. Sie müssen am Tag vor dem gewünschten Termin an einer Lotterie teilnehmen und brauchen einen Handicap-Nachweis. Den Platz in **Ladybank** (Tel. 01337 830 814) hat »Old Tom« Morris entworfen (▶ 15).

THEATER

Das **Perth Theatre** (185 High Street, Perth; Tel. 01738 621 031) gehört zu den besten Bühnen der Region; hier starten Jungstars oft ihre Karriere. Das **Pitlochry Festival Theatre** (Tel. 01796 484 626; www.pitlochry.org.uk) hat im Sommer und Herbst für Konzerte und Theatertourneen geöffnet.

In den Lokalzeitungen findet man meist eine Rubrik mit Veranstaltungshinweisen. Beachten Sie auch die Anschläge an den Stadthallen, fragen Sie im Touristenbüro, und halten Sie nach Faltblättern Ausschau.

Highlands und Inseln

Erste Orientierung

Das Hochland und die Inseln stehen für das Schottland der Mythen und Ansichtskarten, für heidebewachsene Hänge, schneebedeckte Berge und blaue Seen. An Sonnentagen spiegeln sich die riesigen Gipfel und Felsen im stillen Wasser der Seen, und endlos geht der Blick über Hügel und Täler. An grauen Tagen tauchen plötzlich große Felsvorsprünge aus dem Nebel auf und das schwarze Wasser kräuselt sich im Wind.

Auf den einspurigen Straßen können Sie kilometerweit fahren, ohne einem anderen Menschen zu begegnen, und stoßen am Ende auf einen Silberstrand in einer geschützten Bucht oder auf einen winzigen Weiler mit niedrigen Steinhäuschen, die nach Torfrauch duften. Erkunden Sie die bunten Häfen der kleinen Fischerdörfer, und setzen Sie zu den Inseln über.

Die Hochmoore und Kliffs des Hochlands bieten Tausenden von Tieren Schutz. Rotwild läuft in Herden frei herum und mischt einen rostbraunen Farbtupfer unter die Adlerfarne und den Torf der Hochmoore. Ihnen werden praktisch überall **Hirsche** mit imposanten Geweihen, zottelige Rinder und **Schafe** begegnen. Sie die Chance, die Gegend umso besser kennen zu lernen. Mal schneller, meist jedoch langsamer geht es voran, doch so haben

Nicht verpassen!

Nach Lust und Laune!

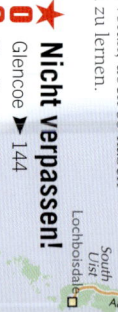

Outer

South
Uist
Lochboisdale

North
Uist
Lochmaddy

A865

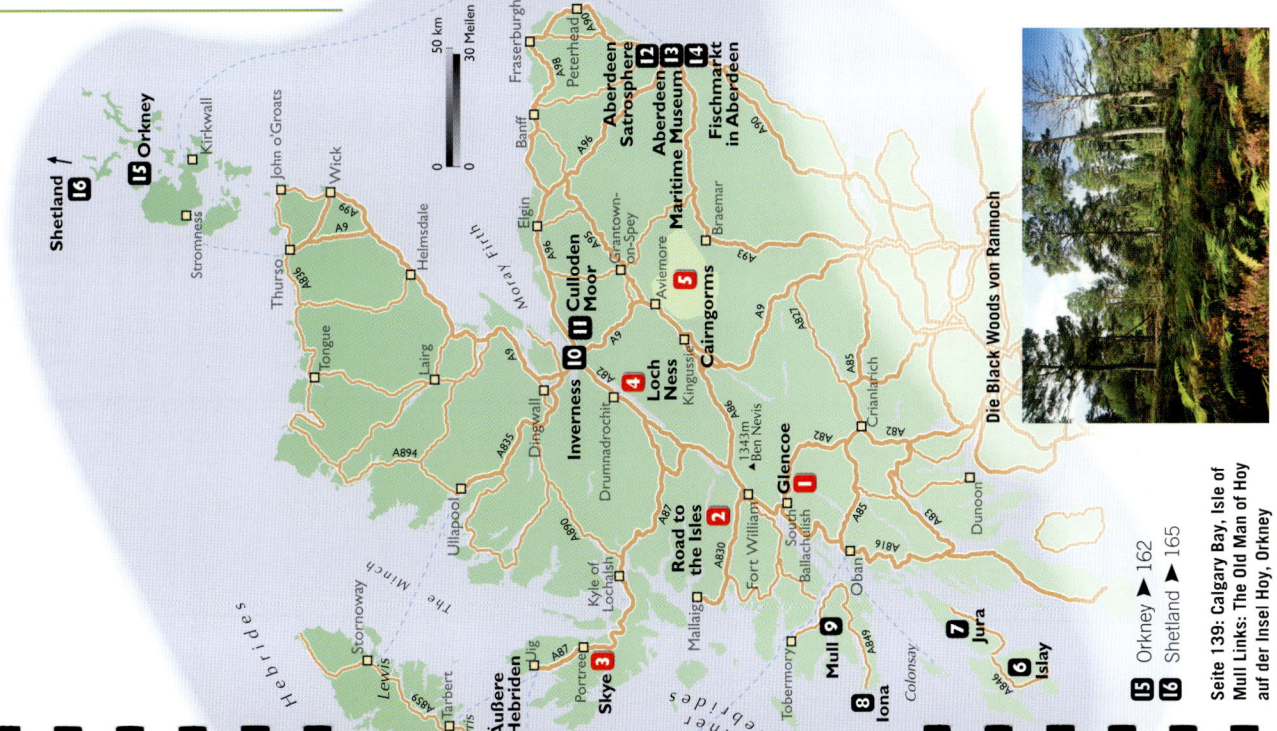

Shetland ⬆ **16**

15 Orkney

Kirkwall

John o'Groats

Stromness

Wick

Thurso

Helmsdale

Tongue

Lairg

A9

A836

A9

A894

Dingwall

Ullapool

A835

Hebrides

The Minch

Lewis

Stornoway

Harris

Tarbert

A859

3 Äußere Hebriden

Uig

Portree

3 Skye

Kyle of Lochalsh

A87

Mallaig

Inner Hebrides

Tobermory

Colonsay

Iona **8**

Mull **9**

A849

A816

Oban

7 Jura

6 Islay

A846

Dunoon

A83

Cranlarich

A82

A85

A84

A82

1 Glencoe

South Ballachulish

Fort William

▲ Ben Nevis 1343m

A87

2 Road to the Isles

Drumnadrochit

4 Loch Ness

Kingussie

A9

10 11 Inverness Culloden Moor

A82

5 Cairngorms

Aviemore

A9

Grantown-on-Spey

A95

Braemar

A93

Elgin

A96

Banff

A98

Fraserburgh

Peterhead

A90

12 Aberdeen Satrosphere

13 Aberdeen Maritime Museum

14 Fischmarkt in Aberdeen

A96

Morayfirth

50 km

30 Meilen

0

Die Black Woods von Rannoch

15 Orkney ▲ 162
16 Shetland ▲ 165

Seite 139: Calgary Bay, Isle of Mull Links: The Old Man of Hoy auf der Insel Hoy, Orkney

In fünf Tagen

Die folgende Route ist eine Möglichkeit, wie Sie einige der interessantesten Sehenswürdigkeiten der Highlands und Inseln in fünf Tagen abklappern können. Nutzen Sie die Karte (▶ 140f) zur Orientierung, die einzelnen Highlights werden im Folgenden (▶ 144ff) näher beschrieben.

Erster Tag

Vormittags

Von Crianlarich fahren Sie auf der A82 durch das öde Rannoch Moor und das Glen Coe nach **1 Glencoe** (▶ 144f). Gesellen Sie sich zu den Wanderern im **Clachaig Inn** (▶ 145) für ein herzhaftes schottisches Mittagessen.

Nachmittags

Verbringen Sie den Nachmittag mit der Erkundung von Glencoe. Starten Sie beim Besucherzentrum zu einem Spaziergang durch den Wald Richtung **Signal Rock** oder zur kurzen Klettertour von Altnafeadh die **Devil's Staircase** hinauf. Danach weiter auf der A82 nach Fort William, Ihrem Nachtquartier.

Zweiter Tag

Vormittags

Fahren Sie auf der A830, der **2 Road to the Isles** (▶ 146), nach Mallaig. Schauen Sie sich in Glenfinnan das **Monument** (▶ 146) an, und bewundern Sie den weißen Strand von **Morar**. Mit der Fähre erreichen Sie von Mallaig in einer halben Stunde Armadale auf **3 Skye** (nur im Sommer, ▶ 149f).

Nachmittags

Nach dem Mittagessen im **Hotel Eilean Iarmain** (▶ 169) in Isle Ornsay, etwa zehn Kilometer nördlich auf der A851, fahren Sie auf der A87 nach **Portree** und genießen die einzigartige Landschaft. Wenn die Zeit bleibt, machen Sie in Sligachan auf der A863 einen Umweg nach Westen für einen Blick auf die Cuillin Hills und die Küste. Von dieser Route führen kurze Abstecher zur **Talisker Distillery** in Carbost (▶ 150) und nach **Dunvegan Castle** (links, ▶ 150). Sie können auch direkt nach Portree weiterfahren und im Hafen herumschlendern, bevor Sie die Nacht im Ort verbringen.

Dritter Tag

Vormittags
Fahren Sie (Mo, Mi und Fr) die Route um die Halbinsel Trotternish im Norden entlang des **Old Man of Storr**, (rechts, ➤ 149) und dem **Museum of Island Life** (➤ 150) mit überwältigenden Ausblicken nach Wester Ross und nehmen Sie um 14 Uhr die Fähre zu den 3 **Äußeren Hebriden** (➤ 150ff). Di, Do und Sa fahren Sie direkt nach Uig, und nehmen die Fähre um 9.40 Uhr. Oder Sie schenken sich die Golden Road auf Harris, bleiben auf Skye und nehmen die 18-Uhr-Fähre für die zweistündige Fahrt von Uig nach Tarbert. Mittagessen können Sie im Uig Hotel oder im Harris Hotel in Tarbert.

Nachmittags
Wenn Sie Zeit haben, erkunden Sie die reizvolle Landschaft der **Golden Road** (A859) auf **Harris**. Kehren Sie zur Ostküste zurück, und lassen Sie das faszinierende **Seallam! Visitor Centre** (➤ 152) in Northton nicht aus. Dann geht es nach Norden zum kleinen Hafen **Stornaway**.

Vierter Tag

Vormittags
Nehmen Sie sich die Zeit, und schauen Sie sich die **Calanais Standing Stones** (➤ 151) und das **Arnol Blackhouse** (links, ➤ 152) an. Wieder in Stornaway versuchen Sie, sich in das eigenartige **Lewis Loom Centre** (➤ 152f) zu drängen, und nehmen danach die Fähre nach Ullapool. Essen Sie während der dreistündigen Fahrt an Bord.

Nachmittags
Von **Ullapool** (➤ 184) fahren Sie auf der A835 südöstlich nach Inverness. Stoppen Sie nach etwa 20 Kilometern bei den Measach-Fällen. Verbringen Sie den Abend in 10 **Inverness** (➤ 161f).

Fünfter Tag

Vormittags
Fahren Sie auf der A82 südlich am 4 **Loch Ness** vorbei nach Drumnadrochit. Besuchen Sie die **Loch Ness 2000 Exhibition** (➤ 155) und **Urquhart Castle** (Kasten ➤ 155) bevor es nach **Fort Augustus** weitergeht, dessen schrulliges **Clansmen's Centre** (Tel. 01320 366 444) einen Besuch wert ist. Bleiben Sie auf der A82, halten kurz vor der Spean Bridge am **Commando Memorial** (➤ 181) und nehmen dann die A86 nach **Kingussie** zum Mittagessen.

Nachmittags
Besuchen Sie das **Highland Folk Museum** (➤ 157) in Kingussie und in Newtonmore, bevor Sie nach Süden zurückkehren. Oder Sie können ins **Cairngorm-Skigebiet** oberhalb von Aviemore fahren.

Glencoe

Der Romancier Charles Dickens (1812–70) stellte sich Glencoe als »Begräbnisstätte von Riesen« vor. Es ist einer der wenigen Orte, an denen auch Nicht-Bergwanderer und -Kletterer die Berge in ihrer schieren Masse hautnah erleben können. Das Tal ist gut besucht und doch so groß, dass es nie überfüllt wirkt. Für weniger ehrgeizige Wanderer gibt es kurze Pfade auf geringer Höhe, und die Wanderungen vom Clachaig Inn durch den Wald zum Signal Rock oder um den Loch Achtriochtan sind nicht anstrengend.

Je nach Jahreszeit und Wetter ändert sich die Stimmung im Tal, häufig an einem Tag. An klaren Frühlingstagen leuchten schnee- bedeckte Gipfel, weiße Wolken und blauer Himmel, die sich im Loch Achtriochtan spiegeln, das ganze Tal. In der Dämmerung mit niedrigem Sonnenstand und langen Schatten werden die tiefen Spalten und zerklüfteten Bergspitzen hervorgehoben, wäh- rend die Hänge smaragden und dunkeloliv schimmern. Bei düsterem Wetter sind die Berge in Nebel und Wolken gehüllt.

Nach der Ödnis von Rannoch Moor bewacht die massige Gestalt des Buachaille Etive Mór den Taleingang. Von dort

Rechts: Die Spiegelung von Rannoch Moor im Loch Leven

Unten: Buachaille Etive Mór am Eingang zum Tal

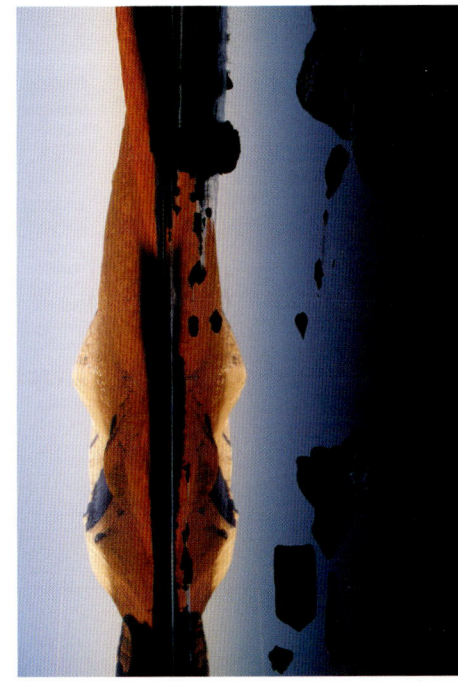

MASSAKER VON GLENCOE

Am 13. Februar 1692 schlachteten von Captain Robert Campbell geführte Regierungstruppen, die beim MacDonald-Clan einquartiert waren, im Morgengrauen ihre Gastgeber ab. Dieser Verstoß gegen die Regeln der Highland-Gastfreundschaft, die auch gegenüber dem Feind galten, führte dazu, dass der Name Campbell über Jahrhunderte gleichbedeutend mit Verrat war. Etwa 38 Menschen wurden getötet, und Hunderte flohen in die Hügel, wobei viele im Schnee starben. Die meisten MacDonalds entkamen, darunter auch die Söhne des alten Clan-Oberhaupts.

schlängelt sich die Straße unterhalb der gewaltigen Gipfel, die den breiten Talgrund flankieren, zum winzigen Loch Achtriochtan, in dessen Gemeinde sich das Massaker von Glencoe ereignete. Wenn sich die Straße am Besucherzentrum wieder in Waldungen verläuft, halten Sie Ausschau nach dem **Signal Rock**, an dem als Startsignal für das Massaker ein Feuer entzündet wurde. Das Tal öffnet sich bei dem Dorf Glencoe mit einem Blick über die weiten Gewässer des **Loch Leven**. Hier in Strandnähe wurde das Clan-Oberhaupt im Bett erschossen und seine Frau brutal angegriffen.

KLEINE PAUSE

Das **Clachaig Inn** (Tel. 01855 811 252) ist fürs Mittag- und Abendessen bestens geeignet. Es ist zwar etwas urtümlich, wegen der großartigen Stimmung jedoch bei Wanderern beliebt. Szenen des dritten Harry Potter Films wurden in der Nähe gedreht.

Glencoe Besucherzentrum

🔲 198 B5 ☒ Inverrigan, Glencoe ☎ 00844 493 222; www.glencoe-nts.org.uk ⏱ Mitte März– Aug. tägl. 9.30–17.30; Sept., Okt. tägl. 10–17; Nov.–Mitte März Do–So 10–16 Uhr 🚌 die Verbindung Glasgow–Fort William führt durch das Tal 💷 mittel

---

GLENCOE: INSIDER-INFO

Geheimtipp: Entgehen Sie dem Massenverkehr im Sommer: Nehmen Sie bei Buachaille Etive Mór die B-Straße nach Etive, und picknicken Sie am **Loch Etive**.

2 The Road to the Isles

Ob Sie Richtung Skye unterwegs sind oder einfach das spektakuläre Hochland genießen wollen – die Road to the Isles gehört zu den romantischsten und geschichtsträchtigsten Routen in Schottland. Fahren (► 181ff) Sie mit dem Zug oder per Auto auf der A830 vom Fuß des Ben Nevis durch die dramatische Seen- und Bergwelt zum Fischerhafen Mallaig.

Eine alte Dampflok auf dem Glenfinnan-Viadukt

Umgebung von Fort William

Starten Sie außerhalb von **Fort William** gegenüber der Ben Nevis Distillery, und fahren Sie auf der A830 nach Westen. Im Dorf Banavie nördlich von Fort William sollten Sie **Neptune's Staircase** am Caledonian Canal nicht auslassen. Auf nur 1,5 km Länge werden die Schiffe über acht Staustufen 20 m angehoben.

Glenfinnan Monument

Etwa 30 km von Ben Nevis entfernt, steht das **Glenfinnan Monument** an der Spitze des Loch Sheil. Hier zog Bonnie Prince Charlie 1745 seine Standarte auf und über 1000 Highlander begrüßten ihn an diesem einsamen Ort, als sein Ruderboot aus dem Nebel über dem Loch Sheil auftauchte. Der malerische

---

DIE EISERNE ROAD TO THE ISLES

Lassen Sie das Auto stehen, und nehmen Sie den Zug, um einen noch besseren Blick auf diese **spektakuläre Landschaft** zu haben. Die Aussicht auf das Viadukt ist zwar nicht so eindrucksvoll, dafür hat man, während man darüber fährt, atemberaubende Ausblicke auf den Loch Sheil oder den Loch Nan Uamh. Die **Dampflok Jacobite** fährt sommers einmal täglich von Fort William nach Mallaig und zurück.

Ben Nevis looms überragt Loch Linhe

Bahnhof von Glenfinnan beherbergt das **Glenfinnan Station Museum** mit faszinierenden Erinnerungsstücken.

Von Glenfinnan nach Loch Morar

Bei der Weiterfahrt nach Westen wird die Landschaft immer zerklüfteter, neue Blickwinkel auf das Land und das Wasser der Meeresarme eröffnen sich. Erst Anfang des 19. Jahrhunderts wurde eine Straße angelegt, die es erlaubte, mit der Kutsche so weit vorzudringen. Die Mönche von Arisaig aus dem 12. Jahrhundert nannten dieses felsige Land »Rough Bounds« (raues Grenzland). Halten Sie am **Loch Nan Uamh** Ausschau nach dem **Eisenbahnviadukt** und dem **Prince's Cairn**.

In **Arisaig** können Sie mit der Fähre zu den kleinen Inseln übersetzen oder am weißen Strand spazieren gehen. In **Morar** wandern Sie am Silberstrand entlang und halten Ausschau nach dem Ungeheuer von Loch Morar, oder Sie beobachten einfach den zauberhaften Sonnenuntergang über den Inseln.

Mallaig

Es lohnt sich einige Zeit im kleinen Fischerort **Mallaig** zu verbringen. Schlendern Sie durch den farbenfrohen Hafen, lauschen Sie auf das Klirren der Ketten und das Krächzen der Seevögel. Sie können beobachten, wie die Boote im Hafen Ihren Fang ausladen. Im **Mallaig Heritage Centre** erfahren Sie, wie die Heringindustrie die Stadt verändert hat. Vielleicht können Sie auch auf einem der Fischerboote mitfahren, die die Lizenz haben, Passagiere zu befördern, oder Sie machen mit dem Postboot von Bruce Watt einen Ausflug über Loch Nevis.

Der Sandstrand von Morar leuchtet in der Abendsonne

KLEINE PAUSE

In Mallaig wird Ihnen in den Cafés und Restaurants an der Hauptstraße frischer Fisch geboten; das **Cornerstone Café** (Tel. 01687 462 306) gilt als besonders gut.

✚ 198 B5

Fort William Tourist Information Centre
✉ 15 High Street ☎ 0845 225 5121 🕓 April, Mai Mo–Sa 9–17, So 10–17; Juni Mo–Sa 9–18, So 9.30–17; Juli–Mitte Sept. Mo–Sa 9–18.30, So 9.30–18.30; Mitte Sept.–Nov. Mo–Sa 9–17 So 10–16 Uhr

National Trust for Scotland Information Centre
✉ Glenfinnan, A830, 29 km westlich von Fort William ☎ 01397 722 250
🕓 April–Juni, Sept., Okt. tägl. 10–17; Juli–Aug. tägl. 9.30–17.30; Nov. 10–16 Uhr
💷 Monument: preiswert

Jacobite Steam Train
☎ 0845 128 4681; www.westcoastrailways.co.uk 🕓 Verbindungen Mitte Mai bis Ende Okt. Mo–Fr einmal tägl.; Ende Juni–Anfang Aug. auch Sa, So 💷 teuer

Glenfinnan Station Museum
☎ 01397 722 295; www.glenfinnanstationmuseum.co.uk
🕓 Juni–Mitte Okt. tägl. 9–17 Uhr

Mallaig Heritage Centre
✉ Station Road, Mallaig ☎ 01687 462085; www.mallaigheritage.org.uk
🕓 Öffnungszeiten variieren wöchentlich; Details auf der Homepage

ROAD TO THE ISLES: INSIDER-INFO

Top-Tipps: Vom Aussichtspunkt auf dem Hügel hinter dem Besucherzentrum von **Glenfinnan** haben Sie den besten Blick auf die Dampfloks bei der Fahrt über das Viadukt, auf das Monument und den Loch Sheil, besonders am frühen Morgen, wenn die Sonne den Nebel durchdringt.

Geheimtipp: Nehmen Sie in Arisaig die Nebenstraße links der A830 zur **Halbinsel Rhue** mit Ausblicken auf die kleinen Inseln Eigg, Muck, Rum und Canna.

3 Skye und die Äußeren Hebriden

Die Hebriden, die Inseln vor der Westküste Schottlands, sind geprägt von der gälischen Kultur und berühmt für ihre Musik und Gastfreundschaft. Die einsamen hohen Gipfel, die weiten, von Wildtieren bevölkerten Moorgebiete, der Geruch von Torf, die alten steinernen Rundtürme und die langen, schmalen, kurvenreichen Straßen sind allein schon durch das sie umgebende Meer weit von den Zwängen des Festlands entfernt und lassen einen die Sorgen des Alltags vergessen.

Der Table bei Quiraing auf der Halbinsel Trotternish in Skye

Skye

Dank der regelmäßigen Autofähren ist Skye die am leichtesten zugängliche Insel. Aber auch über die Mautbrücke bei Kyle of Lochalsh können Sie jederzeit hinüberfahren.

Bei einer Fahrt um die **Halbinsel Trotternish** im Norden der Insel, taucht auf im Osten der **Old Man of Storr** auf, eine 49 m hohe Felsnadel unterhalb des Storr-Berges, die scheinbar mühsam im Gleichgewicht gehalten wird. Weiter nördlich stürzt der spektakuläre **Kilt-Rock**-Wasserfall 91 Meter ins Meer, während **Quiraing** wie ein wunderliches Land der Legenden und Riesen

Die zerklüftete Kontur der Cuillins dominiert die Landschaft von Skye

erscheint. Prosaischer geht es im **Skye Museum of Island Life** zu, das in einer Reihe reetgedeckter Gebäude untergebracht ist: Es stellt das Leben auf der Insel vor etwa 100 Jahren dar. Einen Eindruck vom Leben des schottischen Adels bietet **Dunvegan Castle**, die Burg befindet sich seit 800 Jahren in Familienbesitz.

Überall von den Inseln und vom Festland aus sichtbar, bietet der zackige Umriss der **Cuillins**, einer gewaltigen, die Landschaft beherrschenden Bergkette mit zwölf Munros (▼ 125), den dramatischsten Anblick.

Durch die Verbindung von Munros und merkwürdigen Felsformationen auf der Halbinsel Trotternish ist Skye der ideale Platz für Bergwanderer und Bergsteiger, doch es gibt auch viele weniger anspruchsvolle Wanderungen – erkunden Sie sich vorab im örtlichen Tourismusbüro. **Hobby-Ornithologen** erfreuen sich am heiseren Schrei des **Wachtelkönigs**, der sich heute einst weit verbreiteten Vogels, der sich heute nur noch an wenigen Orten findet.

Die größte Attraktion auf Skye ist zweifellos die Landschaft. Bei schlechtem Wetter oder Nebel lohnt ein Ausflug nach Broadford ins **Skye Serpentarium**. In der preisgekrönten Schlangenausstellung können Sie die Tiere wenn Sie mögen, sogar anfassen. Als Alternative bietet sich eine Tour zur **Talisker Whisky Distillery** in Carbost an, deren flüssige Kostprobe einen Torfgeschmack besitzt.

Die Äußeren Hebriden

Die zerklüfteten Äußeren Hebriden – **Lewis** und **Harris**, **North** und **South Uist**, **Benbecula** und **Barra** – liegen wie eine Art Schutzschild zwischen dem wilden Atlantik und Skye mit den anderen Inneren Hebriden.

Die flache, vom Wind zerzauste Moorlandschaft von Lewis steht im Kontrast zu den gebirgigen, zerklüfteten Umrissen des angrenzenden Harris. Um die fremdartige Schönheit von Harris zu erkunden, sollten Sie auf der Golden Road vom Fährhafen Tarbert

WAS MAN SONST NOCH TUN KANN

Das Haus auf Raasay, in dem Dr. Johnson und James Boswell während ihrer langen und abenteuerlichen Hebriden-Reise 1773 wohnten, ist heute ein Zentrum für Outdoor-Aktivitäten wie Kajakfahren, Segeln, Klettern und Radfahren. In der Otterschutzstation Kylerhea, südlich von Kyle of Lochalsh, können Sie Otter beobachten. Das **Brightwater Besucherzentrum** in Kyleakin (Tel. 01599 530 040) bietet Einführungen in die Tier- und Pflanzenwelt und ermöglicht den Zugang zur Insel **Eilean Bàn** (unter der Brücke), einst Heimat des Schriftstellers Gavin Maxwell.

nach Leverburgh fahren. Diese einspurige Route windet sich die Küste entlang durch eine felsige Mondlandschaft. Wenn Sie genügend Zeit mitbringen lohnt ein Besuch der Ausstellung über die Geschichte der Inseln im **Seallam Visitor Centre** in Northon.

Lewis

Auf Lewis finden Sie die **Standing Stones of Calanais** (bzw. Callanish in anglisierter Schreibweise), die einst unter einem Torfmoor begraben waren. Sie stehen seit über 4000 Jahre oberhalb dieser Bucht.

Weiter nördlich steht **Dun Carloway Broch**, das vor etwa 2000 Jahren erbaut wurde. Dieses hohe, runde, befestigte Haus ist mit einer doppelten Mauer aus Bruchsteinen errichtet, um den Stürmen des Atlantiks zu widerstehen.

Die herausfordernden Gipfel und das raue Terrain von Skye machen die Gegend bei Bergwanderern und Kletterern beliebt

Das **Arnol Blackhouse** war bis in die 1960er-Jahre bewohnt, das dort untergebrachte Museum zeigt die Lebensweise der Pächter. Sie können in einem Blackhouse mit modernem Komfort übernachten (**Gearrannan Blackhouse village**; www.gearrannan.com). Im **Lewis Loom Centre** in der Nähe von Stornoway erfahren Sie wie Harris Tweed hergestellt wird.

✚ 202 C3

Tourist Information Centre
✉ Bayfield Road, Portree, Skye ☎ 0845 225 5121; www.visithebrides.com
🅿 von Mallaig oder Glenelg Autofähren nach Skye; Passagierfähren von Gairloch
✉ 26 Cromwell Street, Stornoway, Lewis ☎ 01851 703 088

Skye Museum of Island Life
✚ 202 B4 ✉ A855 nördlich Uig ☎ 01470 552 206; www.skyemuseum.co.uk
🕐 April–Okt. Mo–Sa 9.30–17 Uhr 🚌 Bus ab Portree nach Kilmuir 💷 preiswert

Dunvegan Castle
✚ 202 B3 ✉ A850 nördlich von Dunvegan, Skye ☎ 01470 521 206; www.dunvegancastle.com 🕐 Mitte März–Okt. tägl. 10–17 Uhr, Nov.–Mitte März 11–16 Uhr 💷 mittel

Skye Serpentarium
✚ 200 A1 ✉ The Old Mill, Harrapool, Broadford ☎ 01471 822 209; www.skyeserpentarium.org.uk 🕐 Ostern–Okt. Mo–Sa 10–17 Uhr; (Juli–Aug. auch So 10–17 Uhr) 🚌 Bus von Kyle, Kyleakin und Armadale 💷 preiswert

Talisker Distillery Visitor Centre Information
✉ Carbost, Isle of Skye ☎ 01478 614 308; www.discovering-distilleries.com/talisker 🕐 April–Okt. Mo–Sa 9.30–17 Uhr; reimäßig Führungen (letzte Führung 16 Uhr); Juli–Aug. auch So 12–17; Nov.–März 10–17 Uhr, Führungen 10.30, 12, 14 u. 15.30 Uhr 💷 preiswert

Seallam Visitor Centre
✉ An Taobh Tuath (Northon), Harris ☎ 01859 520 258; www.seallam.com

Calanais (Callanish) Standing Stones and Visitor Centre
✚ 202 B5 ✉ A859 in Calanais, Lewis ☎ 01851 621 422; www.historic-

Die Bucht und
Kisimul Castle
bei Castlebray,
Barra

Blick von Elgol auf die Cuillin Hills über Loch Scavaig

scotland.gov.uk ⊕ Steine frei zugänglich; Besucherzentrum: April–Sept. tägl. 10–18; Okt.–März Mi–Sa 10–16 Uhr 🍴 (£) 🚌 Bus ab Stornoway

Dun Carloway Broch and Doune Broch Visitor Centre

➕ 202 B5 ✉ A858 südlich von Carloway, Lewis ☎ 01851 710 395; www. historic-scotland.gov.uk ⊕ Haus frei zugänglich; Besucherzentrum: April–Sept. Mo–Sa 10–17 Uhr 🚌 Bus ab Stornoway

The Black House, Arnol

➕ 202 B5 ✉ 42 Arnol, Barvas, Lewis ☎ 01851 710 39; www.historic-scotland.gov.uk5 ⊕ April–Sept. Mo–Sa 9.30–17.30; Okt.–März Mo–Sa 9.30–16.30 Uhr 🚌 Bus ab Stornoway 🎫 mittel

Lewis Loom Centre

➕ 202 C5 ✉ 3 Bayhead, Stornoway, Lewis ☎ 01851 704 500 ⊕ tägl. 9–18 Uhr 🎫 preiswert

SKYE UND DIE ÄUSSEREN HEBRIDEN: INSIDER-INFO

Top-Tipps: Auf den Inseln, ganz besonders auf Lewis und Harris, wird die **Sonntagsruhe** strikt eingehalten, weshalb auch in der Hochsaison einige Sehenswürdigkeiten an diesem Wochentag geschlossen sind.

■ Skye und die Äußeren Hebriden erkunden Sie am besten mit einem **8- oder 15-Tage-Ticket** der Caledonian MacBrayne Ferries. Fahren Sie entlang der **Road to the Isles** (▶ 146ff), erkunden Sie die kleinen Inseln, und nehmen Sie die **Skye-Fähre** nach Armadale. Von Uig fahren Sie nach Tarbert auf Harris oder nach Lochmaddy auf North Uist und dann von Stornaway nach Ullapool.

Geheimtipp: Dunvegan Castle beherbergt einige Kuriositäten, z.B. die **Feenflagge.** Dieses angebliche Stück Seide, das den Sieg in der Schlacht sichern sollte, erhielt angeblich ein Clan-Oberhaupt der MacLeods von seiner Frau, einer Fee.

4 Loch Ness

Die steilen, baumbestandenen Hänge von Loch Ness bilden einen schönen Rahmen für das stimmungsvolle Wasser darunter. Am besten lässt sich der See mit dem Ausflugsdampfer erleben.

In den eiskalten Tiefen, 213 m unter seiner Oberfläche, entdecken Wissenschaftler kürzlich eine Population Seesaiblinge, die sich seit der letzten Eiszeit ungestört entwickelt haben. Nur hart gesottene Zyniker können über das geheimnisvolle Gewässer schauen, ohne nach Nessie, dem legendären Ungeheuer, Ausschau zu halten.

Nachrichten vom Ungeheuer

Nessie wurde zum ersten Mal im Zusammenhang mit dem heiligen Columban (ca. 521–597) erwähnt, der 565 ein Seeungeheuer vertrieben haben soll. Nach dem Bau der A82 in den 1930er-Jahren wurde es häufiger gesichtet, und es tauchten vermehrt unscharfe und zweifelhafte Fotos auf. Jüngst hat man mit Hightech-Geräten vergeblich versucht, Beweise für die Existenz des Ungeheuers zu finden. Doch die Hinweise häufen sich, dass unter der Oberfläche des stillen, dunklen Wassers reges Leben herrscht, wie die Ausstellung im **Loch Ness Exhibition Centre** an der A82 in Drumnadrochit belegt.

WISSENSWERTES

Loch Ness ist das größte Wasserreservoir in Großbritannien

Länge: ca. 37 km
Breite: 3,2 km
Tiefe: 230–250m

Das eiskalte Wasser von Loch Ness ist etwa 250 Meter tief

Urquhart Castle, von dem heute nur noch Ruinen übrig sind, war einst die größte Burg Schottlands

KLEINE PAUSE

In Brackla, direkt hinter Abriachan ab von der A82 zwischen Inverness und Drumnadrochit, steht das familiengeführte **The Clansman** (Tel. 01456 450 326) mit einer Panorama-Gaststube und Blick über den Loch Ness und den kleinen Hafen.

➕ 200 C1 ⊠ zwischen Inverness und Fort Augustus

Loch Ness Exhibition Centre

⊠ Drumnadrochit ☎ 01456 450 573; www.lochness.com ⏰ Feb., März tägl. 9.30–17; Juni, Sept. 9–18; Juli, Aug. 9–18.30; Okt. 9.30–17; Nov.–Jan. 10–15.30 Uhr 💰 mittel

Nessie Hunter Cruise Boat

⊠ Loch Ness Exhibition Centre ☎ 01456 450 395; http://loch-ness-cruises. co.uk ⏰ Karfreitag–Dez.; tägl. zur vollen Stunde 9–16 Uhr (je nach Nachfrage) 💰 mittel

LOCH NESS: INSIDER-INFO

Top-Tipp: Den besten Blick über den See hat man von **Urquhart Castle** (Sommer tägl. 9.30–18, Winter 9.30–16.30 Uhr; mittel) bei Drumnadrochit.

Geheimtipp: Etwa drei Kilometer südlich von Urquhart Castle steht auf der Seeseite der Straße das **Cobb Memorial**, eine Steinpyramide zur Erinnerung an John Cobb, der am 29. September 1952 starb, als er den Geschwindigkeitsweltrekord auf dem Wasser mit seinem Rennboot *Crusader* brechen wollte.

■ Gehen Sie vom schönen Dorf **Invermoriston** auf gut markierten Waldwegen zu der Stelle, wo der **Moriston** über Stromschnellen in den Loch Ness stürzt. Eine teils zerfallene **Brücke von Telford**, die die Wasserfälle und die Lachsteiche darunter überspannt, ist zu Fuß noch passierbar.

5 Die Cairngorms

Die Cairngorm Mountains sind nach dem Cairn Gorm benannt, einem 1245 Meter hohen Gipfel. Diese unglaublich abwechslungsreiche Landschaft wurde 2003 zum zweiten Nationalpark in Schottland ernannt. Hier finden Sie alpine Vegetation, Hochmoore, Heide und Überreste alter Kiefernwälder.

Sport und andere Aktivitäten

Ob Sie in einem der verschlafenen Dörfer oder im bunten Urlaubsort Aviemore Station machen – hier gibt es viel zu tun, vom Fliegenfischen auf einem abgelegenen See über die Vorbereitung zum Bergklettern im Glenmore Lodge bis zur gemütlichen Fahrt durch das geschichtsträchtige Spey Valley.

Die **Cairngorms** mit fünf der höchsten Gipfel in Schottland sind zwischen 1245 und 1309 Meter hoch und eignen sich besonders fürs Fels- und Eisklettern. Im Sommer kommen Wassersportbegeisterte, die hier am **Loch Morlich Watersports centre** (12 km von Aviemore) segeln, surfen und Kanu fahren. Das Wassersportzentrum am **Loch Insh** bietet ähnliche Aktivitäten, dazu eine Trockenskilope und einen Mountainbike-Verleih.

Rechts: In den Cairngorms können Sie die seltenen Rote Eichhörnchen beobachten

Unten: Der schnee- bedeckte Ben Macdhui im Cairngorms National Park

Rund um **Aviemore**, Schottlands führenden Skiort, ist eine Reihe seltener Tiere beheimatet, darunter die Schottische Wildkatze. Aviemore wurde in den Sechzigerjahren eigens angelegt, um die steigende Zahl von Skiläufern, die wegen der Loipen des Cairn Gorm kamen, zu versorgen. Viele der hässlichen Betonbauten aus dieser Zeit wurden mittlerweile abgerissen und durch neuere ersetzt. Der Ort ist bestens ausgestattet und bietet auch ein anständiges Nachtleben und Geschäfte für Wanderer, Kletterer, Radfahrer, Angler und Skiläufer.

Rothiemurchus Estate liegt mitten in den Cairngorms und ist seit dem frühen 16. Jahrhundert im Besitz der Familie Grant; es gehört zu den besten Erholungseinrichtungen in den Highlands. Hier kann man offroad fahren, Tontauben schießen, wandern, Vögel beobachten oder angeln. Lassen Sie sich den mit 32 Kilometer Länge größten erhaltenen Abschnitt des sehr ursprünglichen Caledonian-Kiefernwaldes nicht entgehen, der einst fast ganz Schottland überzog, über die Jahrhunderte jedoch durch Kahlschlag dezimiert wurde.

Am **Loch an Eilein** gibt es Überreste eines Schlosses aus dem 15. Jahrhundert, und im Besucherzentrum können Sie alles über die Besitzung von Rothiemurchus während der letzten Jahrhunderte erfahren. Elizabeth Grant aus Rothiemurchus hat in dem 1898 veröffentlichten Buch *Memoirs of a Highland Lady* eine faszinierende Beschreibung des Lebens in früheren Zeiten geliefert.

Ruhigerer Zeitvertreib

Wer es lieber etwas ruhiger mag, der kann weiter südlich im schönen Spey-Tal die kleine Stadt **Kingussie** besuchen, die – zusammen mit dem nahe gelegenen Newtonmore – das **Highland Folk Museum** beherbergt. Es widmet sich dem Leben in den Highlands in voller Breite: Bauernhäuser inklusive Rauchkate und Mühle sowie ein Blackhouse von den Hebriden sind dort wieder aufgebaut. Die eindrucksvolle Ruine der **Ruthven Barracks**, die errichtet wurden, um die Unruhen in den Highlands nach dem jakobitischen Aufstand von 1715 zu bändigen, ragt stolz in den Himmel. Bonnie Prince Charlies Armee, die die Kaserne 1746 eingenommen hatte, ließ sie nach der Nachricht von der Niederlage bei Culloden niederbrennen. Von Ruthven aus können Sie ein Stück auf der **alten Militärstraße von General Wade** (▶ 183) laufen.

KLEINE PAUSE

Hier gibt es viele gute Restaurants und Cafés. In Grantown-on-Spey gibt es mehrere gute Hotel-Restaurants im Norden des Stadzentrums.

✚ 200 C1

Aviemore Tourist Information Centre
✉ Grampian Road
☏ 0147 981 0930
🕐 Juni–Mitte Juli Mo–Sa 9–18, So 10–17; Mitte Juli–Mitte Sept. Mo–Sa 9–18 So 9.30–17; Mitte Sept.–Mai Mo–Sa 9–17, So 10–16 Uhr
🚆 viele Restaurants und Cafés (£–££)
🚌 ab Inverness, Glasgow u. Edinburgh, Haltestelle Grampian Road, Aviemore

Cairngorm National Park Authority
✚ 201 D1
✉ 14 The Square, Grantown-on-Spey
☏ 0147 873 535;
www.cairngorms.co.uk

Oben: Die Cairngorms bieten ideales Wanderland in allen Schwierigkeitsgraden

Rechts: Der Rothiemurchus Estate ist eine der besten Erholungseinrichtungen der Cairngorms

DIE CAIRNGORMS: INSIDER-INFO

Top-Tipps: Nehmen Sie im Sommer den **Sessellift** zum Cairngorm-Plateau, und steigen Sie die kurze Strecke zum Gipfel auf. An klaren Tagen haben Sie einen Blick über den Loch Morlich nach Aviemore und darüber hinaus.

■ Wenn Sie dem Trubel in Aviemore entgehen wollen, sollten Sie in einem der ruhigeren Dörfer Quartier nehmen: **Coylumbridge** liegt im Herzen des Rothiemurchus Estate, und der schöne georgianische (Ferien-)Ort **Grantown-on-Spey** ist besonders bei Forellen- und Lachsanglern beliebt.

Geheimtipp: Nachdem der **Fischadler** schon 50 Jahre aus Großbritannien verschwunden war, nistete 1954 ein Paar nahe Loch Garten und kehrte jedes Jahr dorthin zurück. Weitere Paare sind mittlerweile in den Highlands wieder angesiedelt worden. Die Gegend um **Loch Garten** gehört zum Reservat Abernethy Forest, das von der Royal Society for the Protection of Birds (RSPB) verwaltet wird. Während der Brutzeit (April–Aug.) können Sie die Vögel aus einem Versteck mit Hilfe einer Nestkamera beobachten.

Außerdem: Die Cairngorms sind ein **ideales Wandergebiet**. Es gibt eine Vielzahl von Wanderungen und Naturpfaden auf niedriger Höhe, insbesondere im **Rothiemurchus Estate** und rund um **Loch Morlich**. Der **Lairig Ghru** ist ein besonders schöner Gebirgsspass, der von Gletschern bedeckt ist. Der Weg erstreckt sich über 32 Kilometer von der Gegend um Coylumbridge zum Linn of Dee in der Nähe von Braemar und verbindet Speyside mit Deeside. Die Route sollte nur von erfahrenen Wanderern mit entsprechender Ausrüstung und Kondition begangen werden. Eine weniger anstrengende Alternative ist der Aufstieg von Coylumbridge zum Pass (hin und zurück etwa sechs Stunden).

Nach Lust und Laune!

6 Islay

Wasser, Torf und jahrhundertealte Kenntnisse sorgen für das rauchige Aroma der Malt-Whiskys von Lagavulin, Laphroaig und Bowmore. Außer dem Besuch einer der acht Destillerien, sollten Sie sich auch die Kirche aus dem 18. Jahrhundert anschauen, die ohne jede Ecke erbaut wurde. Eine weitere Attraktion ist die Vogelbeobachtung; die Royal Society for the Protection of Birds (RSPB) bietet Touren an. Auch für historisch Interessierte hat die Insel einiges zu bieten.

+ 198 A1 ✈ von Glasgow Mo–Fr zweimal tägl., Sa ein Flug 🚢 Autofähre von Kennacraig nach Port Ellen

Bowmore Tourist Information

✉ The Square ☎ 08707 200 617 🕐 April–Juni Mo–Sa 10–17; So 14–17; Juli-Aug., Mo–Sa 9.30–17.30, So 14–17, Sept., Okt. Mo–Sa 10–17; Okt.–März Mo–Fr 10–15 Uhr
RSPB: ✉ Gruinart ☎ 01496 850 505

7 Jura

Wenn Sie die Ruhe suchen, fahren Sie nach Jura. Dort gibt es nur eine Straße, das Ortsinnere ist mit dem Auto nicht

Die im 20. Jahrhundert restaurierte Iona Abbey ist ein spiritueller Rückzugsort

zugänglich, die weißen Sandstrände im Westen sind nur zu Fuß erreichbar. Sie können den Paps of Jura besteigen oder tagelang wandern. Von Kinnachdrach aus gelangen Sie auf eine 3,2 km langen Wanderung zur Nordspitze, wo Sie vielleicht einen außergewöhnlichen Blick auf den berüchtigten Corrievreckan Whirlpool werfen können, den die Royal Navy als nicht schiffbar klassifiziert hat. Vergessen Sie nicht den Besuch der Isle of Jura Distillery. Infos über Jura gibt's im Inselladen.

+ 198 A3 🚢 Autofähre ab Islay

Jura Stores

✉ Craighouse ☎ 01496 820 231; www.jurastores.co.uk 🕐 Mo–Fr 9–13, 14–17 Uhr; Sa 9–13, 14–16.30 Uhr

8 Iona

Die Insel Iona, die von Fionnphort auf Mull in fünf Minuten mit der Personenfähre erreichbar ist, gilt seit den Zeiten des heiligen Columban als Wallfahrtsort. Sie dient immer noch der religiösen Besinnung, und die Abtei aus dem 12. Jahrhundert strahlt Frieden aus. Auf Iona wurden angeblich die schottischen Könige bestattet, einschließlich Duncan und Macbeth. Eine ergreifende Erinnerungsstätte aus jüngster Zeit ist der Grabstein für John Smith (1938–1994), den früheren Chef der Labour Party, in St. Oran's Chapel.

Wenn sich die Gelegenheit bietet, unternehmen Sie eine Bootsfahrt nach Staffa mit seinen riesigen Basaltsäulen und der unglaublichen Fingal's Cave, die Mendelssohn zu seiner Hebriden-Ouvertüre inspirierte.

✚ 202 B1 **⛴ Fähre ab Fionnphort, Mull**
🍴 The Coffee House, westlich der Abtei (£)

⑨ Mull

Wenn Mull die erste Hebriden-Insel ist, die Sie kennen lernen, dann sollten Sie eine langsame Fahrt auf den engen, kurvenreichen Straßen der Insel unternehmen und die wunderschöne Landschaft mit den Blicken aufs Meer und die zwischen den Hügeln glitzernden Gewässer auf sich wirken lassen. Nehmen Sie sich ein paar Tage Zeit für die Insel, um dem Hafen von Tobermory, dessen fröhlich gestrichene Häuserzeile sich bis zum Toronsay Castle mit seinen ausgedehnten Gärten und venezianischen Statuen hinzieht, und den zerklüfteten Felsen am Loch na Keal gerecht zu werden.

Mull zieht mit seiner endlosen, unverbauten Landschaft Naturliebhaber an. Hier steht auch Ben Moere, der einzige Munro außerhalb von Skye. Bei einer Wanderung entlang seiner mächtigen Flanken können Sie Hirsch und mit etwas Glück Steinadler entdecken. Es werden Kreuzfahrten zur Tierbeobachtung angeboten, die Insel hat sich zu Schottlands erster Adresse entwickelt um Wale zu beobachten. Wale sieht man zwar nicht immer dafür aber Delphine, Tümmler, Tausende von Seevögel und hin und wieder Seeadler.

✚ 202 C1 **🚌 unregelmäßige Verbindung nach Fionnphort und Tobermory**
🚢 Oban, dann Fähre nach Craignure

Craignure Tourist Office
✉ The Pier **☎ 0845 225 5121** **🕐 April–Juni, Sept., Okt. Mo–Sa 8.30–17, So 10–17; Juli Aug. Mo–Sa 8.30–19, So 10–19; Nov.–April Mo–Sa 8.30–17 So 10–12 und 15.30–17 Uhr**

⑩ Inverness

Inverness, gelegen am Ausgang des Great Glen und am Ness, ist ein guter Standort, um die Highlands zu erkunden. Die Häuser dieser größten Stadt der Highlands stammen überwiegend aus dem 19. und 20. Jahrhundert, denn ältere Gebäude fielen turbulenten Zeiten zum Opfer. Sogar das Schloss ist erst zwischen 1834

Freundlich gestrichene Häuserreihen am Hafen der Isle of Mull

und 1847 an der Stelle einer ehemaligen Verteidigungsfestung entstanden. Heute hat hier der Friedensrichter seinen Sitz. Einen Besuch wert ist das Kiltmaker Centre, in dem Sie sich im fabrikeigenen Laden selbst ausstatten können.

✚ 200 C2 ⊠ Inverness

Inverness Tourist Information Centre

⊠ Castle Wynd ☎ 0845 225 5121
🕓 Sept.–Juni Mo–Sa 9–17, So 10–16;
Juli, Aug. Mo–Sa 9–16, So 10–17 Uhr

🔟 Culloden Moor

Auf diesem Schlachtfeld wurde 1746 die Niederlage der jakobitischen Sache, des Versuchs der Wiederinsetzung der Stuarts auf den schottischen Thron, endgültig besiegelt. Mit Flaggen sind die Linien der Regierungs- und der jakobitischen Truppen markiert, jeder Clan und jedes Regiment sind genau verzeichnet. Es ist leicht begreiflich, dass die Highlander an diesem moorigen Grund gegen die schwere Artillerie zum Untergang verurteilt waren. Noch heute liegt eine melancholische, trostlose Stimmung über diesem öden, wüsten Moor. Das Besucherzentrum ist sehr empfehlenswert.

✚ 200 C2 ☎ 0844 493 2159;
www.nts.org.uk 🕓 April–Okt. tägl. 9–18 Uhr;
Nov.–März tägl. 10–16 Uhr
🍴 Restaurant im Besucherzentrum (££)
⊠ Inverness 💰 teuer

Inschrift auf dem Gedenkstein in Culloden

1️⃣2️⃣ Aberdeen Satrosphere

Die ganze Familie kann hier ihren Spaß haben und dabei zugleich etwas lernen. Es gibt jede Menge interaktive Experimente: Man kann eine riesige Seifenblase erzeugen, die Herstellung von Zahnpasta für Elefanten beobachten und den Roboterhund Mac treffen. Wochenends gibt es mehr Aktivitäten. Nehmen Sie sich mindestens einen halben Tag dafür Zeit.

✚ 201 F1 ⊠ 179 Constitution Street
☎ 01224 640 340; www.satrosphere.net
🕓 tägl. 10–17 Uhr 🍴 Café vor Ort (£)
⊠ Aberdeen 💰 mittel

1️⃣3️⃣ Aberdeen Maritime Museum

Das Museum, das in ältesten Gebäude der Stadt – dem Provost Ross's House aus dem 16. Jahrhundert – und einem modernen Anbau seinen Sitz hat, behandelt die gesamte maritime Vergangenheit Aberdeens, von den Zeiten des Wallangs und der Heringsfischerei bis zur Ölindustrie des 20. Jahrhunderts. Im Mittelpunkt steht das riesige Modell einer Ölbohrinsel.

✚ 201 F1 ⊠ Shiprow ☎ 01224 337 700;
www.aagm.co.uk 🕓 Di–Sa 10–17, So
12–15 Uhr 🍴 Café (£)
⊠ Aberdeen 💰 frei

1️⃣4️⃣ Fischmarkt in Aberdeen

Aberdeens Wirtschaft stützt sich seit Jahrhunderten auf den Fischfang. Wenn Sie werktags früh aufstehen und Richtung Hafen gehen, stoßen Sie auf den Fischmarkt, wo es hoch hergeht. Der Auktionator hebt seine Stimme zu einem schnellen, unverständlichen Sermon, während die Käufer merkwürdig gestikulieren. Diese Show für alle Sinne (auch für die Nase) ist jedoch schon um acht Uhr zu Ende. Dann wird es Sie nach einem Fischfrühstück gelüsten.

✚ 201 F1 ⊠ Hafen 💰 Aberdeen 💰 frei

1️⃣5️⃣ Orkney

Orkney wurde 1999 in die Unesco-Weltkulturerbe-Liste aufgenommen. Attraktionen sind u.a. eine Kathedrale aus dem 12. Jahrhundert, die neolithischen Überreste auf den Orkney-Inseln, insbesondere auf Skara Brae, Maeshowe, die Stones of Stenness und der Ring of Brodgar.

auf dem Mond, führt an der Erfindung des Telefons und der amerikanischen Unabhängigkeitserklärung vorbei. Machen Sie eine Reise in die Vergangenheit, vorbei am Untergang Roms, an Christi Geburt, am Parthenon in Athen und an den ägyptischen Pyramiden, bis Sie endlich in Skara Brae ankommen. Hier scheint die Vergangenheit irgendwie ganz nah.

Maeshowe

Die neolithische Grabkammer von Maeshowe wurde vor etwa 5000 Jahren mit einer solchen Genauigkeit angelegt, dass zur Wintersonnenwende die letzten Strahlen vor Sonnenuntergang genau durch den engen Eingangstunnel fallen und die rückwärtige Wand der Grabkammer erleuchten – ein Zeugnis bester prähistorischer Handwerkskunst. Der Hügel wurde 1861 freigelegt. Man entdeckte eine mittlere Kammer und drei kleinere Kammern in den Mauern, allerdings keine prähistorischen Funde.

Jahrhunderte vorher hatte das Grab unter den Verwüstungen der Wikinger gelitten. Ob sie etwas aus dem Grab entwendet haben, bleibt ungewiss, auf den Wänden jedoch hinterließen sie ihre zotigen Runen-Graffiti.

Die Stones of Stennes

Die gewaltigen bis zu 6 m hohen Monolithe sind schon von weitem zu sehen. Um 3100 v. Chr. errichtet zählen sie zu den frühesten Steinkreisen Großbritanniens. Es sind zwar nur vier Steine aber man nimmt an, dass 12 einen Kreis bilden sollten, obwohl Archäologen vermuten, dass nur zehn oder elf jemals errichtet wurden.

Der Ring of Brodgar

Die Steine wurden zwar nie vollständig ausgegraben, man nimmt aber allgemein an, dass sie um 2500–2000 v. Chr. als einer der letzten neolithischen Kultkreise der Gegend angelegt wurden. Der nahezu perfekte Kreis mit 104 Metern Durchmesser bestand wohl aus etwa 60 Steinen, jeder im Schnitt 2,1 Meter hoch, von denen 24 übrig geblieben sind. Es ist die größte Steinkreisanlage der britischen Inseln.

Verlassene, überwucherte Bauernhäuser in Rackwick, Hoy

Skara Brae

In einem Land, das mit Zeugen aus der Steinzeit, Steinkreisen und Grabkammern übersät ist, stellt Skara Brae eine archäologische Sehenswürdigkeit ersten Ranges dar. In diesem kleinen Dorf können Sie sehen, wie in prähistorischen Zeiten die Menschen lebten, was sie aßen und wie sie schliefen. Im ausgezeichneten Informationszentrum wird erklärt, wie Skara Brae 1850 bei einem großen Sturm zum Vorschein kam, wie sich Landschaft und Klima über die Jahrtausende verändert hatten und wie sich anhand von Zeugnissen die Lebensumstände der Steinzeitmenschen rekonstruieren ließen. In einem nachgebauten Haus können Sie durch niedrige, enge Gänge kriechen, um die zentrale Feuerstelle herumgehen und sich vorstellen, wie der Rauch in die mit Schnüren zusammengebundenen Dachsparren stieg. Die Bettstellen sind mit Matratzen aus Heidekraut und warmem Vlies komplett ausgestattet, die steinerne Anrichte ist mit Ornamenten und Muscheln geschmückt, und der Hummer sieht so aus, als ob er darauf wartete, gegessen zu werden.

Der Weg zu den Dorf ist selbst so etwas wie eine Zeitreise. Er beginnt mit einer Abbildung von Neil Armstrong

St. Magnus Cathedral

Die prächtige Kathedrale von Kirkwall wurde 1137 von Jarl Rognvald zu Ehren seines Onkels Magnus der 1135 heilig gesprochen wurde, gegründete. Da es bis zur Vollendung über 300 Jahre dauerte, sind hier architektonische Details vom normannischen Stil bis zur Frühgotik zu finden. Sowohl Rognvlad wie der heilige Magnus wurden in ihr bestattet.

Italian Chapel

Die reizende kleine Kapelle in Lamb Holm ist ein Zeugnis des Glaubens und der Hingabe. Während des Zweiten Weltkriegs erbauten italienische Kriegsgefangene, die keinen Ort für die Messe hatten, aus zwei Nissenhütten diese einzigartige Kapelle. Die Innenausstattung durch den Künstler Domenico Chiocchetti ist ein Meisterwerk der Trompe-l'œil-Steinmetzarbeit inklusive Fenstern, mit einem großartigen Altarfresko hinter einem schmiedeeisernen Gitter.

Scapa Flow

Der natürliche Hafen von Scapa Flow zwischen Hoy, South Ronaldsay und dem Festland wird seit der Wikingerzeit genutzt. Doch erst durch die Selbstversenkung der deutschen Flotte am 21. Mai 1919 wurde er zu einem

Die Leute von Orkney spürten die ursprünglichen Erbauer auf, damit diese die renovierungsbedürftige Italian Chapel restaurierten

beliebten Platz für Wracktaucher. Zwar wurde die Flotte zu einem Großteil geborgen, doch liegen hier immer noch sieben Wracks, von denen einige leicht zugänglich sind, andere in neun Metern Tiefe.

201 E5 ✉ www.shetlanctourism.com von Scrabster nach Stromness ✈ von Orkney, Aberdeen, Inverness u. Glasgow

Skara Brae

☎ 201 D5 ✉ Sandwick ☎ 01856 841 815; www.historic-scotland.gov.uk ⏰ April–Sept. tägl. 9.30–18.30. Okt.–März tägl. 9.30–17.30 Uhr
🍴 Café (£) ● mittel

Maeshowe

☎ 201 D5 ✉ bei Tormiston Mill ☎ 01856 761 606: www.historic-scotland.gov.uk ⏰ April–Sept. tägl. 9.30–17. Okt.–März tägl. 9.30–16 Uhr. Die stündlichen Touren müssen im Voraus gebucht werden. Eingeschränkte Parkmöglichkeiten. 🍴 Café in der Nähe bei Tormiston Mill (£) ● mittel

St. Magnus Cathedral

✉ Broad Street, Kirkwall ☎ 01856 874 894; www.stmagnus.org ⏰ tägl. So Gottesdienst 11.15 Uhr; erkundigen Sie sich nach den ganzjährig stattfindenden Musikveranstaltungen

The Italian Chapel

✉ Lamb Holm abseits der A 961 🕐 April–Sept. tägl. 9–22; Okt.–März 9–16.30 Uhr
💶 mittel, Spenden willkommen

Scapa Flow

✈ 201 D5 ✉ Scapa Scuba dive shop, Lifeboat House, Stromness ☎ 01856 851 218;
www.scapascuba.co.uk

15 Shetland

Bei schönem Wetter sind die Shetlands von unbeschreiblicher Schönheit, doch wenn es sich eintrübt, erscheint alles grau in grau. Reisen Sie die Inseln der Länge nach Richtung Norden ab, um die leuchtenden Wiesen, die Sandstrände und das blau leuchtende Meer ringsum zu erleben. Halten Sie Ausschau nach Robben und Schweinswalen, nistenden Seevögeln, Papageientauchern und schwarzen Alkenvögeln.

Von der engen Hauptstraße von Lerwick, dem größten Ort der Shetlands, zweigen viele schmale Wege ab, die zum bunten, geschäftigen Hafen hinunter- oder den Hügel hinaufführen.

Das alljährliche Feuerfest der Shetlands, Up Helly Aa, findet ungeachtet des Wetters im Januar statt. Über Tausend Mann mit rußenden Fackeln ziehen ein Wikingerschiff durch die verdunkelte Stadt. Schließlich wird das Boot verbrannt, und die ganze Nacht hindurch wird gefeiert. Am nächsten Tag ist Feiertag, und keiner rührt sich. Erkunden Sie die Atmosphäre in der Up-Helly-Aa-

Ausstellung nahe der St. Summva Street, oder werfen Sie einen Blick auf die skandinavische Vergangenheit der Shetlands, indem Sie die faszinierende und mehrschichtige Wikingersiedlung Jarlshof südlich Lerwick in der Nähe des Flughafens besuchen.

Fiddle Music

Die unverkennbar schottische Art der Fiddle Music hat sich durch das Spiel von Aly Bain und anderen über die Jahre herausgebildet. Doch auch einen älteren Stil kann man noch hören, und bisweilen trifft man einen alten Mann, der im fremdartigen, disharmonischen Stil von Papa Stour spielt. In der Lounge Bar in Lerwick treten Musiker auf, die im traditionellen Stil fiddeln.

Mousa Broch

Auf der winzigen Insel Mousa, per Boot von Leebitton/Sandwick erreichbar, steht die am besten erhaltene prähistorische Broch (Rundturmburg) in Großbritannien; sie wurde vor 2000 Jahren erbaut.
✈ 201 A4 ✈ von Edinburgh und Glasgow nach Sumburgh 🚢 von Aberdeen nach Lerwick (einige über Kirkwall)

Shetland Islands Tourism

✉ Market Cross, Lerwick ☎ 01595 693 434; www.visitshetland.com
🕐 April–Sept. Mo–Fr 8–18, Sa/So 8 bis 16 Uhr; Okt.–März Mo–Fr 9–17 Uhr

Blick auf Sandwide Mousa mit Brockin im Hintergrund

Wohin zum ...
Essen und Trinken?

Preise
Pro Person für ein Drei-Gänge-Menü ohne Getränke:
£ unter 15 £   **££** 15–25 £   **£££** über 25 £

RESTAURANTS

Applecross Inn £–££
Gutes Essen ist ein Markenzeichen dieses ehrwürdigen Pubs, der in Applecross an der hier atemberaubend schönen Küste liegt. Von außen wie eines der anderen schlichten, weiß gestrichenen Häuschen aussehend, ist es innen ein gemütlicher Tempel der Gastlichkeit mit geselligen Fischern, Einheimischen und Besuchern. Vor Ort frisch gefangener Fisch in höchster Qualität, Jakobsmuscheln mit knusprigem Speck und Knoblauch oder marinierter Lobster in Backteig mit Salat und rotem Pesto sind es wert, einen längeren Blick auf die Speisekarte zu werfen. Für den kleinen Hunger gibt es hausgemachte Suppe und Sandwiches.
🔲 200 A2 ✉ Shore Street, Applecross, Wester Ross ☎ 01520 744 262; www.applecross.uk.com/inn/index.htm ⏰ Snacks tägl. 12–21; Restaurant tägl. 18–21 Uhr

The Crannog Restaurant ££
Das beste Meeresfrüchterestaurant von Fort William mit Aussicht über Loch Linnhe ist erfüllt vom Duft der Küche. Der Schwerpunkt liegt auf einfachen, frisch zubereiteten Speisen wie Muscheln in Weißwein und Kabeljau mit Kräuterkruste. Neben dem Restaurant gibt es im Crannog eine geschäftige Räucherei und einen Laden, in dem Sie geräucherte Meeresfrüchte erwerben können.
🔲 198 B5 ✉ The Pier, Fort William ☎ 01397 705 589; www.crannog.net ⏰ tägl. 12–14.30 und 18–21 Uhr

The Creel £££
Der Reiz von Joyce und Alan Craigies abgelegenem Restaurant liegt in der Qualität der regionalen Zutaten. Orkney-Rind, North-Ronaldsay-Lamm und Meeresfrüchte fügen sich zu mediterran inspirierten Gerichten. Unwiderstehlich schottisch sind die süßen Klöße, das süße Hefegebäck und das mit Backpulver gebackene Brot. Reservieren Sie einen Fensterplatz mit Blick über die Bucht.
🔲 201 E4 ✉ Front Road, St. Margaret's Hope, Orkney-Inseln ☎ 01856 831 311; www.thecreel.co.uk ⏰ April–Sept. Di–So 19–21 Uhr; geschl. Okt.–März

The Cross £££
Die Gäste der umgewidmeten Tweedweberei sind voll des Lobes, was die Küche und das charmante kleine Hotel mit seinen acht Zimmern betrifft. Die Küche ist schottisch und ob Meeresfrüchte, Fleisch oder Gemüse – regionale Produkte stehen im Vordergrund. Die Leidenschaft für gute Tropfen zeichnet die umfassende Weinkarte aus.
🔲 200 C1 ✉ Tweed Mill Brae, Ardbroilach Road, Kungussie ☎ 01540 661 166; www.thecross.co.uk ⏰ Di–Sa ab 19 Uhr; Jan. geschl.

Killiecrankie House £££
Das langgestreckte, weiß gekalkte Landhaus hat ein phantastisches Restaurant, das schottische mit internationaler Küche vereint. Die begeisternde Speisekarte führt vor allem Gerichte lokaler Produkte wie gefülltes Lamm mit Blutwurst. Keine Kinder unter 9 Jahren.
🔲 199 D5 ✉ Killiecrankie, nahe Pitlochry ☎ 01796 473 220; www.killiecrankiehotel. co.uk ⏰ 18.30–20.30 Uhr; geschl. Jan./Feb.

Lochleven Seafood Café ££

Schottland ist bekannt für seine Meeresfrüchte, hier werden sie einfach und unprätentiös zubereitet. Probieren Sie mit Blick über den Loch gegrillte Jakobsmuscheln oder Austern und ein Glas kalten Weißwein. Am Abend wird es gerne etwas nobler, serviert werden dann riesige Portionen von Meeresfrüchten, welche die Fisch und Schalentierliebhaber in Verzückung versetzen. Die Eigentümer fischen mit eigenem Boot und verkaufen ihren Fang auch an Gäste.

🔲 198 B5, Onich ☎ 01855 821 048; www.lochlevenseafoodcafe.co.uk ⏰ Öffnungszeiten wechseln, bitte anrufen

Moorings Hotel £–££

Dieses auffällige, moderne Hotel liegt direkt an der berühmten »flight of eight«-Schleuse am Caledonian Canal, die auch als Neptuns Treppe bekannt ist. Es ist ein herrlicher Platz, um bei einem Drink zu entspannen und den Bootsleuten bei ihrer schweren Arbeit zuzuschauen.

Die Snacks wie Meeresfrüchte nach Paella-Art oder Safranrisotto sind herzhaft. Kinder sind willkommen und die Kellerbar ist während der Sommerabende lange geöffnet.

🔲 198 B5 ✉ Banavie, bei Fort William ☎ 01397 772 797; www.moorings-fortwilliam.co.uk ⏰ tägl. mittags und abends

Old Inn £–££

Dieses ehrwürdige Gasthaus beherbergt schon seit 1760 Gäste und bietet einen Blick vom Hafen in Gairloch hinüber zu den Inseln von Rona, Raasay, Skye und sogar bis zu den Äußeren Hebriden. Das reizvolle, weiß gestrichene Gebäude ist mit großer Sorgfalt restauriert worden, wobei man die dicken Steinmauern und den offenen Kamin bewahrt hat. Genießen Sie die frischen Jakobsmuscheln, Hummer, Miesmuscheln und andere Meeresfrüchte in der Bar oder im Restaurant. Sie können hier auch übernachten. Kinder und Hunde sind willkommen. Im Sommer jeden Freitag Abends Live-Musik manchmal auch im Winter.

🔲 200 A2 ✉ Gairloch ☎ 01445 712 006; www.theoldinn.net ⏰ tägl. mittags und abends

The Plockton Hotel £–££

Dieses Hotel liegt in einer Reihe von weiß getünchten Landhäusern in Plockton direkt am Wasser und hat einen guten Ruf für seine Speisen. Die Speisekarte führt eine große Anzahl an Meeresfrüchten ebenso wie Brathering oder lokalen Wildlachs (nach Saison). Darüber hinaus gibt es Hirsch, Rind und lokalen Räucherschinken. Kinder sind willkommen. Es gibt 15 Zimmer.

🔲 200 A1 ✉ Harbour Street, Plockton ☎ 01599 544 274; www.plocktonhotel.co.uk ⏰ tägl. 12–14.15 und 18–21 Uhr

Summer Isle Hotel ££–£££

Hier ist für jeden was dabei. In der beliebten Bar bekommen Sie einfache Mahlzeiten, darunter frischeste Krabben und Krebse. Im mit einem Michelin-Stern ausgezeichneten Restaurant geht es etwas edler zu. Wo immer Sie lieber Platz nehmen, immer essen Sie mit einem fantastischen Blick übers Wasser und Summer Island.

🔲 200 B3 Achiltibuie ☎ 01854 622 282; www.summerislehotel.co.uk ⏰ tägl. 12–14.15 und abends 20 Uhr

Three Chimneys Restaurant £££

Dieses wundervolle Kätnerhaus steht in rauer Landschaft mit Aussicht auf das Meer und die Berge in der Ferne. Eine stetig wachsende Gästeschar genießt hier die erstaunlich frischen Meerestiere und die bodenständige Küche. Die bewährten Gerichte kommen ohne zusätzliche Verfeinerung aus, denn die Qualität der frischen Zutaten aus der Region spricht für sich. Die sechs luxuriösen Zimmer mit Bad sind ebenso empfehlenswert wie der Frühstücksraum mit Meerblick. Reservierung notwendig.

🔲 202 B3 ✉ Colbost, Isle of Skye ☎ 01470 511 258; www.threechimneys.co.uk ⏰ Mitte März–Okt. Mo–Sa mittags; abends Feb.–Dez. tägl.; Jan. geschl.

Wohin zum ...
Übernachten?

Preise
Pro Person und Nacht im Doppelzimmer inklusive englischem Frühstück:
£ unter 50 £   ££ 50–90 £   £££ über 90 £

Ballachulish House ££–£££

Das nördlich von Glencoe gelegene Ballachulish gehört zu den ältesten Gästehäusern in Schottland; es ist für seine Spukgeschichten bekannt. Da es oberhalb des Loch Linnhe liegt, hat man von allen Räumen einen herrlichen Ausblick. Die angenehme Atmosphäre bewirken das alte Mobiliar und die stilvoll ausgestatteten Zimmer. Das Essen ist hervorragend und anschließend können Sie auf dem Golfplatz (9-Loch) entspannen.
198 B5 Ballachulish, Highland
01844 855 9133;
www.ballachulishhotel.com

Ben Loyal £–££

Sehr professionell geführtes, zentral gelegenes Hotel mit Blick auf den Ben Loyal und hinüber auf den Kyle of Tongue, sowie die Ruinen von Varrich Castle. Elf schöne Nichtraucher-Zimmer. Im Sommer Livemusik in der Lounge Bar, die auch kleinere Speisen bereithält, oder Sie wählen ein Fünf-Gänge-Menü im Restaurant.
200 C4 Tongue, Highland
01847 611216; www.benloyal.co.uk

Busta House ££–£££

Ehemaliger Gutshof oberhalb von Busta Voe aus dem 18. Jahrhundert. Alles zeugt von hohen Ansprüchen, doch besonders hervorzuheben sind die 20 ungewöhnlich geräumigen Zimmer im Landhausstil. Zahlreiche Lounges, eine mit Malts gut bestückte traditionelle Gaststube (in der kleine Mahlzeiten serviert werden) und das hübsche Pitcairn Restaurant.
200 A4 Brae, Shetland
01806 522506; www.bustahouse.com

Eilean Donan Guesthouse and Restaurant £

Die Zimmer dieses ruhigen Gästehauses sind komfortabel, wenn nicht verschwenderisch eingerichtet, aber die Gäste kommen hauptsächlich wegen der guten Küche von John Macrae. Die Abendkarte ist abhängig von den täglich verfügbaren Zutaten – Fisch ist eine Spezialität in dieser Hafenstadt – während das Frühstück eine perfekte Immunisierung gegen die Meeresbrisen der Westküste ist.
200 B3 14 Market Street, Ullapool
01854 612524;
www.ullapoolholidays.com

Glenmoriston Town House Hotel ££–£££

Der außergewöhnliche Service dieses am Fluss gelegenen Hotels garantiert Ihnen einen angenehmen Aufenthalt. Hinter der traditionellen Steinfassade sorgen zeitgemäße Designs für eine schicke und elegante Umgebung. Die 30 modernen Zimmer sind komplett ausgestattet. Entspannen können Sie in der Cocktail Bar, speisen im mondänen Restaurant.
200 C2 20 Ness Bank Road, Inverness 01463 223777;
www.glenmoristontownhouse.com

Highland Cottage ££

Besucher werden sehr persönlich herzlich empfangen in diesem kleinen Hotel in Tobermory, der Inselhauptstadt. Jedes der sechs Zimmer mit Bad ist nach einem Motiv der Insel gestaltet und mit antikem Bett und nützlichen Extras versehen. Lounge mit Bar im ersten Stock und Wintergarten. Exzellente Gerichte werden im Speisezimmer serviert. Keine Kinder unter 10 Jahren.

🏠 202 C1 ✉ Breadalbane Street, Tobermory, Isle of Mull ☎ 01688 302030; www.highlandcottage.co.uk

Hotel Eilean Iarmain ££–£££
Direkt an einer alten Steinmole gelegen, hat dieses Haus viel Charme und Charakter und bietet eindrucksvolle Ausblicke. Zwölf gemütliche Zimmer, individuell eingerichtet mit antiken Möbeln (teilweise mit TV), und vier reizvolle Suiten im umgebauten Stall stehen zur Auswahl. Das Abendessen wird bei Kerzenlicht serviert, hauptsächlich frische Meeresfrüchten und Wild. Jagen, Fischen und die Verkostung von Whisky sind nur einige der Aktivitäten, denen Sie hier nachgehen können.
🏠 202 C3 ✉ Isle Ornsay, Sleat, Isle of Skye ☎ 01471 833332; www.eilean-iarmain.co.uk

Inverlochy Castle £££
Das Inverlochy ist ein Urlaubshotel vom Feinsten: Grandios und viktorianisch präsentiert sich die große Halle, denn das Schloss wurde nicht zu Verteidigungs-, sondern zu

Wohnzwecken erbaut. Antiquitäten finden sich in den öffentlichen Räumen und in den luxuriösen Zimmern, alle mit Sofa, Lehnstuhl, frischen Blumen und riesigen Bädern. Der Blick über die Gärten und den See ist überwältigend. Drei Speiseräume, deren Mobiliar ein Geschenk des norwegischen Königs ist, bilden den Rahmen für eine exquisite, phantasievolle Küche.
🏠 198 B5 ✉ Torlundy, Fort William ☎ 01397 702177; www.inverlochycastlehotel.com

Kinloch House ££–£££
Idyllisch liegt dieses kleine Hotel mit 18 Zimmern westlich von Blairgowrie. Es hat einen tollen Service und Komfort sowie ein Restaurant. Die Möblierung ist elegant, das Foyer einladend, die Bäder sind opulent und die Bar ist ausgestattet mit einer beeindruckenden Auswahl an Whiskys. Selbst ein Schönheits- und Fitnesscenter mit Schwimmbad ist vorhanden – was können Sie sich mehr wünschen?

🏠 199 E5 ✉ Blairgowrie ☎ 01250 884 237; www.kinlochhouse.com 🕐 geschl. 18.–29. Dez.

Old Minister's House £
Das gemütliche alte Pfarrhaus aus dem Jahre 1906 ist sehr gut erhalten und zu einer schön möblierten Pension in einem gepflegten Ambiente geworden. Die vier Zimmer mit Bad sind gut eingerichtet und attraktiv ausgeschmückt, das herzhafte Frühstück wird im Speisezimmer serviert. Leider keine Kinder unter 12 Jahren.
🏠 200 C1 ✉ Rothiemurchus, Aviemore ☎ 01479 812181; www.theoldministershouse.co.uk

Pool House Hotel £££
Dieses prächtige Hotel an den Ufern von Loch Ewe mit Blick auf die berühmten Gärten von Inverewe ist eine sagenhafte Basis, um die Umgebung zu entdecken. Das Gebäude – nach einem Kriegsschiff benannt – wurde im 2. Weltkrieg als Flottenstation genutzt und hat fünf geräumige Suiten, jede von

ihnen individuell möbliert. Die nautischen Motive setzen sich im Speisesaal fort, und Sie können sich sogar an der Mole vor dem Hotel im Angeln versuchen. Keine Kinder unter 8 Jahren.
🏠 200 A2 ✉ Poolewe, Highland ☎ 01445 781272; www.pool-house.co.uk 🕐 geschl. Jan./Feb.

The Torridon ££
Großes schottisches Herrenhaus mit 23,5 Hektar Land in der Nähe des Loch Torridon. Direkt vor dem Hotel strecken sich die majestätischen Berggipfel des gen Himmel. Alle luxuriös eingerichteten Zimmer bieten phantastische Aussicht zum Haus gehört außerdem ein erstklassiges Restaurant und eine gemütliche Bar, die mehr als 350 Malt Whiskys bereithält. Falls sie sich losreißen können können Sie an organisierte Bergwanderungen, Mountainbike-Touren teilnehmen oder auf Tontauben schießen.
🏠 200 A2, bei Achnasheen ☎ 01445 791 242; www.thetorridon.com

Wohin zum...
Einkaufen?

SCHOTTENKARO UND TWEED

Tweeds und Strickwaren gehören zu den Besonderheiten, Harris-Tweed gibt es nirgendwo günstiger als auf **Harris** selbst. Entlang der Golden Road werben zahlreiche Schilder für vor Ort produzierten Tweed.

Im **Lewis Loom Centre** (▶ 152f), erhalten Sie Tweed per Meter. Auf Orkney verkauft **Judith Glue's** (25 Broad Street, Kirwall; Tel. 01856 874 225) Strickwaren sowie Schmuck, Töpferwaren und Eingemachtes.

KUNSTHANDWERK

Highland Stoneware in Ullapool (Mill Street; Tel. 01854 612 980) verkauft handbemalte Keramik und Töpferwaren.

LEBENSMITTEL

Brodie Country Fare (Tel. 01309 641 555) an der Hauptstraße von Nairn nach Forres verkauft Käse, Chutneys und andere Delikatessen. Bei **Moniak Castle Wineries** (Tel. 01463 831 283) in Inverness bekommen Sie Landweine, Liköre sowie eingemachte Holunderblüten oder Erdbeeren.

Es gibt zahlreiche Whiskyläden und Brennereien. Versuchen Sie den **Whisky Shop** in Dufftown (1 Fife Street; Tel. 01340 821 097) oder die **Highland Park Distillery** (Tel. 01856 874619) in Kirkwall.

Besucher, die es eher süß mögen, bekommen im Fabrikladen in Aberlour-on-Spey auch Walkers Butterkekse.

Wohin zum...
Ausgehen?

KONZERTE UND CEILIDHS

Im Sommer wird im Hochland gehüpft. Am schönsten sind die örtlichen *ceilidhs* (Folklore-Tanz-Treffen) in kleinen Dorfhallen, doch Sie müssen schon danach suchen. Fragen Sie bei der Touristeninformation oder halten Sie nach Plakaten Ausschau. Der **Ceilidh Place** (14 West Argyle Street; Tel. 01854 612 103) in Ullapool ist unübertroffen für seine Highland-Folklore-Tanzveranstaltungen (jeden Abend im Sommer). In Aberdeen sollten Sie das **Lemon Tree** (5 West North Street; Tel. 01224 641 122) ausprobieren, in Inverness das ausgezeichnete **Johnny Foxes** (26 Bank Street; Tel. 01463 236 557) am Fluss, das regelmäßig Konzerte veranstaltet.

THEATER

Das **Mull Theater** (Tel. 01688 302 828) ist trotz der neuen, größeren Einrichtung in Druimfin bei Tobermory, mit seinen 43 Plätzen eines der kleinsten in Schottland. Vorabreservierungen werden empfohlen. Das **Eden Court** (Bishops Road, Inverness; Tel. 01463 234 234), eines der führenden britischen Provinztheater, bringt neben den Klassikern Tanz, Oper, Pop und Dudelsack-Musik auf die Bühne; auch *ceilidhs* werden abgehalten. Aberdeen hat das **His Majesty's Theatre** (Rosemount Viaduct; Tel. 01224 641 122), während das **Garrison Theatre** (Market Street, Lerwick; Tel. 01595 692 114) Shetlands erster künstlerischer Treffpunkt ist.

Wanderungen & Touren

1 WHISKY & CASTLE TRAIL

Tour

Schottland ist für seine alten Schlösser und seinen Whisky bekannt, und diese Tour entlang des Spey deckt beides ab. Die Tourismusbehörde von Aberdeen and Grampian hat den Malt Whisky Trail und den Castle Trail ausgearbeitet und beschildert. Kostenlose Karten zu diesen beiden Touren sowie zum Victorian Heritage, dem Stone Circle und dem Coastal Trail sind in den Touristenbüros vor Ort erhältlich.

Beide Touren sind zu lang, um hier ganz dargestellt zu werden; unser Vorschlag kombiniert die Höhepunkte beider.

In Schottland gelten strenge Alkoholvorschriften. Sie sollten also nicht trinken wenn Sie noch Autofahren müssen. Verzichten Sie auch auf den Gratisdrink der meist am Ende einer Führung durch eine Brennerei und fragen Sie stattdessen nach einer kleinen Probierflasche für später.

LÄNGE: 134 km
DAUER: 4–6 Stunden, je nach Pausen
START/ZIEL: Huntly, auf der A96 etwa 60 km nordwestlich von Aberdeen ✚ 201 E2

1–2

Huntly am Zusammenfluss des Bogie und des Deveron bietet gute Angelmöglichkeiten. Die Ruinen von **Huntly Castle** neben dem Deveron haben eine grandiose Südfront mit Steinmetzarbeiten an den Erkerfenstern. Eingemeißelte Wappenfelder schmücken den Turm über dem Eingangsportal. Erdhügel und Innenhof des ursprünglichen hölzernen Bergfrieds (»motte and baley castle«) aus dem 12. Jahrhundert sowie das Tower House, der Wehr- bzw. Wohnturm, der im Mittelalter an dessen Stelle trat, sind noch zu erkennen, Die beträchtlichen Ruinen des Palastes aus dem 17. Jahrhundert beschwören das damalige Treiben in dem Gebäude herauf. Schmale Treppen führen vom Zimmer des Kämmerers zum Gemach des Herrn. Das Graffito aus dem 16. Jahrhundert im Kellerflur ruft Erinnerungen an frühere Bewohner wach.

Steinmetzarbeiten im Huntly Castle

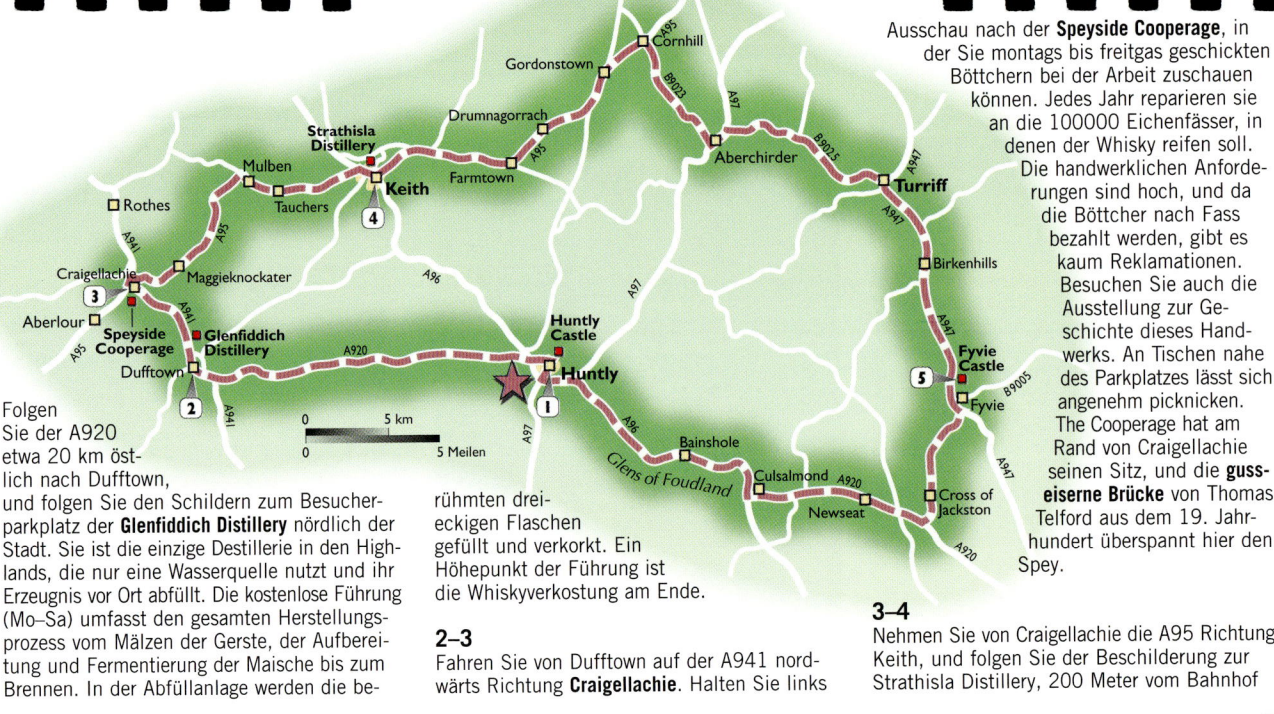

Ausschau nach der **Speyside Cooperage**, in der Sie montags bis freitags geschickten Böttchern bei der Arbeit zuschauen können. Jedes Jahr reparieren sie an die 100000 Eichenfässer, in denen der Whisky reifen soll. Die handwerklichen Anforderungen sind hoch, und da die Böttcher nach Fass bezahlt werden, gibt es kaum Reklamationen. Besuchen Sie auch die Ausstellung zur Geschichte dieses Handwerks. An Tischen nahe des Parkplatzes lässt sich angenehm picknicken. The Cooperage hat am Rand von Craigellachie seinen Sitz, und die **gusseiserne Brücke** von Thomas Telford aus dem 19. Jahrhundert überspannt hier den Spey.

Folgen Sie der A920 etwa 20 km östlich nach Dufftown, und folgen Sie den Schildern zum Besucherparkplatz der **Glenfiddich Distillery** nördlich der Stadt. Sie ist die einzige Destillerie in den Highlands, die nur eine Wasserquelle nutzt und ihr Erzeugnis vor Ort abfüllt. Die kostenlose Führung (Mo–Sa) umfasst den gesamten Herstellungsprozess vom Mälzen der Gerste, der Aufbereitung und Fermentierung der Maische bis zum Brennen. In der Abfüllanlage werden die be-rühmten dreieckigen Flaschen gefüllt und verkorkt. Ein Höhepunkt der Führung ist die Whiskyverkostung am Ende.

2–3
Fahren Sie von Dufftown auf der A941 nordwärts Richtung **Craigellachie**. Halten Sie links

3–4
Nehmen Sie von Craigellachie die A95 Richtung Keith, und folgen Sie der Beschilderung zur Strathisla Distillery, 200 Meter vom Bahnhof

entfernt. Genießen Sie eine geführte Tour rund um diese älteste noch in Betrieb befindliche Destillerie im Hochland (1786 gegründet), die den legendären Chivas Regal erzeugt und erfahren Sie etwas über die Kunst der Whisky-Mischung (geöffnet Ostern–Okt. Mo–Sa von 9.30–16, So 12–16 Uhr; mittel; unter 18 J. frei. Keine Kinder unter 8).

4–5

Weiter geht es etwa 20 Kilometer auf der A95 nach Nordosten, bis Sie im Weiler Cornhill

KLEINE PAUSE
Besuchen Sie in Craigellachie das **Highlander Inn** (10 Victoria Stree; Tel. 01340 881 446), angeboten wird regionale Hausmannskost.

Oben: Steinfigur auf dem Gelände von Fyvie Castle
Links: Entsorgte Fässer bei der Speyside Cooperage in Craigellachie

rechts auf die B9023 abbiegen. Nach weiteren acht Kilometern fahren Sie rechts auf die B9025 und erreichen nach zehn Kilometern Turriff. Dort geht es rechts auf die A947 zum 13,5 Kilometer entfernten Fyvie. Noch vor der Stadtgrenze erhebt sich links **Fyvie Castle**, das ursprünglich aus dem 13. Jahrhundert stammt und eines der schönsten Gebäude im schottischen Baronial-Stil darstellt. Über Jahrhunderte hinweg wurde daran weitergebaut, und fünf Besitzer bauten einen Turm an, der nach ihnen benannt ist. Die große Wendeltreppe aus dem 16. Jahrhundert, die im Gordon Tower hinauf in den Speisesaal führt, ist in ganz Schottland unübertroffen. Angeblich konnte man über die drei Meter breiten Stufen mit Pferden um die Wette hinaufreiten. Zu besichtigen sind zahlreiche Porträts, Waffen und Rüstungen.

5–6

Halten Sie kurz in Fyvie und schauen Sie sich di Tiffany Fenster der St. Peter's Kirche an. Fahren Sie dann 1 km weiter auf der A947, dann biegen Sie rechts auf die Nebenstraße. Fahren Sie über Cross of Jackston 6,75 Kilometer bis zur Kreuzung auf der A920. Fahren Sie darauf rechts, und biegen Sie nach weiteren elf Kilometern rechts auf die A96. Nach 14,5 Kilometern sind Sie wieder in Huntly.

Mit Schnee bedeckte Fässer in der Glenfiddich Distillery, Dufftown

Aberdeen Tourist Information Centre
✉ 23 Union Street, Aberdeen
☎ 01224 288828; www.maltwhiskytrail.com

Sehenswürdigkeiten
Huntly Castle
☎ 01466 793191; www.historic-scotland.gov.uk
🕐 April–Sept. tägl. 9.30–17.30; Okt. 9.30–16.30;
Nov.–März Sa–Mi 9.30–16.30 Uhr

Glenfiddich Distillery, Dufftown
✉ A941, 1,5 km nördlich von Dufftown
☎ 01340 820373; www.glenfiddich.com

Speyside Cooperage Visitor Centre
✉ Dufftown Road, Craigellachie, Aberlour ☎ 01340 871
108; www.speysidecooperage.co.uk 🕐 Mo–Fr 9–16 Uhr

Strathisla Distillery
✉ Seafield Avenue, Keith ☎ 01542 783044; www.chivas.
com 🕐 April–Okt. Mo–Sa 9.30–16, So 12–16; Nov.–Mitte
Dez. (nur Shop!) Mo–Fr 9.30–12.30, 13.30– 16 Uhr

Fyvie Castle
✉ nahe Turriff ☎ 01651 891266; www.nts.org.uk
🕐 April–Juni, Sept., Okt. Do–Di 12–17; Juli–Aug. 11–17 Uhr;
Garten: tägl. 9 Uhr–Sonnenuntergang

2 SIR WALTER SCOTT'S BORDERS

Tour

LÄNGE: 130 km **DAUER:** ein halber Tag
START/ZIEL: Abbotsford ✚ 199 E3

Der Jurist Sir Walter Scott aus Edinburgh war ein Wegbereiter des Historienromans und entwarf in seinem Werk das Schottland der Legenden und Mythen (▶ 18). Scott führte den karierten Schottenstoff als Nationalkleidung ein. Diese Tour erkundet einige Orte, die mit Scott in Beziehung stehen, und schließt auch die historischen Grenzabteien ein (▶ 110).

1–2

Beginnen Sie mit Scotts Wohnhaus neben dem Tweed in **Abbotsford**. Er baute den früheren Bauernhof zu einem Landsitz im Baronial-Stil um, in dem noch heute seine Nachfahren leben. Viele seiner Möbel, Antiquitäten, Waffen und Rüstungen sind ausgestellt, wobei die Bibliothek (9000 Bände) das Glanzstück bildet. Nach dem Besuch des Hauses spazieren Sie durch die Gärten und am Fluss entlang, den er so liebte.

Verlassen Sie Abbotsford über die B6360, und biegen Sie nach 3,2 Kilometern links auf die A7 nach Selkirk.

Am Marktplatz können Sie den Saal besuchen, in dem Scott als Grafschaftsrichter Gericht hielt. Eine Ausstellung ist seinem Leben und Werk gewidmet (Tel. 01750 20096).

2–3

Kehren Sie zur A7 zurück, biegen Sie rechts ab, und fahren Sie über Galashiels in das Dorf Stow. Dort geht es rechts auf die B6362 und über Lauder zur Kreuzung mit der A697, auf die Sie rechts einbiegen. Nach fünf Kilometern fahren Sie rechts ab auf die A6089 (Schild: Gordon). An der Kreuzung in Gordon geht es rechts auf die A6105 und nach

Die Ruinen der mittelalterlichen Jedburgh Abbey

etwa sieben Kilometern links auf die B6397, auf der Sie sieben Kilometer bis Smailholm bleiben. Folgen Sie nun auf der Nebenstraße der Beschilderung zum **Smailholm Tower** (Tel. 01573 460 365), der jenseits des Sandyknowe-Hofs auf einer Klippe steht. Auf dem Hof lebte Scotts Großvater, und der kleine Walter sollte sich dort von seiner Kinderlähmung erholen.

Hier hörte er erstmals die alten Sagen, Balladen und Legenden. Zu seinem Frühwerk gehört eine Sammlung alter Lieder und Balladen, zu der er durch den Smailholm Tower inspiriert wurde und die unter dem Titel *Minstrelsy of the Scottish Borders* veröffentlicht wurde. Im Turm sind Figuren und Wandteppiche dazu ausgestellt.

3–4

Kehren Sie zur B6397 zurück, fahren Sie bis zur Kreuzung mit der A6089, und biegen Sie rechts nach Kelso ab. Schlendern Sie um den großen, von schönen georgianischen Gebäuden gesäumten Marktplatz, und schauen Sie kurz bei den Ruinen von **Kelso Abbey** (▶ 110) vorbei. Verlassen Sie Kelso auf der A698, und fahren Sie nach 14,5 Kilometern links auf die A68 nach **Jedburgh**, eine anheimelnde Stadt mit gewundenen Straßen und offenen Hausfluren; **Jedburgh Abbey** ist herrlich (▶ 110). Im Haus von Maria Stuart, einem schönen Gebäude aus dem 16. Jahrhundert, befinden sich ihre Totenmaske und ein seltenes Bildnis des Earl of Bothwell, der Marias oberster Berater und dritter Ehemann war.

4–5

Kehren Sie von Jedburgh nach Norden auf die A68 zurück, und biegen Sie in St. Boswells rechts auf die B6404. Nach 2,4 Kilometern geht es links auf die B6356, bald darauf wieder links; folgen Sie den Schildern zur **Dryburgh Abbey** aus dem 12. Jahrhundert (▶ 110). Dryburgh hat unter den Grenzabteien die reizvollste Lage: neben dem Tweed-Fluss und mit den Eildon Hills als eindrucksvollem Hintergrund.

5–6

Fahren Sie von Dryburgh weiter auf der B6356. Nach ungefähr 1,6 Kilometern erreichen Sie **Scott's View**, seinen liebsten Aussichtspunkt. Nehmen Sie die nächste Nebenstraße links, halten Sie sich an der nächsten Kreuzung links, und zweigen Sie an der Gabelung links ab. Nehmen Sie die B6360, und fädeln Sie bald darauf in die A68 ein. Am Kreisverkehr biegen Sie auf die A6091, und folgen Sie der Ausschilderung nach **Melrose**, um dort die Grenzabtei zu besuchen, in der das Herz von Robert the Bruce begraben ist (▶ 110).

6–7

Verlassen Sie Melrose auf der B6374, biegen Sie links auf die B6360, rechts auf die A6091 und links auf die A7 zurück nach Abbotsford.

2 Sir Walter Scott's Borders

3 DIE STRASSEN VON GLASGOW

Spaziergang

LÄNGE: 10 km **DAUER:** 4 Stunden
START/ZIEL: George Square, gegenüber der Queen
Street Station (▶ 75) ✚ 199 D3

Glasgow hat einen hervorragenden Ruf. Die Stadt war »Kulturhauptstadt Europas« und erhielt 2004 eine Exzellenz-Auszeichnung für seine Sanierung der Innenstadt. Jetzt freut sich die Stadt auf die Ausrichtung der Commonwealth Games im Jahr 2014.

1–2

Parken Sie hinter der Queen Street Station. Von der Südseite des Bahnhofs gelangen Sie auf den belebten George Square, den die viktorianischen **City Chambers** im italienischen Renaissancestil beherrschen (▶ 75). Gehen Sie nach links, dann wieder nach links in die Hanover Street, und biegen Sie rechts in die geschäftige Cathedral Street ein. Am Ende überqueren Sie die Straße und kommen auf den kleinen Platz vor der **Glasgow Cathedral** (▶ 84f) aus dem 12. Jahrhundert. Von dort sehen Sie die dorischen Säulen und klassizistischen Tempel der Necropolis, des nach dem Vorbild des Pariser Père Lachaise gestalteten Friedhofs. Gegenüber in der High Street steht das älteste Haus Glasgows **Provand's Lordship** aus dem 15. Jahrhundert (▶ 85), daneben das St. Mungo Museum (▶ 84).

Der Tolbooth Steeple wacht über die alte High Street

2–3

Gehen Sie von der Kathedrale aus links (bzw. vom Provand's Lordship rechts) etwa 800 Meter die High Street hinunter, bis Sie direkt hinter der Glasgow Cross zum auffälligen, 38 Meter hohen **Tolbooth Steeple** gelangen. 1626 errichtet, markierte er bis in die viktorianische Zeit das

Fensterdetail im Provand's Lordship, dem ältesten Haus von Glasgow

Zentrum von Glasgow und ist das einzige Überbleibsel einer Kirche, die von Mitgliedern des örtlichen Hell Fire Clubs in Trunkenheit niedergebrannt wurde. Biegen Sie in die London Road und folgen Sie ihr ca. einen Kilometer bis zum Templeton Business Centre

3–4

Das große rote Gebäude ist die 1889 erbaute **Templeton's Carpet Factory**. Mit den kunstvollen Rundbogenfenstern, Erkern, feinen Mosaiken und Fliesen sieht er eher wie ein Palast denn eine Fabrik aus – der Architekt William Leiper hat ihn nach dem Dogenpalast in Venedig gestaltet. Gehen Sie ganz um das Gebäude herum und dann rechts in den Weg, der auf der anderen Seite heraufführt. Direkt hinter dem Sandsteingebäude des People's Palace Museum nehmen Sie den Weg links und schlendern durch **Glasgow Green**, den angeblich ältesten öffentlichen Park in Großbritannien.

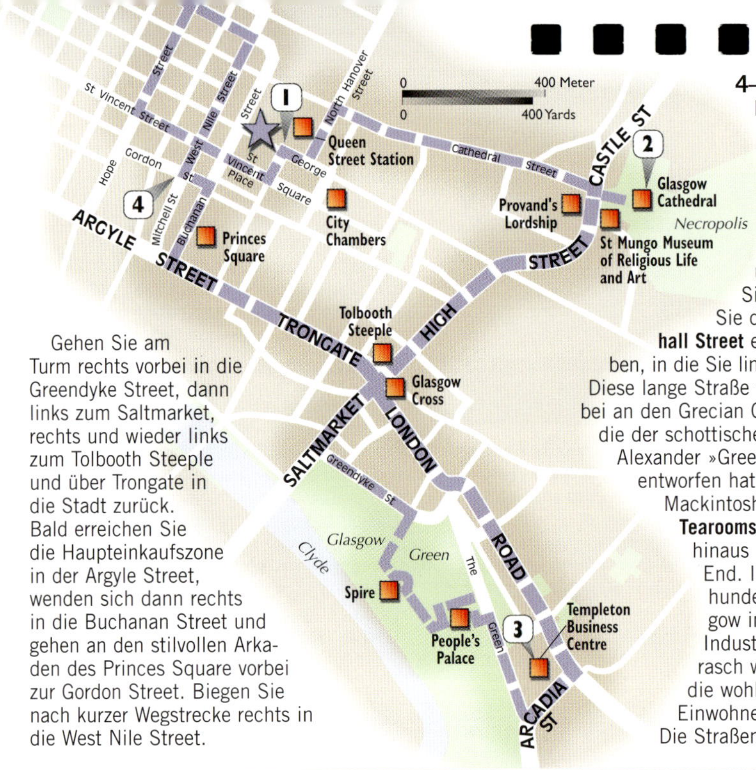

Gehen Sie am Turm rechts vorbei in die Greendyke Street, dann links zum Saltmarket, rechts und wieder links zum Tolbooth Steeple und über Trongate in die Stadt zurück. Bald erreichen Sie die Haupteinkaufszone in der Argyle Street, wenden sich dann rechts in die Buchanan Street und gehen an den stilvollen Arkaden des Princes Square vorbei zur Gordon Street. Biegen Sie nach kurzer Wegstrecke rechts in die West Nile Street.

4–5

Nach einem kurzen Stück gehen Sie rechts in die West Nile Street und gehen Sie weiter, bis Sie die **Sauchiehall Street** erreicht haben, in die Sie links einbiegen. Diese lange Straße führt Sie vorbei an den Grecian Chambers, die der schottische Architekt Alexander »Greek« Thomson entworfen hat, sowie an Mackintoshs **Willow Tearooms** (► 85) und hinaus ins West End. Im 19. Jahrhundert, als Glasgow im Zuge der Industrialisierung rasch wuchs, zogen die wohlhabenden Einwohner hierhin. Die Straßen werden

Map labels: St Vincent Street, North Hanover Street, Queen Street Station, Cathedral Street, CASTLE ST, Glasgow Cathedral, Necropolis, Provand's Lordship, St Mungo Museum of Religious Life and Art, Hope Street, Gordon St, West Nile Street, St Vincent Place, George Square, City Chambers, HIGH STREET, Mitchell St, Buchanan St, ARGYLE STREET, Princes Square, TRONGATE, Tolbooth Steeple, Glasgow Cross, LONDON ROAD, SALTMARKET, Greendyke St, Glasgow Green, The Green, Clyde, Spire, People's Palace, Templeton Business Centre, ARCADIA ST

400 Meter / 400 Yards

KLEINE PAUSE
Schauen Sie in Mackintoshs berühmten
Willow Tearooms (► 85) vorbei – zu Tee und
Kuchen.

ruhiger, und unter den vornehmen Häuserzeilen
sticht das großzügige weiße Royal Crescent
besonders hervor.

Provand's Lordship, erbaut 1471, ist heute ein Museum

5–6

Gehen Sie hinüber, dann rechts den Kelvin
Way hinauf und an Boule- und Tennisplätzen
vorbei. Bevor Sie das große rote Gebäude des
Kelvingrove Museum and Art Gallery (► 81ff)
erreichen, führt Sie der Weg über den Kelvin
und bietet einen schönen Blick auf die goti-
schen Gebäude der Glasgow University. Queren
Sie die Brücke, und gehen Sie dann am Kreisverkehr rechts in die Gibson Street. Folgen Sie
der Straße, und biegen Sie bei einem Minikreis-
verkehr rechts in die Park Avenue ein, direkt
an den Gebäuden der Glasgow Caledonian
University. Biegen Sie oben links in den Park
Drive und dann rechts hinauf in die Cliff Road.

6–7

Wenden Sie sich nach links, und laufen Sie
um die drei Türme des Trinity College herum.
Gehen Sie links in die Lynedoch Street und
am Ende rechts in die Woodlands Road. Bei
der Ampel geht es rechts und über die Fußgängerbrücke. Mit dem Frieden von West End
ist es auf der anderen Seite der Fahrbahn
vorbei, wenn Sie die ziemlich verwahrlost
wirkende Renfrew Street hinaufmarschieren.
Doch bald sind Sie an der **Glasgow School of**

Art (► 85f), dem bekanntesten und, wie
einige meinen, bedeutendsten Werk von
Charles Rennie Mackintosh, das mit schlichter
Jugendstil-Eleganz überzeugt.

Gehen Sie in die Dalhousie Street, wenden
Sie sich rechts, und biegen Sie dann links in die
Sauchiehall Street. Dann geht es rechts in die
Hope Street,und links in die St. Vincent Street,
auf der Sie zum George Square zurückkehren.

**Für die helle und kunstvoll dekorierte Templeton's
Carpet Factory von 1889 war der Dogenpalast in
Venedig Vorbild.**

4 GREAT GLEN TOUR

Tour

LÄNGE: 134 km auf schmalen und stellenweise steilen Straßen **DAUER:** halber Tag
START: Fort William ✚ 198 B5 **ZIEL:** Inverness ✚ 198 C2

Der Great Glen, der große Graben, entstand vor über 300 Millionen Jahren und schuf im Lauf der Zeit eine Verbindung zwischen der Ost- und Westküste zwischen Inverness und Fort William. Entlang der 100 Kilometer langen Bruchlinie verläuft der Caledonian Canal, Thomas Telfords Meisterwerk der Ingenieurstechnik aus dem 19. Jahrhundert, der die vier Lochs des Glen – Ness, Lochy, Oich und Linnhe – durch eine Reihe von Kanälen für Schiffe miteinander verbindet, die zu dem heimtückischen Meer im Norden ausweichen können.

Die gemütliche Fahrt entlang des Kanals bietet auf dem 36 Kilometer langen Teilstück am Loch Ness zwischen Fort Augustus und Inverness zahlreiche Möglichkeiten für einen Abstecher. Sie können die Strecke z. B. alternativ mit dem Boot zurücklegen, auf dem Great Glen Walk durch Wälder und auf alten Treidelpfaden wandern oder bei optionalen Klettertouren die grandiose Aussicht genießen. Sie können die Strecke aber entlang der Great Glen Cycle Route mit dem Fahrrad erkunden.

1–2

Besuchen Sie in Fort William das West Highland Museum mit seiner hervorragenden jakobitischen Sammlung. Der Great Glen diente nach Culloden Bonnie Prince Charlie als Fluchtroute in die Highlands. Wenn Sie Zeit haben, schauen Sie sich **Neptune's Staircase** an, die großen Staustufen des Caledonian Canal bei Banavie westlich von Fort William an der A830 (➤ 146).

Verlassen Sie Fort William auf der A82, und fahren Sie 16 Kilometer nordöstlich nach Spean Bridge. Weiter geht es etwa 1,5 Kilometer auf der A82 bis zur Kreuzung mit der B8004. Hier können Sie am Commando Memorial anhalten – massive Bronzefiguren von Soldaten erinnern an die Kommandotrupps, die hier ausgebildet wurden und im Zweiten Weltkrieg umkamen. Wenn Sie auf der B8004 weiterfahren und rechts auf die B8005 einbiegen, stoßen Sie auf **Achnacarry House**, das während des Krieges als Ausbildungslager diente.

Die acht Staustufen am Caledonian Canal in der Nähe bei Banavie werden auch Neptune's Staircase genannt

2–3

Kehren Sie auf die A82 zurück, und fahren Sie weiter nach Nordosten über Laggan bis Invergarry, dann links auf die A87, nach 16 Kilometern rechts auf die A887 und nach weiteren 22,5 Kilometern in Invermoriston wieder rechts. Auf der A82, die am Westufer des **Loch Ness** entlangführt, geht es nach Fort Augustus am

GEHEIMTIPP

Fahren Sie am Clan Cameron Museum vorbei, halten dann kurz vor dem Ende der B8005 am Loch Arkaig an der kleinen gewölbten Brücke und genießen Sie den Blick auf den **Chia-aig-Wasserfall** mit dem Witch's-Cauldron-Teich zu Füßen. Der Legende nach gab man einer alten Frau, die in der Nähe des Sees wohnte, die Schuld, als unter dem Vieh von Cameron eine Krankheit ausbrach. Die Männer, die ausgesandt waren, um sie gefangen zu nehmen, fanden an ihrem Haus nur eine wild dreinschauende Katze, die sie in einen Sack steckten und ins Wasser warfen. Das Tier verwandelte sich auf der Stelle in die alte Frau. Sie ertrank und das Vieh war vom Fluch befreit.

■ Wenn Sie durch die Bäume nach oben klettern, stoßen Sie vielleicht auf die Höhle, in der sich Bonnie Prince Charlie versteckt hielt.

Ausgang des Lochs. Der wunderschöne Rundweg schließt Loch Garry ein, streift Loch Loyne und führt am Glen Moriston vorbei. Wenn die Zeit knapp ist lassen Sie diesen Teil aus und bleiben auf der A82 von Invergarry nach Fort Augustus um entlang des Loch Ness über Urquhart Castle und Drumnadrochit nach Inverness zu gelangen.

3–4

Nehmen Sie die B862 an der ruhigeren Ostseite des Loch Ness. Nach etwa 14 Kilometern biegen Sie links auf die B852. Binnen kurzem erreichen Sie Foyers.

Von Foyers aus geht es auf der B852 etwa 1,6 Kilometer weiter, dann sehen Sie links einen Friedhof und gegenüber, halb von Bäumen verdeckt, das **Boleskin House**, das einst dem Zauberer Aleister Crowley gehörte, dem selbst ernannten »Great Beast«

Von Urquhart Castle in der Nähe von Drumnadrochit haben Sie einen schönen Blick auf Loch Ness

(Großen Biest). Das abgelegene Haus und die Umgebung wurden, so ging der Glaube, von bösen Geistern heimgesucht, die Crowley mit Hilfe übernatürlicher Riten vergeblich zu vertreiben versuchte. In der Folge wurde Boleskin House mit merkwürdigen (wenn auch vielleicht erklärbaren) Erscheinungen in Verbindung gebracht. Das Haus ist in Privatbesitz und nicht zugänglich.

4–5

Fahren Sie weiter auf der B852 durch Inverfarigaig nach Dores und dann auf der B862 nach Inverness.

KLEINE PAUSE

Das **Glenmoriston Arms** (Tel. 01320 351 206; www.glenmoristonarms. co.uk) in Invermoriston ist ein historisches Gasthaus. Auf der Speisekarte finden sich traditionelle schottische Gerichte, wie z. B. Haggis mit Rüben und Whiskysauce, die ihresgleichen suchen. Zum Dessert gibt es Zitronenbaiser.

Map labels

Inverfarigaig
Boleskin House
Foyers
Invermoriston
Whitebridge
Dundreggan
Glen Moriston
A887
A82
A887
A87
Loch Loyne
Fort Augustus
3
4
B852
B862
A887
Loch Oich
Loch Garry
Invergarry
Laggan
Loch Arkaig
Chia-aig Waterfall
2
Clan Cameron Museum
B8005
Loch Lochy
Caledonian Canal
B8004
Commando Memorial
Spean Bridge
A86
A830
Neptune's Staircase
Loch Eil
A82
Fort William
1
Loch Linnhe
A82

0 5 km
0 5 Meilen

AUF WADES SPUREN

Die B862 folgt der Strecke der alten Militärstraße von General George Wade aus dem Jahr 1742. Der englische Soldat war ins Hochland abkommandiert, um Straßen und Brücken zu bauen, mit deren Hilfe die jakobitischen Clans nach dem Aufstand von 1715 besser kontrolliert werden sollten. Für einen ernsthaften Fußmarsch bietet sich die mit 19 Kilometern längste original erhaltene Strecke der Wade Road an. Sie verläuft vom Fort Augustus über den Corrieyairack-Pass und war damals die höchstgelegene Straße in Großbritannien.

West Highland Museum
✉ Cameron Square, Fort William
☎ 01397 702 169; www. westhighlandmuseum.org.uk
🕒 Juni–Sept. Mo–Sa 10–17 Uhr; im Juli/Aug. auch So 14–17 Uhr; Okt.–Mai Mo–Sa 10–16 Uhr 💷 preiswert

Clan Cameron Museum
☎ 01397 712480; www.clan-cameron.org
🕒 Ostern–Mitte Okt. tägl. 13.30–17 Uhr; Juli/Aug. tägl. 11–17 Uhr 💷 preiswert

Caledonian Canal
Der Kanal verbindet die einzelnen Seen und verläuft durch den Great Glen, so dass Schiffe von Inverness bis Fort William fahren können. Der Great Glen Wander- bzw. Radweg (www.greatglenway. com) verläuft parallel zum Treidelpfad.

5 RUND UM ULLAPOOL UND LOCH BROOM

Wanderung

LÄNGE: 13 km, allmählicher Anstieg über befestigte Wege am Hang **DAUER:** 3–4 Stunden
START/ZIEL: Parkplatz des Somerfield-Supermarkts, Ullapool ✚ 200 B3

Eine Viehherde, die über einen Bergpass getrieben wird, gehört zu den vertrauten Szenen eines Hollywood-Westerns. Doch man stelle sich statt blauen Himmels und wettergegerbter Cowboys zu Pferde grauen Nieselregen und Cowboys vor, die, in lange Wolldecken gehüllt, zu Fuß unterwegs sind. Das war Schottlands Wilder Westen mit den Viehtreibern aus den Highlands, die ihre Herden zu den Märkten im Süden führten. Diese Wanderung folgt den Spuren der Treiber, die das Vieh von den Inseln brachten.

1–2

Nachdem Sie das Auto auf dem Parkplatz am Somerfield-Supermarkt abgestellt haben, gehen Sie auf die Latheron Lane und dann links in die Quay Street. Bei der Rechtskurve der Straße am Riverside Hotel gehen Sie links in die Castel Terrace, dann die Stufen

Ullapool liegt auf einer Nehrung vor Loch Broom

hinunter zum Ullapool-Fluss rechter Hand. Überqueren Sie die Brücke. Zwar ist die Straße am Fluss mittlerweile asphaltiert, doch die Hügel und Lochs ringsum sind unverändert. Auf alten Karten sind noch viele Furten eingezeichnet, auf denen die Herden früher den Fluss durchquerten.

2–3

Jenseits der Brücke wenden Sie sich nach rechts und folgen dem Pfad, der am Fluss entlang zu einer Holzbrücke und dann ein paar Stufen hochführt. Die Furt liegt um einiges vor der zweiten Brücke, und Sie können sie im Sommer zur Querung des Flusses nutzen, um auf den Spuren der Viehtreiber zu bleiben. Gehen Sie nach rechts, und kehren Sie auf die Hauptstraße A835 zurück. Dort geht es rechts und über eine andere Fußgängerbrücke über den Fluss, dann links die kleinere Straße hinauf Richtung Morefield Quarry. Bleiben Sie

auf dieser Straße, die Sie an einem Kalkwerk rechts vorbeiführt. Nach etwa 1,5 Kilometern passieren Sie den Steinbruch und setzen den Weg durch einen kleinen Parkgrund und über ein Viehgatter fort.

3–4

Halten Sie sich links und steigen Sie direkt hinter dem Steinbruch auf die Straßenböschung. Gehen Sie bei der Straßengabelung links und

weiter abwärts. Nehmen Sie die Brücke über den Fluss, und laufen Sie am **Glastullich Cottage** linker Hand vorbei Richtung **Loch Achall**. Das Vieh von der Insel Lewis wurde über den Minch nach Ullapool gebracht und dann durch den Glen Achall getrieben. Ziel des anschließenden über 240 Kilometer langen Fußmarsches war in der Vergangenheit der Markt in Ardgay.

KLEINE PAUSE

Probieren Sie **Ceilidh Place** (14 West Argyle Street, Ullapool; Tel. 01854 612 103) das Jean Urquhart, der Witwe des Schauspielers Robert Urquhart, gehört. Der Ort ist Heimat einer Bar, eines Buchladens und einer Kunstgalerie – alles unter einem Dach. Während des Sommers gibt es abends Live-Unterhaltung in Form von traditioneller Musik und Tanz.

Im Sommer können Sie die großenteils unbewohnten Summer Isles im Loch Broom per Boot besuchen

4–5

Am Loch können Sie links abbiegen, um ein Stück am Ufer entlangzuwandern. Eine Brücke über die Engstelle des Lochs ist eingestürzt, Sie müssen also zur Kreuzung zurück und nach links zu einem Gatter heruntersteigen, wo entlang einer Baumreihe zu Ihrer Rechten ein Pfad nach oben abzweigt. Nach etwa 90 Metern erreichen Sie einen Zaun mit Gatter. Dahinter folgen Sie dem Pfad den Hang entlang. Bei der Weggabel gehen Sie links den Hang hinauf.

ALTE PFADE

Der Viehtrieb geht in Schottland bis ins 14. Jahrhundert zurück. Fleisch spielte früher in der Ernährung hier keine große Rolle, und da man keine Mittel hatte, um das Vieh durch den harten Winter zu bringen, musste man es nach Süden treiben und verkaufen. Die Wege der Viehtreiber verliefen entlang einer hindernisfreien Strecke durch große Flusstäler und Glens. Einige dieser alten Pfade sind heute unter dem Asphalt moderner Straßen verborgen, viele haben sich erhalten.

5–6

Auf unebenem, gewundenem Pfad (es gibt mehrere Alternativen) geht es den Hang hinab durch ein Schwinggatter wieder auf die Hauptstraße (A835), der Sie nach links folgen, vorbei am Far Isles Restaurant rechter Hand zur Kirche von Ullapool. Wenden Sie sich hier rechts, und folgen Sie der Beschilderung zum Parkplatz.

REGES TREIBEN AUF DEN VIEHMÄRKTEN

Die Viehtreiber legten pro Tag etwa 16 Kilometer zurück, schliefen neben ihren Tieren und brachen in der Dämmerung wieder auf. Ihr mühsamer Weg führte sie zu den großen Viehmärkten in Ardgay, Muir of Ord, Crieff und Falkirk. Auf diesen Märkten herrschte buntes Treiben mit Musikern, Bettlern, Taschendieben und Hausierern, die sich unter die Treiber und Viehkäufer mischten. Spelunken in improvisierten Zelten brachten die Leute in Stimmung, und die in riesigen Bottichen brodelnde Suppe mit Haferschrot brachte nach Wochen endlich wieder etwas Warmes in den Magen.

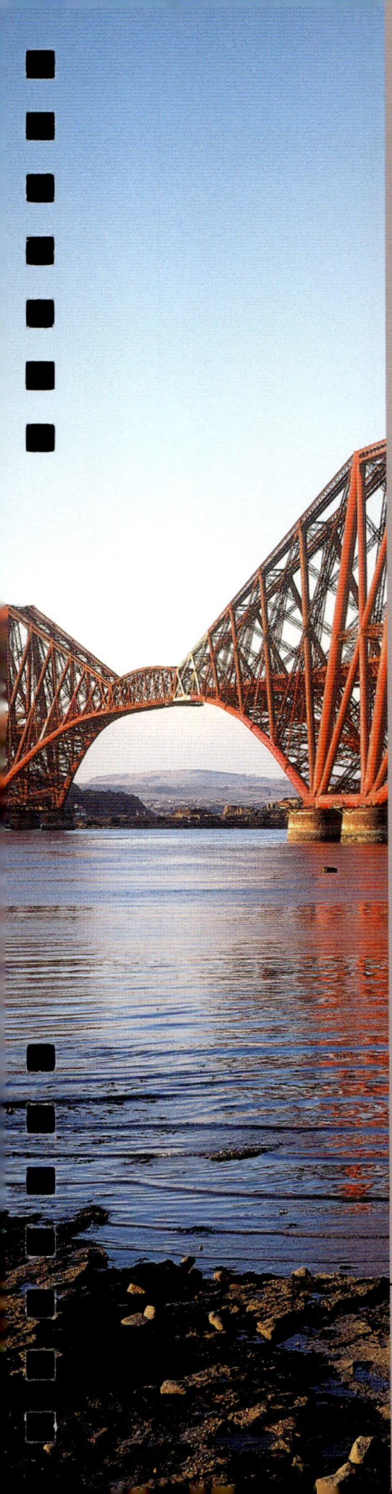

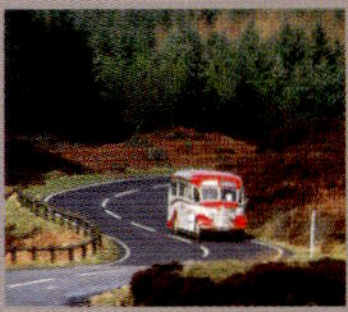

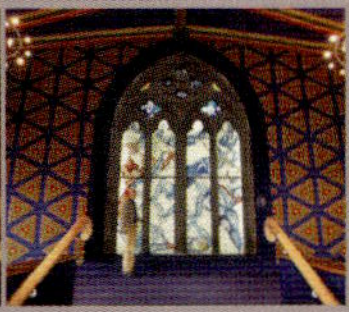

Praktisches

REISEVORBEREITUNGEN

WICHTIGE PAPIERE

● Erforderlich
○ Empfohlen
▶ Nicht erforderlich

	Deutschland	Österreich	Schweiz
Pass/Personalausweis	●	●	●
Visum	▶	▶	▶
Weiter- oder Rückflugticket	○	○	○
Impfungen (Polio und Tetanus)	▶	▶	▶
Krankenversicherung	●	●	●
Reiseversicherung	○	○	○
Führerschein (national)	●	●	●
KFZ-Haftpflichtversicherung	●	●	●
Fahrzeugschein	●	●	●

REISEZEIT

Edinburgh

Hochsaison

Nebensaison

	JAN	FEB	MÄRZ	APRIL	MAI	JUNI	JULI	AUG	SEP	OKT	NOV	DEZ
	5°C	5°C	8°C	11°C	14°C	16°C	18°C	18°C	15°C	11°C	9°C	7°C

Hochsaison · Nebensaison · Wechselhaft

Sonnig · Bedeckt · Regnerisch · Wechselhaft

Die Angaben beziehen sich auf die durchschnittliche **Tageshöchsttemperatur** jedes Monats. Die größte Chance auf freundliches Wetter bieten Frühling und Frühsommer (April und Juni), wenn die Landschaft am schönsten ist. Im Hochsommer (Juli und August) ist das Wetter wechselhaft; es kann wolkig und regnerisch sein. Der Herbst (September und Oktober) ist im Allgemeinen beständiger, doch eine Garantie gibt es nicht. In den Wintermonaten, von November bis März, ist es oft düster und regnerisch, doch klare Sonnentage sind großartig, auch bei Kälte. In den Highlands und in hoch gelegenen Gebieten kann der Winter sehr streng sein. Doch keiner kommt wegen des Wetters nach Schottland! Sie sollten sich freuen, wenn es schön ist, aber auf Regen eingestellt sein. Die Städte lohnen bei jedem Wetter einen Besuch.

INFORMATION VORAB

Websites

■ VisitScotland:
www.visitscotland.com
■ British Tourist Authority:
www.visitbritain.com

In Schottland
VisitScotland
Edinburgh
☎ 0845 225 5121

In Deutschland
VisitBritain
Dorotheenstr. 54
10117 Berlin
☎ 30 3157 190

ANREISE

Mit dem Flugzeug: Es gibt täglich Dutzende von Flügen von London nach Glasgow und Edinburgh. Die wichtigsten Fluggesellschaften, die beide Städte von Heathrow aus bedienen, sind British Airways (BA, 0870 850 9850; www.ba.com) und bmibaby (0871 224 0224; www.bmibaby.com); von Gatwick aus fliegt BA, von London City ScotAirways (0870 142 4343; www.scotairways.com) und von Luton easyJet (Kundenservice Tel. 0871 244 2366; www.easyJet.com). Edinburgh bedient von Stansted aus auch Go (0845 605 4321) und von London City aus British European (08705 676 676). Flüge nach Glasgow und Edinburgh fliegt BA von Gatwick, nach Aberdeen auch von Heathrow, Birmingham, Manchester und Newcastle.

Die billigsten Verbindungen von Kontinentaleuropa aus sind die Flüge von Ryanair, AirBerlin, easyJet und Germanwings. Aus der Schweiz fliegen easyJet, flygobespan und bmi. Eine direkte Flugverbindung von Deutschland nach Schottland gibt es von Düsseldorf nach Glasgow. In Österreich startet in Wien ein Flieger nach Glasgow. Aus Zürich in der Schweiz fliegen diverse Linien- und Charterflüge nach Glasgow.

Mit der Bahn: Die wichtigsten Verbindungen von England nach Schottland werden von Virgin Trains (08457 222 333; www.virgintrains.co.uk) und GNER (08457 225 225; www.gner.co.uk) – jeweils nach Edinburgh und Glasgow mit Anschluss nach Dundee und Aberdeen – bedient. GNER betreibt auch durchgehende Züge nach Inverness. Nachtzüge von London nach Edinburgh, Glasgow, Aberdeen, Inverness und Fort William betreibt First Scotrail (0845 601 5929; www.firstgroup.com/scotrail).

TIME

Wie im übrigen Großbritannien gilt auch in Schottland im Winter Greenwich Mean Time (GMT) und von Ende März bis Ende Oktober British Summer Time (BST).

WÄHRUNG

Währung: In Großbritannien gilt das **Pound Sterling** (britisches Pfund, £), bestehend aus 100 pence (p). Es gibt Banknoten zu 5, 10, 20 und 50£. Nur in Schottland gibt es auch 1-Pfund-Noten. Die **Banknoten** werden von schottischen Banken hergestellt und sehen deshalb anders aus als die aus England stammenden. Zwar sind schottische Banknoten auch anderswo in Großbritannien generell akzeptiert, doch an manchen Stellen werden sie nur ungern entgegengenommen, allerdings tauscht jede Bank sie ein. Es gibt **Münzen** zu 1 und 2p (Kupfer), 5, 10, 20 und 50p (Silber), 1£ (goldfarben) und 2£ (silber- und goldfarben). Einige Geschäfte nehmen auch Euros. Auf Pfund oder US-Dollar ausgestellte **Travellercheques** sind sichere und angenehme Zahlungsmittel. Alle gängigen Kreditkarten werden akzeptiert.

Geldwechsel: Alle Banken bieten die Möglichkeit zum Geldwechsel, ferner gibt es Wechselstuben in Glasgow und Edinburgh, auf Flughäfen und größeren Bahnhöfen. Geldautomaten gibt es neben Banken auch auf Flughäfen, Bahnhöfen, in Supermärkten und Tankstellen.

In Österreich
☎ (0800) 150 170
(gebührenfrei aus
Österreich)

In der Schweiz
☎ (0844) 007 007
(zum Ortstarif)

DAS WICHTIGSTE VOR ORT

FEIERTAGE

1. Jan	Neujahrstag
2. Jan	Neujahrsfeiertag
März/April	Karfreitag, Ostermontag
1. Mo. im Mai	May Day
letzter Mo. im Mai	Bank Holiday
1. Mo. im Aug.	Bank Holiday
letzter Mo. im Aug.	Bank Holiday
25. Dez.	Christmas Day
26. Dez.	Boxing Day (2. Weihnachtstag)

Wenn ein Feiertag auf das Wochenende fällt, ist am nächstfolgenden Montag frei. Der Neujahrsfeiertag (2.1.) ist als freier Tag beweglich.

ELEKTRIZITÄT

Wie in ganz Großbritannien beträgt die Netzspannung 240 Volt. Für die dreipoligen britischen Anschlüsse, in die deutsche Schukostecker nicht passen, muss man sich einen Adapter besorgen, der überall erhältlich ist.

ÖFFNUNGSZEITEN

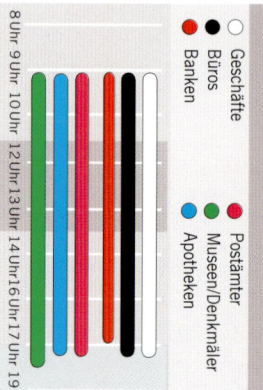

○ Geschäfte
● Büros
● Banken

● Postämter
● Museen/Denkmäler
● Apotheken

☐ tagsüber   ☐ mittags   ☐ abends

In größeren Städten und Ferienorten bleiben die Geschäfte mittags und sonntags geöffnet. Supermärkte öffnen tägl. bis 19 oder 22 Uhr, einige rund um die Uhr. Auf dem Land schließen einige Geschäfte mittags, an einem Nachmittag in der Woche und sonntags. In den Highlands und auf den Inseln sind auch die Sehenswürdigkeiten oft sonntags geschlossen.

TRINKGELD

Als generelle Empfehlung:
Ja ✓   Nein ✗

Restaurant		
(Service nicht inkl.)	✓	10%
Café/Imbiss	✓	10%
Stadtführer	✓	£1
Friseur	✓	£1-2
Taxi	✓	10%
Zimmermädchen	✓	£2 pro Tag
Gepäckträger	✓	£1 pro Stück

ALKOHOLLIZENZEN

Seit 2009 gelten neue Alkoholgesetze: Spezielle Sonderangebote sind in Bars und Clubs seither verboten. Es dürfen keine Alkoholika an unter 18-jährige verkauft werden, zudem ist der Verkauf alkoholischer Getränke in Geschäften nur in der Zeit zwischen 10 und 22 Uhr erlaubt.

ZEITUNTERSCHIEDE

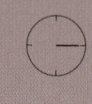

London (GMT)	Schottland	Berlin (MEZ)	New York	Los Angeles	Sydney
12 Uhr	12 Uhr	13 Uhr	19 Uhr	16 Uhr	10 Uhr

IN KONTAKT BLEIBEN

Post In Städten und vielen großen Ortschaften gibt es mindestens ein Postamt; Öffnungszeiten Mo–Fr 9–17.30 Uhr, Sa 9–12.30 Uhr; kleine Ämter schließen mittags. Briefmarken gibt es auch im Supermarkt, an der Tankstelle und beim Zeitungshändler.

Telefonieren Öffentliche Telefone gibt es auf der Straße, in Kneipen, Hotels und Restaurants. Einige nehmen nur Münzen von 10p, 20p, 50p, 1£ und 2£, während man für andere eine Telefonkarte benötigt, die bei Zeitungshändlern, auf der Post und im Supermarkt erhältlich ist. Von vielen Telefonen aus kann man auch mit Kreditkarten telefonieren. Auf dem Land stoßen Sie gelegentlich noch auf die roten Telefonzellen, doch sie sind selten geworden, zumal seitdem es Handys gibt.

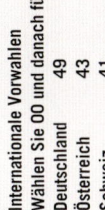

Internationale Vorwahlen
Wählen Sie 00 und danach für

Deutschland	49
Österreich	43
Schweiz	41

Mobiltelefon Vodaphone, O2, Orange, T-Mobile, Virgin und 3 sind die gängigen Mobilfunkanbieter. SIM-Karten erhalten Sie in Spezialgeschäften und Supermärkten. Aufgrund des europäischen Roaming-Tarifs ist Telefonieren im europäischen Ausland nicht mehr sehr teuer. Informieren Sie sich am besten vorab bei Ihrem Mobilfunkvertragspartner über Kosten und Bedingungen.

Wi-Fi und Internet In den letzten Jahren hat sich zunehmend der WLAN-Zugang durchgesetzt. Die meisten Hotels bieten mittlerweile die Internetnutzung auf die eine oder andere Weise an, frei oder gegen Gebühr. WLAN-Hot-Spots gibt es auch in den größeren Städten in vielen Cafés und anderen öffentlichen Einrichtungen. Bei den gängigen Internet-Providern können Sie auch Nutzungseinheiten im Stunden- oder Tagestakt erwerben.

SICHERHEIT

Diebstähle sind in schottischen Großstädten ebenso verbreitet wie das Wegreißen von Handtaschen; es gibt auch Taschendiebe. Melden Sie solche Vorkommnisse der Polizei. Treffen Sie Vorkehrungen:

- Keine wertvollen Gegenstände im Auto lassen.
- Pässe, Tickets und Wertgegenstände in den Hotelsafe.
- Kein Geld, keine Kreditkarten oder Wertgegenstände in die Gürteltasche – Taschendiebe erkennen Sie daran als Touristen.
- In schwach beleuchteten Gegenden sollten Sie abends nicht allein unterwegs sein.
- Tragen Sie Ihre Handtasche mit der Öffnung zum Körper und so über der Schulter, dass sie nicht leicht gestohlen werden kann. Wenn trotzdem jemand versucht ihre Tasche zu stehlen, ist es besser sich nicht zu wehren.
- Trampen Sie nicht.
- Setzen Sie sich in einem leeren Bus in die Nähe des Fahrers.

Polizei:
☎ **999 von jedem Telefon**

POLIZEI 999	
FEUERWEHR 999	
NOTARZT 999	
KÜSTENWACHE 999	

GESUNDHEIT

Krankenversicherung: In Großbritannien werden Bürger der EU im Notfall kostenlos oder zu reduzierten Kosten behandelt. Eine Reiseversicherung wird trotzdem empfohlen.

Zahnarzt: Der staatliche Gesundheitsdienst zahlt Zahnbehandlungen nur sehr eingeschränkt; auch EU-Bürger müssen normalerweise zuzahlen. Eine Reiseversicherung wird empfohlen.

Wetter: Auch in einem für sein schlechtes Wetter bekannten Landstrich können Sie sich einen Sonnenbrand oder einen Hitzschlag holen. Für ein gutes Sonnenschutzmittel sollte daher gesorgt sein.

Medikamente: Rezeptfreie und rezeptpflichtige Medikamente sind in Apotheken erhältlich, rezeptfreie Mittel gibt es vielfach auch in Supermärkten, an Tankstellen und am Kiosk. Für die Versorgung rund um die Uhr wechseln sich die Apotheken beim Notdienst ab.

Trinkwasser: Leitungswasser kann man insbesondere auf dem Land und in den Highlands gut trinken.

ERMÄSSIGUNGEN

Studenten: Inhaber eines Internationalen Studentenausweises haben vielfach Anspruch auf Ermäßigung in Museen und Galerien. An einigen Orten genügt ein Ausweis der jeweiligen Universität, sofern er ein Foto hat. Die an Bahnhöfen für Personen bis 26 Jahre erhältliche Young Person's Railcard bietet 34 % Ermäßigung auf vielen Bahnstrecken, mit der National Express Discount Card gibt es 30% Ermäßigung auf Busstrecken.

Senioren: Auch für sie gibt es bei manchen Leistungen sowie in Museen und Galerien bei Nachweis des Alters Ermäßigungen. Die Senior's Railcard bietet Ermäßigungen wie die Young Person's Railcard.

EINRICHTUNGEN FÜR BEHINDERTE

Der Anteil an Unterkünften und öffentlichen Gebäuden, die sich auf die Bedürfnisse von Behinderten eingestellt haben, wächst, doch es bleibt noch viel zu tun. Sie sollten sich also im Voraus beim Reservieren der Unterkunft informieren.

KINDER

Kinder sind im Allgemeinen überall willkommen. In manchen Kneipen dürfen sich tagsüber und am frühen Abend auch Kinder in Begleitung aufhalten. Kinderermäßigungen beim Eintritt und bei Fahrkarten sind üblich.

TOILETTEN

Die öffentlichen Toiletten sind meist sauber und sicher, insbesondere in Einkaufspassagen, großen Supermärkten, Warenhäusern, Buchhandelsketten usw. Einige, insbesondere in Bahnhöfen, sind nur per Münzeinwurf (10 oder 20p) zugänglich.

FUNDSACHEN

Wenn Sie etwas verloren haben, sollten Sie dies bei der Polizei melden und sich eine Bescheinigung ausstellen lassen. Bei Verlust in öffentlichen Verkehrsmitteln ist der Schaffner zu informieren.

BOTSCHAFTEN UND KONSULATE

Deutschland
☎ 0131 337 2323

Österreich
☎ 0131 558 1955

Schweiz
☎ 0131 225 9313

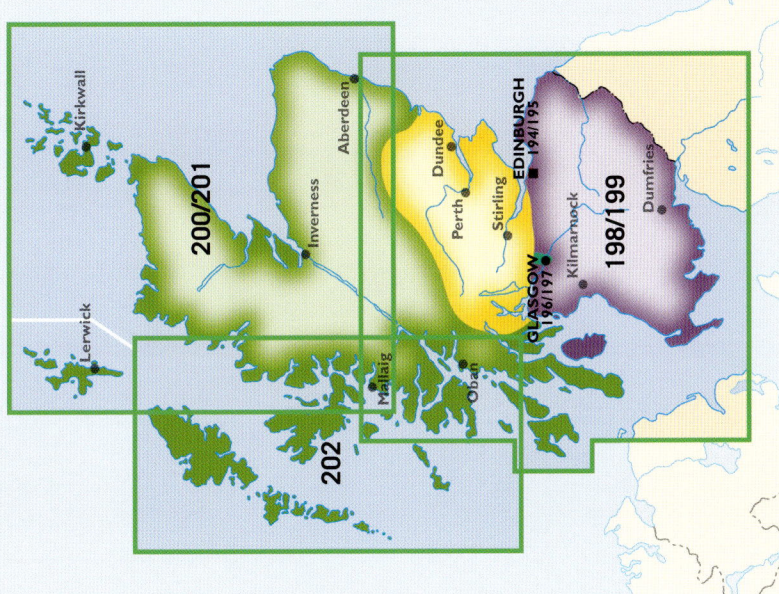

Reiseatlas

200/201

202

198/199

194/195
EDINBURGH

196/197
GLASGOW

Kirkwall
Lerwick
Aberdeen
Inverness
Mallaig
Oban
Dundee
Perth
Stirling
Kilmarnock
Dumfries

Sehenswürdigkeit (imText)

Information

U-Bahn-Station

200 Meter
200 Yards
0
0

194-197

Sehenswürdigkeit (imText)

Stadt

Stadtgebiet

Sehenswürdigkeit (imText)

Sehenswürdigkeit

Flughafen

20 km
10 Meilen
0
0

198-202

Cityplan

Autobahn

Hauptstraße

Nebenstraße

Fußgängerzone

Wichtiges Gebäude

Reiseatlas

Wichtige Straße

Autobahn

Hauptstraße

Nebenstraße

Staatsgrenze

Pfad

Fähre

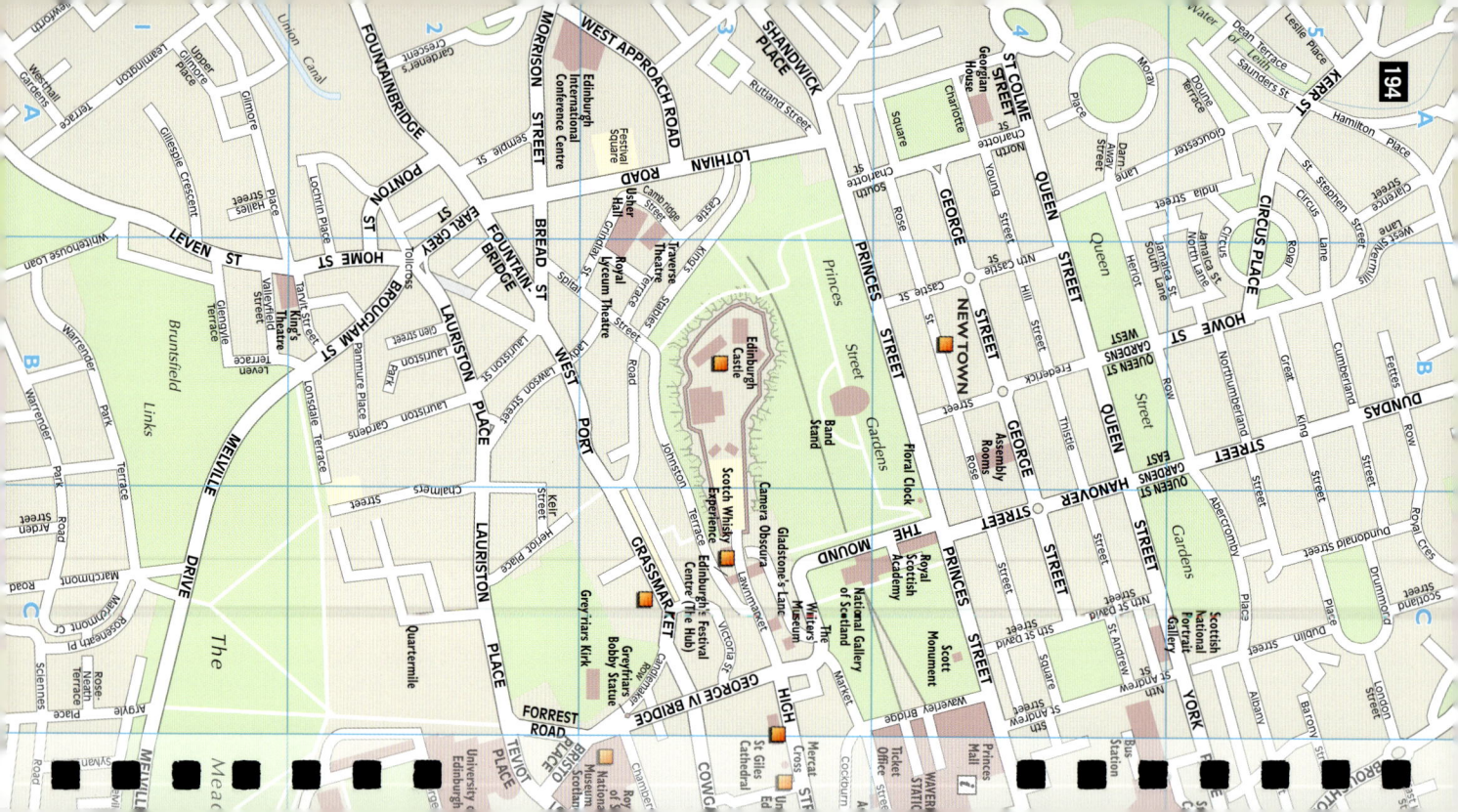

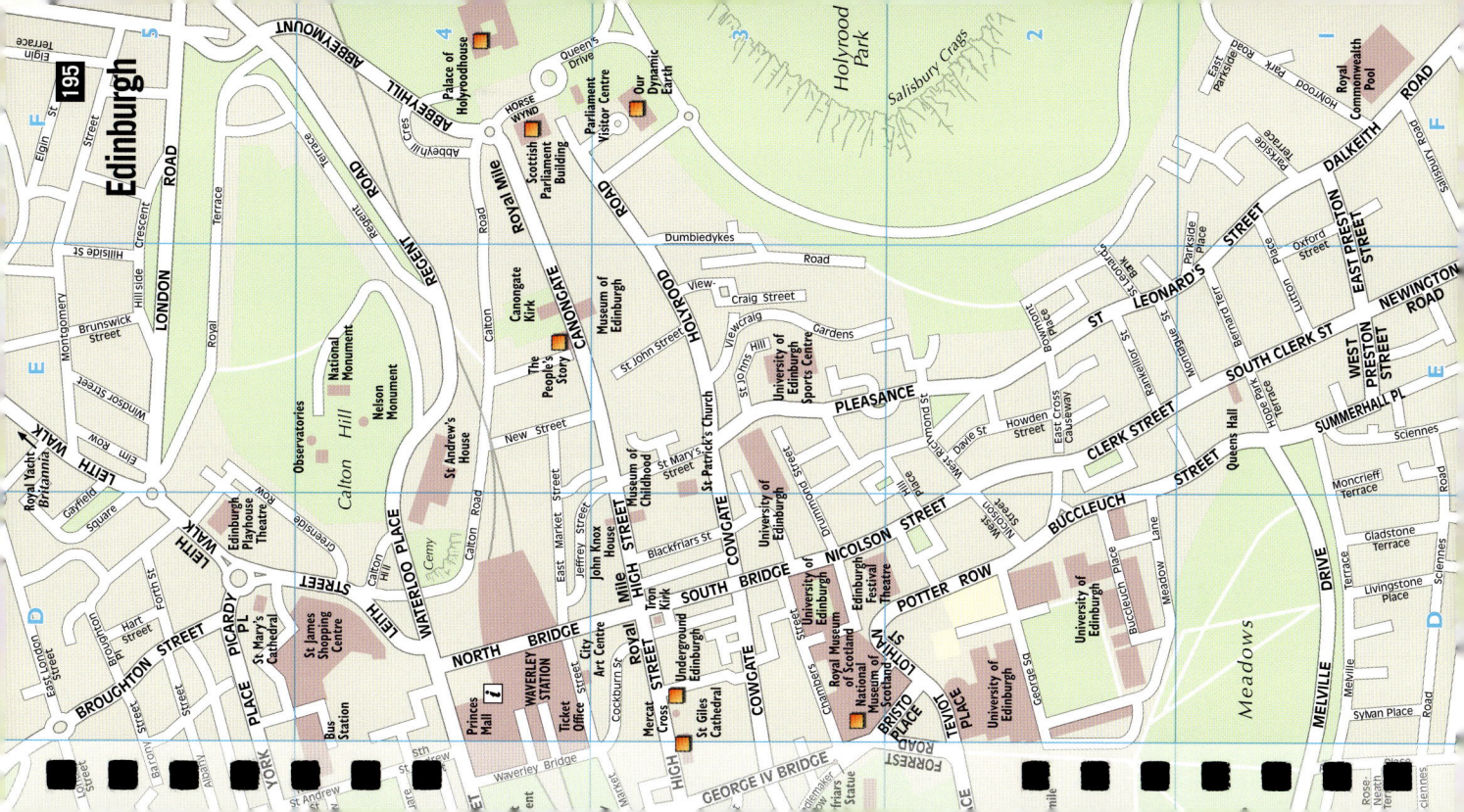

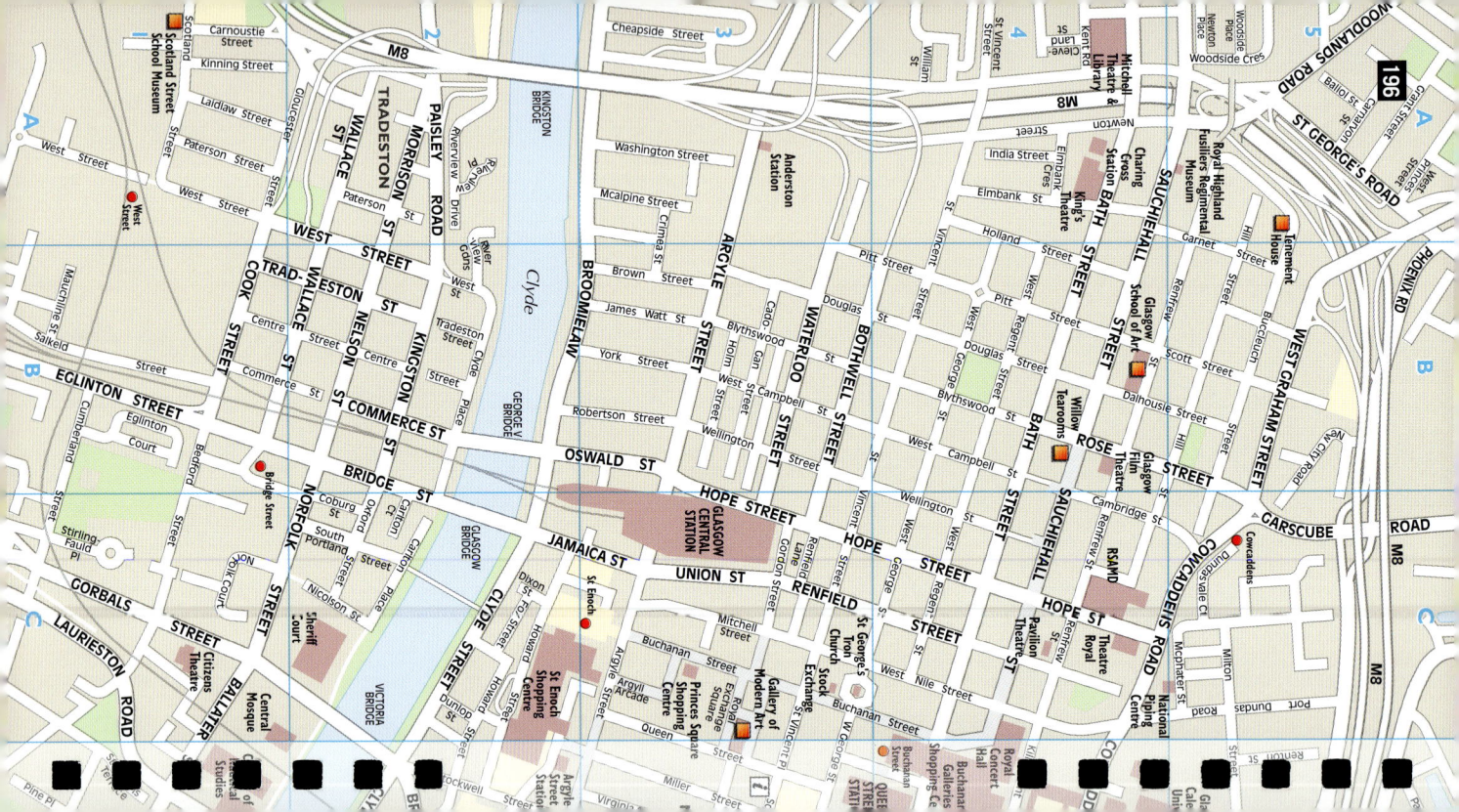

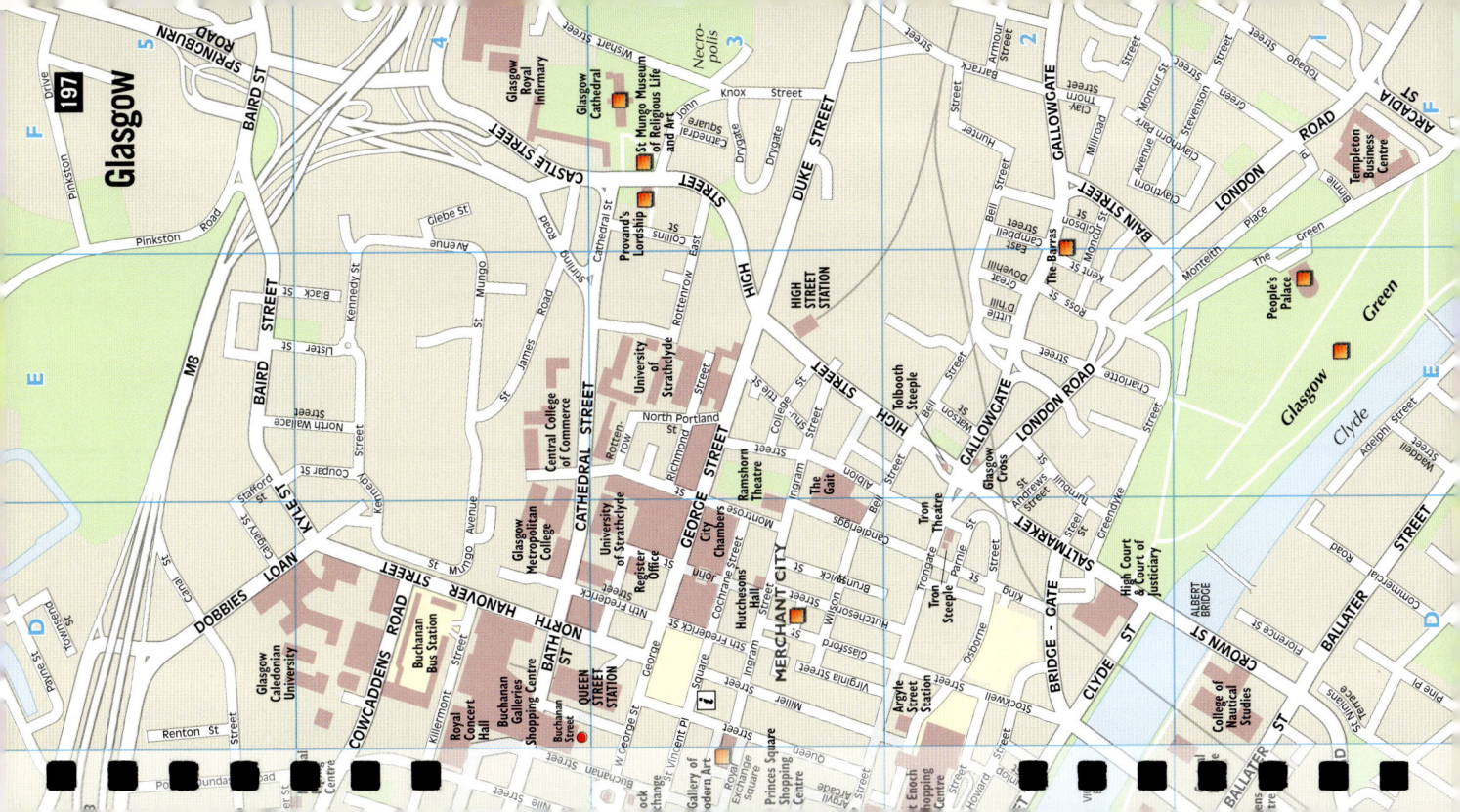

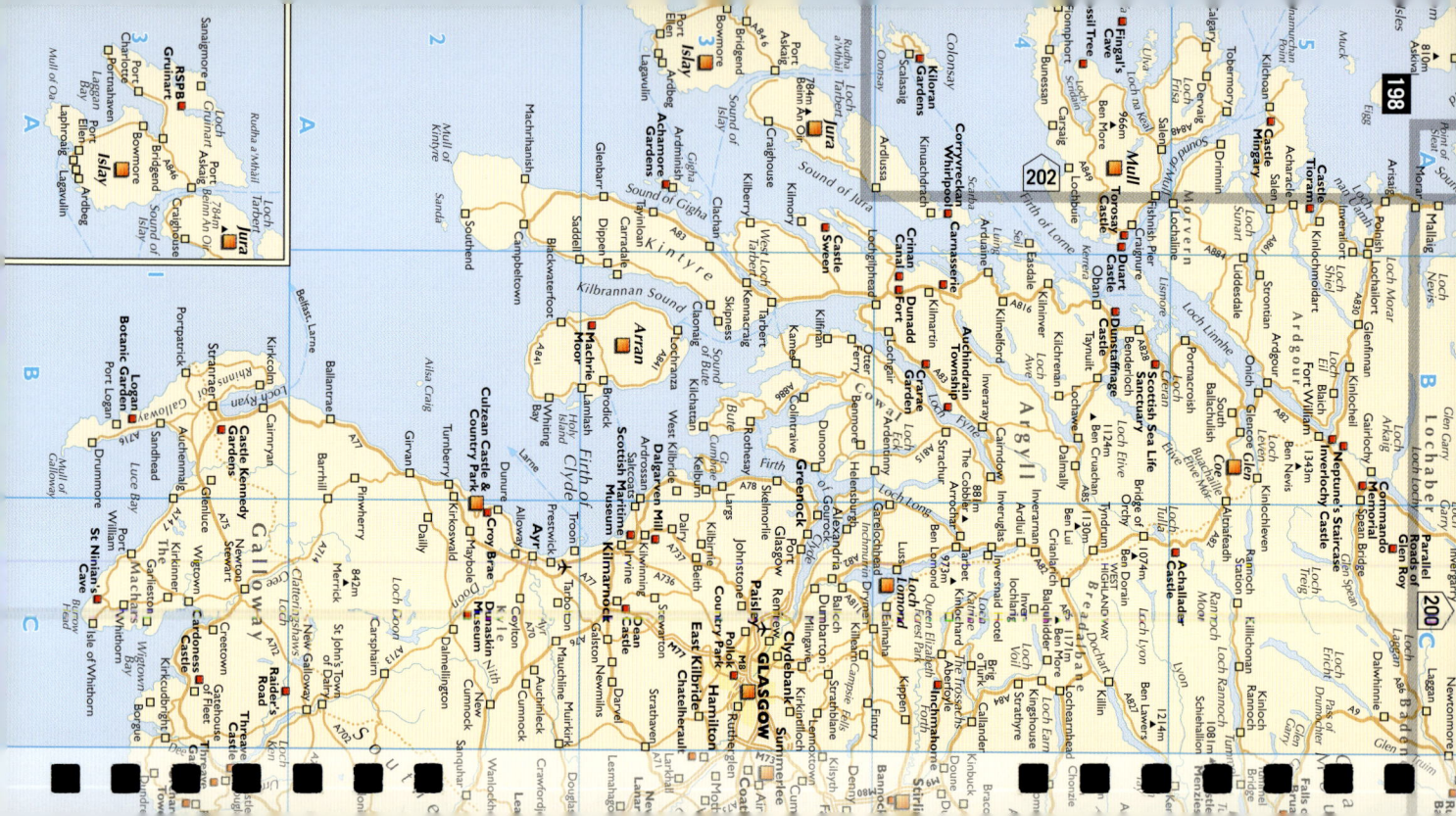

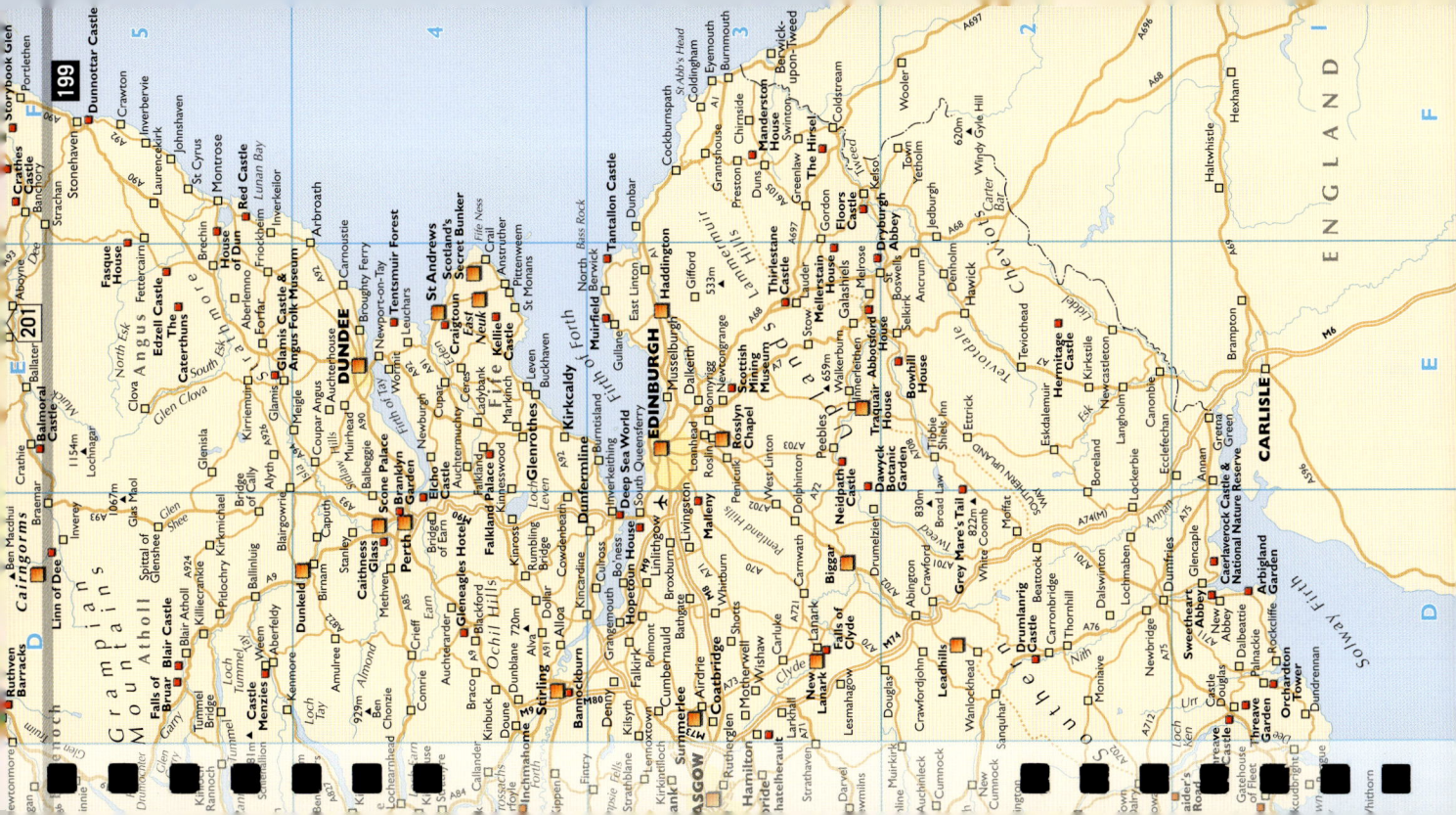

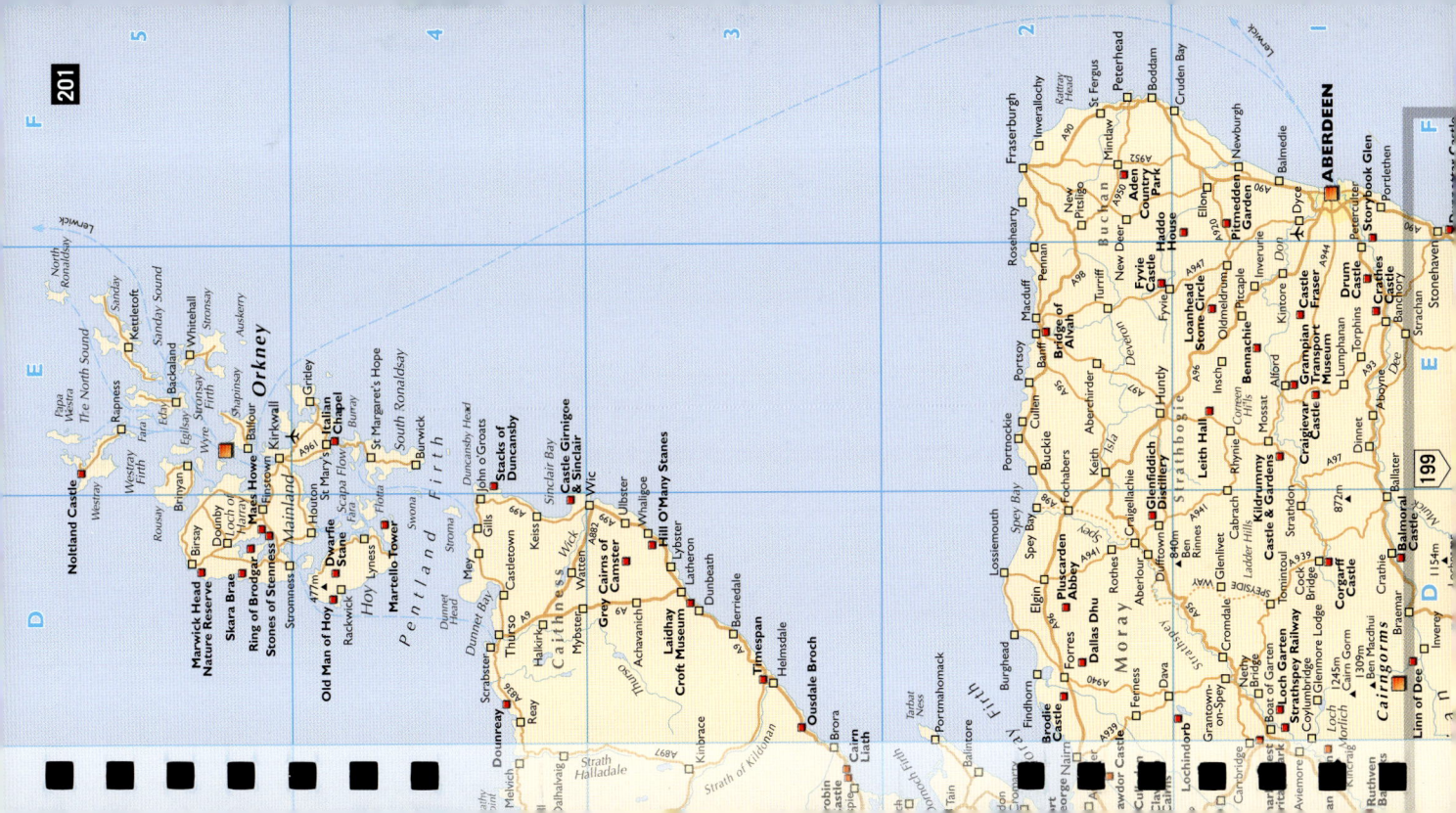

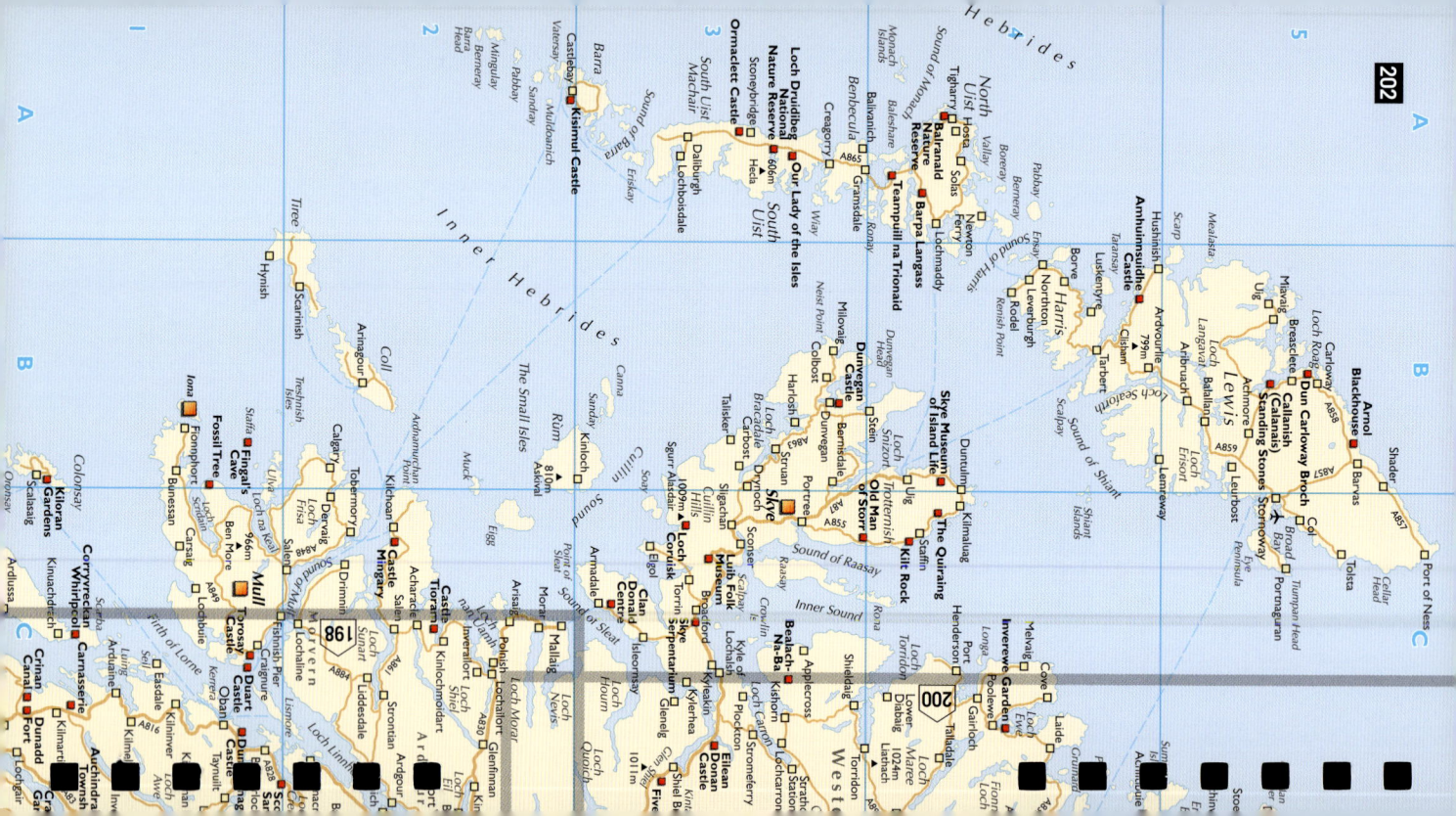

Abbildungsnachweis

Die Automobile Association dankt den nachfolgend genannten Fotografen und Bildagenturen für ihre Unterstützung bei der Herstellung dieses Buches.

Abkürzungen: (o) oben; (u) unten; (m) Mitte; (l) links; (r) rechts; (AA) AA World Travel Library.

Umschlag: (o) Ian Dawson Landscape; (u) AA Photo Library.

2(i) AA/R Elliot; 2(ii) AA/R Elliot; 2(iv) AA/M Alexander; 3(i) AA/S Gibson; 3(ii) AA/K Paterson; 3(iii) AA/S Whitehorne; 3iv AA/M Hamblin; 5l AA/R Elliot; 5ul Scottish Viewpoint/Simon Grosset; 5ur AA/J Smith; 6ul AA, 6br AA/L Campbell; 7ul AA/M Hamblin; 7ur AA/M Hamblin; 9oi Photolibrary/Fresh Food Images/ Tim Hill; 9or Photolibrary/Fresh Food Images/ Joff Lee; 10/1 AA/S Gibson; 11 AA/S Whitehorne; 13o Scottish Viewpoint/Iain McLean; 13m AA/S Whitehorne; 13u Scottish Viewpoint//VisitScotland/ P Tomkins; 14 Corbis; 15 Mary Evans Picture Library/ILN Pictures; 17o © South West Images Scotland/ Alamy; 17u Alamy/TNT Magazine/; 19o Mary Evans Picture Library; 19u AA; 20 Rex Features/J. Sutton Hibbert; 21 Arnold Slater/Rex Features; 22 AA; 23 AA/K Paterson; 25 AA; 27l 2004 Scottish Parliamentary Corporate Body/Scottish Parliament/Adam Elder; 27l Getty Images/AFP/Paul Ellis; 28/9 AA/E Ellington; 29 AA/J Smith; 30o Photolibrary; 30m Corbis/TWPhoto; 30o Corbis/Reuters/Dylan Martinez; 31l AA/S Whitehorne; 31u AA/A Burton; 43l AA/R Elliot; 43ul AA/K Paterson; 43ur AA/K Paterson; 44 AA; 45 'Edinburgh Inspiring Capital.' www.edinburgh-inspiringcapital.com; 46 AA/J Beazley; 47 AA; 48 AA/J Smith; 49 AA/J Smith; 50 AA/J Smith; 51 AA/K Blackwell; 53 Chris Robson/Scottish Viewpoint; 54 2004 Scottish Parliamentary Corporate Body/Scottish Parliament/Adam Elder; 55 AA; 56 AA/J Love; 57 AA/J Love; 58 AA/K Paterson; 59l AA/J Smith; 59r AA/J Smith; 60 AA/D Corrance; 67l AA/M Alexander; 67ul AA/S Whitehorne; 67ur AA/S Gibson; 68 Scottish Viewpoint/VisitScotland/Chris Robson; 70o AA/S Whitehorne; 70u Scottish Viewpoint/Colin Paterson; 71 AA/S Gibson; 72 © Culture ard Sport, Glasgow (Museums); 73 AA/S Whitehorne; 74o AA/S Whitehorne; 74u AA/S Gibson; 75 Scottish Viewpoint/Colin Paterson; 76 VisitScotland/Scottish Viewpoint; 77 AA/S Whitehorne; 78 AA/S Gibson; 79 AA/S Gibson; 80 AA; 81 AA/S Whitehorne; 82 Culture and Sport, Glasgow (Museums); 83 Culture and Sport, Glasgow (Museums); 84o AA/S Whitehorne; 84u AA/S Whitehorne; 85 AA/M Alexander; 86 AA/S Gibson; 87 AA/S Alexander; 97 AA/K Paterson; 98 AA/M Alexander; 100 AA/S Whitehorne; 101 AA/S Anderson; 102 Scottish Viewpoint/Allan Devlin; 103 AA/S Gibson; 104 Scottish Viewpoint; 105 AA/S Anderson; 106 VisitScotland/Scottish Viewpoint/P Tomkins; 107o P Tomkins/VisitScotland/ Scottish Viewpoint; 107u AA/M Alexander; 108 AA/M Alexander; 109 AA/S Anderson; 110 Scottish Viewpoint/ Andrew Wilson; 111 AA/M Alexander; 117ul AA/S Day; 117ur AA/D W Robertson; 118 AA/S Day; 119o AA/D W Robertson; 119u AA/S Day; 120 AA/S Day; 121o AA/S Day; 121u AA/K Paterson; 123 AA/D W Robertson; 124 AA/S Day; 125 AA/H Williams; 126 AA/S Anderson; 127o AA/S Day; 127u AA/S Anderson; 128 AA/R Weir; 129 AA/S Day; 130 AA/J Smith; 132 AA/J Smith; 133 AA/J Smith; 139 AA/S Whitehorne; 139l AA/R Elliot; 139u AA/R Elliot; 140 AA/S Whitehorne; 141 AA/S Day; 142o AA/S Whitehorne; 143o Scottish Viewpoint/Donald MacSween; 143u AA/S Whitehorne; 144 AA/J Henderson; 145 AA/S Anderson; 146 AA/J Carnie; 147 AA/S Day; 48 AA/J Henderson; 149 AA/S Whitehorne; 150 AA/S Whitehorne; 151 AA/J Henderson; 152 Scottish Viewpoint/Iain McLean; 153 AA/S Whitehorne; 154 AA/S Whitehorne; 155 AA/J Smith; 156/7 AA/M Hamblin; 157 AA/J Smith; 158 AA/J Smith; 158/9 AA/J Smith; 160 AA/R Elliot; 161 AA/S Whitehorne; 162 AA/R Weir; 163 AA/R Elliot; 164 AA/Eric Ellington; 165 AA/S Whitehorne; 171o AA/M Hamblin; 171o AA/E Ellington; 171u AA/E Ellington; 174 AA/E Ellington; 174 AA/E Ellington; 175 AA/S Anderson; 176 AA/S Whitehorne; 179 AA/S Gibson; 180 AA/S Gibson; 180r AA/S Whitehorne; 181 AA/J Smith; 182 AA/J Smith; 184 AA/J Beazley; 186 VisitScotland/ Scottish Viewpoint; 187l AA/J Smith; 187l Scottish Viewpoint/VisitScotland/Paul Tomkins; 191o AA/K Paterson; 191u AA/K Paterson.

Der Verlag hat keine Mühen gescheut die Copyright-Inhaber zu ermitteln, trotzdem schleichen sich manchmal Fehler ein, für die sich der Verlag entschuldigen möchte. Hinweise und Korrekturen sind jederzeit willkommen.

◻ NATIONAL GEOGRAPHIC

Leserbefragung

Ihre Ratschläge, Urteile und Empfehlungen sind für uns sehr wichtig. Wir bemühen uns, unsere Reiseführer ständig zu verbessern. Wenn Sie sich ein paar Minuten Zeit nehmen, diesen kleinen Fragebogen auszufüllen, könnten Sie uns sehr dabei helfen.

Wenn Sie diese Seite nicht herausreißen möchten, können Sie uns auch eine Kopie schicken, oder Sie notieren Ihre Hinweise einfach auf einem separaten Blatt.

Bitte senden Sie Ihre Antwort an:
NATIONAL GEOGRAPHIC SPIRALLO-REISEFÜHRER, MAIRDUMONT GmbH & Co. KG,
Postfach 31 51, D-73751 Ostfildern
E-Mail: spirallo@nationalgeographic.de

Über dieses Buch …
NATIONAL GEOGRAPHIC SPIRALLO-REISEFÜHRER SCHOTTLAND

Wo haben Sie das Buch gekauft?

Wann? ___ Monat / ___ Jahr
Warum haben Sie sich für einen Titel dieser Reihe entschieden?

_____

Wie fanden Sie das Buch ?
Hervorragend ◻ Genau richtig ◻ Weitgehend gelungen ◻ Enttäuschend ◻
Können Sie uns Gründe angeben?

_____
_____
_____
_____
_____
_____
_____
_____

Bitte umblättern …

Hat Ihnen etwas an diesem Führer ganz besonders gut gefallen?

_____

Was hätten wir besser machen können?

_____
_____
_____
_____
_____

Persönliche Angaben

Name _____

Adresse _____
_____
_____

Zu welcher Altersgruppe gehören Sie?
Unter 25 ☐ 25–34 ☐ 35–44 ☐ 45–54 ☐ 55–64 ☐ Über 65 ☐

Wie oft im Jahr fahren Sie in Urlaub?
Seltener als einmal ☐ Einmal ☐ Zweimal ☐ Dreimal oder öfter ☐

Wie sind Sie verreist?
Allein ☐ Mit Partner ☐ Mit Freunden ☐ Mit Familie ☐

Wie alt sind Ihre Kinder? _____

Über Ihre Reise …

Wann haben Sie die Reise gebucht? _Monat_ / _Jahr_

Wann sind Sie verreist? _Monat_ / _Jahr_

Wie lange waren Sie verreist? _____

War es eine Urlaubsreise oder ein beruflicher Aufenthalt? _____

Haben Sie noch weitere Reiseführer gekauft? ☐ Ja ☐ Nein

Wenn ja, welche? _____
_____

Herzlichen Dank dafür, dass Sie sich die Zeit genommen haben, diesen Fragebogen auszufüllen.